本书系教育部人文社会科学研究青年项目"异质企业假定下政府研发资助效应研究——来自20万工业企业的证据"（15YJCZH017）的研究成果

中国政府
对企业研发资助的效应研究
—— 实证分析、国际借鉴与启示

陈远燕 / 著

ZHONGGUO ZHENGFU
DUI QIYE YANFA ZIZHU DE
XIAOYING YANJIU
—SHIZHENG FENXI、
GUOJI JIEJIAN YU QISHI

中国财经出版传媒集团
经济科学出版社
Economic Science Press

图书在版编目（CIP）数据

中国政府对企业研发资助的效应研究：实证分析、国际借鉴与启示/陈远燕著.
—北京：经济科学出版社，2017.10
ISBN 978－7－5141－8558－4

Ⅰ.①中…　Ⅱ.①陈…　Ⅲ.①政府投资-作用-企业创新-研究-中国　Ⅳ.①F279.23

中国版本图书馆 CIP 数据核字（2017）第 259556 号

责任编辑：王柳松
责任校对：徐领柱
责任印制：邱　天

中国政府对企业研发资助的效应研究
——实证分析、国际借鉴与启示
陈远燕著

经济科学出版社出版、发行　新华书店经销
社址：北京市海淀区阜成路甲 28 号　邮编：100142
总编部电话：010-88191217　发行部电话：010-88191522
网址：www.esp.com.cn
电子邮件：esp@esp.com.cn
天猫网店：经济科学出版社旗舰店
网址：http://jjkxcbs.tmall.com
北京财经印刷厂印装
710×1000　16 开　13 印张　240 000 字
2017 年 10 月第 1 版　　2017 年 10 月第 1 次印刷
ISBN 978－7－5141－8558－4　定价：46.00 元
（图书出现印装问题，本社负责调换。电话：010-88191502）
（版权所有　翻印必究　举报电话：010-88191586
电子邮箱：dbts@esp.com.cn）

前 言

　　如何实现中国经济的长期可持续增长已经成为中国乃至世界关心的问题，自主创新是实现发展中国家经济赶超的原动力，而研发则是自主创新的主要源泉。全国的研发经费内部支出 3/4 由企业执行，企业是中国研发当之无愧的首要主体，然而，中国企业研发活动的现实情况并不令人乐观，因此研究影响企业研发活动的因素，以激励企业进行更多的研发活动，具有非常重要的意义。目前，中国外部制度环境对企业行为的引导作用尤为明显，合理的制度安排的重要性更为凸显，因此，研究政府研发资助机制对企业研发活动的效应，以改进中国政府研发资助机制设计，激励企业加大研发活动力度的意义重大。

　　政府对企业的研发资助，在本书中主要是指，政府直接资助、税收激励（税收优惠）。本书通过梳理总结国内外学者的研究成果，分析政府对企业研发资助的理论依据和作用机理，以期回答政府为什么对企业研发资助的问题？

　　为了回答中国政府怎样资助的问题，本书介绍了中国政府对企业研发资助的主要方式和制度安排，分别对政府直接资助、税收优惠等两种主要资助方式及其相应的制度安排进行较为全面的介绍。接下来，分析了中国政府对企业研发资助的规模和强度，先从总体上分析中国研发经费投入的概况，再逐一分析政府研发直接资助的规模与流向、税收优惠的激励强度。

　　为了回答中国政府研发资助的效果如何，本书主要从中国在国内外专利申请的规模与质量、高新技术产业研发创新产出效果、国家产业化计划项目的创新产出效果以及重大科技成果等四个方面，试图通过多个维度的分析全方位地对中国政府研发资助总体效果作出初步评价；在初步评价的基础上，对当今世界主要经济体的政府研发资助情况进行分析对比，通过对比找准中国目前所处的位置，找出存在的差距以及未来努力的方向。

本书基于工业企业面板数据对中国政府研发资助效应进行实证研究。采用国泰安非上市公司数据库中20万户工业企业2005~2007年的数据，运用赫克曼两步法，实证分析政府直接资助和税收激励对企业研发投入的影响效应，实证结果表明中国政府对企业研发资助产生的是互补效应，能激励企业研发投入，同时发现政府直接资助比税收激励要有效得多，对民营企业的资助要比对国有企业的资助有效得多。

为了进一步对中国政府研发资助的效果进行定量测算，本书在以国泰安非上市公司数据库中20万户工业企业数据为分析对象的基础上，继续以上市公司企业数据为研究样本。以380家创业板上市公司2009~2015年的年度报表数据为研究样本，通过实证方法评估和比较了政府补助和税收优惠对企业研发投入的效应。研究发现，相比于税收优惠，政府补助与企业研发投入强度之间有着更为显著的正向效应。

科技创新中心是北京市的新定位，北京在服务国家创新驱动战略方面应有更大的担当和作为。要打破制约北京市自主创新迈向更高起点的体制机制障碍，关键之一是对北京市主要创新政策工具的实施绩效进行深入剖析，研究如何使政府创新政策工具不错位、不缺位、不越位，以维持市场机能的正常运作，提供适当的制度环境和激励机制，真正释放企业研发与创新的能量与活力，因此，采用海量企业微观数据对北京市政府研发资助的实施效果进行准确的定量评估，具有非常重要的理论意义和现实意义。

本书采用北京市税务局综合征管系统中的企业所得税申报数据，企业研发费用加计扣除数据详细准确，样本量涵盖2010~2013年合计近35万户（次）的面板数据。通过实证分析得出结论，政府补贴对企业研发投入产生抑制效应；研发费用加计扣除政策，对企业研发投入的激励效果显著；规模越大、盈利能力越强的企业，研发投入越多。

在国家鼓励创新的一系列支持政策中，中关村先行先试税收优惠政策被寄予了厚望。本书将中关村自主创新示范区的高新上市公司作为实验组，天津、深圳和广州三地高新上市公司作为对照组，利用其2006～2014 年度的财务报表数据，采用双重差分模型，从企业微观层面实证分析了 2010 年颁布的中关村先行先试税收优惠政策对企业研发投入的影响。研究发现，中关村鼓励创新的税收优惠政策对企业研发投入有显著的促进作用，享受该政策的企业研发投入平均增加了34%；但股权奖励的税收优惠政策对企业研发投入的激励效果并不明显。同时，规模越大、盈利能力越强、研发人力资源越充足的企业，研发投入越多。

对任何问题进行研究都需要国际化的视角，中国作为一个研发强度还有进一步提升空间的发展中大国，在政府研发资助政策的制定与实施方面也应当放眼全球，博采众长、学习和借鉴发达国家与部分发展中国家的一些经验和做法，进一步完善中国的政府研发资助政策体系。

本书基于 OECD 国家与"一带一路"沿线国家比较的视角，详细介绍了激励研发的企业所得税政策的国际经验，以 OECD 国家作为发达国家的典型代表，相应的以"一带一路"沿线国家作为发展中国家的分析范围。在介绍发达国家和发展中国家相关税收政策的形式与具体内容的基础上，对这两类国家的政策特点进行简要概括和比较，并对其进行评价。

对法国支持研发与创新的财税政策进行了比较系统的介绍。分析当前法国的科研与创新体系有四大特点：国家主导、科研资助经费与公司规模联系紧密、大学在公共研究领域发挥作用、针对不同行业施行特殊激励政策。并对法国天使投资税收激励机制的相关政策进行了介绍。

天使投资作为整个风险投资的开端，对企业融资和带动就业具有重大的意义。随着中国资本市场的不断发展，通过税收激励政策促进天使投资引起了社会的广泛关注。因此，本书选取英国和美国作为天使投资发展相对成熟的代表国家，其税收激励体系值得借鉴。

英国天使投资税收激励体系中，企业投资计划和种子企业投资计划均为针对个人投资者直接投资非上市公司的激励政策，创业投资信托相较于前两者更侧重于鼓励个人投资者通过专业机构创业投资信托进行天使投资。因此，英国的整个创业投资税收激励体系考虑了多投资主体投资的情形，比较完整。

美国作为天使投资的起源国家，其相对完备的税收激励政策的设计和实施无疑对中国制定相关政策有重要的借鉴意义。本书根据清科研究院以及美国新罕布什尔大学创业投资研究中心发布的天使投资统计数据，对中国、美国 2008～2014 年的天使投资情况进行了简要介绍，并梳理了美国天使投资的相关税收政策。

最后，在进行全面、深入研究的基础上，密切联系中国的实际情况和国外在这方面的发展趋势，对中国政府的研发资助政策进行整体评价，并提出优化中国政府研发资助体系的政策建议。

本书的创新之处主要有以下七个方面：

第一，本书沿着理论→实际→实证→借鉴→实践的思路，先提出研究的问题与选题意义，并对相关文献进行综述与评价，提出研究框架，围绕政府为什么、怎么样以及在何种程度上对企业进行研发资助、资助效果如何、国外先进经验、政策工具如何改进等六个核心问题展开研究，在系统性和完整性方面具有一定的创新性。

第二，本书在借鉴国内外研究的基础上，对中国 1999～2005 年、2006～2007 年、2008 年以后的 B 指数进行了更加细致、严谨的计算，对该领域的进一步研究是有益的补充。

第三，本书实证部分运用了国泰安非上市公司数据，目前尚无文献用该数据库专门分析政府研发资助对企业研发投入的影响，本书在该领域的研究具有一定的开创性。

第四，现有的研究一般只分析政府研发资助的某一个方面，较少将政策结合起来进行分析和实证研究，本书在这方面对现有的研究是有益的补充，同时，由于作者对 B 指数更为严谨和贴近中国实际的测算，可以认为我们由此得到的实证结果更为真实可信。

第五，为了纠正非上市公司研发费用披露的"自选择"问题，本书采用赫克曼两步法对其进行控制，这在目前使用该数据库进行研究的文献中也具有开创性。

第六，本书采用北京市税务局综合征管系统中的企业所得税申报数据，涵盖 2010～2013 年合计近 35 万户（次）的企业研发费用加计扣除数据，本书无论是在样本数量方面，还是在研发费用加计扣除的数据准确性方面，都对已有研究是非常好的补充，具有较强的创新性。

第七，通过对比北京市中关村地区与天津市、深圳市、广州市的上市公司研发投入情况恰当地采用双重差分模型研究税收优惠政策的效果，由于双重差分模型分别测量出实验组和控制组在影响事件发生前后的 4 组变量，所以能较为客观地分析政策带来的影响。

本书系教育部人文社会科学研究青年项目"异质企业假定下政府研发资助效应研究——来自 20 万工业企业的证据"（15YJCZH017）的研究成果。

当然，本书难免有疏忽、不足或失误之处，恳请读者批评指正！

陈远燕

2017 年 8 月

目 录

第 1 章

导 论

1.1 研究背景和意义

自 1979 年以来，中国国内生产总值年均增长速度接近 10%，成为当今世界上仅次于美国的第二大经济体，造就了"中国奇迹"。而在 2012 年，中国国内生产总值增长率回调至 7.8%，2016 年，中国国内生产总值增速是 6.7%，告别了保持近 10 年的国内生产总值增速"8 时代"。中国经济能否继续保持较快的增长速度？中国政府"保增长、调结构"的策略能否得以实现？中国经济继续保持较快增长的原动力在哪里？这些问题已经成为中国乃至世界关心的问题。

从要素供给视角看，劳动、资本、技术的共同作用推动了经济增长，中国近 30 年的高速增长主要来源于廉价的劳动力资源和资本密集型的投资。而中国的"人口红利"在逐渐消失，以资本密集型投资驱动的经济增长模式具有不可持续性，因此，技术在保持中国未来经济较快增长中所起的作用越来越重要。罗默（Romer）、克鲁斯曼（Grossman）、赫尔普曼（Hulpman）、霍伊特（Hoyt）等从技术进步内生增长模型，得出技术进步和知识积累是决定经济长期增长的内在渊源。现实来看，科技进步对经济增长的贡献率确实是越来越高，2016 年科技进步贡献率达到了 56.2%。

技术进步来源于两个渠道，自主创新和外界技术的引进、模仿、学习。在开放经济条件下，假定技术后进国家模仿成本低于发达国家的技术创新成本，罗默、克鲁斯曼、霍伊特等认为，技术后进国家以吸引外商直接投资、国际贸易等方式通过技术模仿、引进，在技术外溢效应的作用下可以实现所谓"经济赶超"，但大量实证分析并不支持这个观点。从中国经济增长的实践来看，改革开放之初的"以市场换技术"的发展战略，意图就是通过引进外资、开放市场、扩大出口等政策来促进先进技术的引进、吸收。但以全要素生产率为衡量指标来看，国内外大部分研究结果表明，中国全要素生产率并没有出现显著上升的趋势。因此，寄希望于通过技术引进、模仿、学习来实现"经济赶超"并不是明智之举，自主创新才是实现发展中国家经济赶超的原动力。而研究与试验发展（R&D），则是自主创新的主要源泉。

中国的研发投入增长较快，2016 年中国的研发经费内部支出占国内生产总值的比重为 2.1%，从国际范围来看，一般认为研发强度指标大于 2%，则该国的创新能力比较强。中国目前的研发强度是 1998 年的 3.2 倍，中国正努力向在 2020 年时使研发强度提升至 2.5% 以上的目标迈进。按执行部门划分，中国研发的主要执行部门有企业、研究与开发机构和高等学校。2015 年，全国研发经费内部支出为 14 169.88 亿元，其中，企业研发经费内部支出达到 10 881.3 亿元，所占比重接近 77%，意味着全国的研发经费内部支出有 3/4 由企业执行。企业是中国研发当之无愧的首要主体，只有更好地激励企业进行研发活动，中国的自主创新能力才能不断地提高。

然而，中国企业研发活动的现实情况并不乐观，2015 年规模以上工业企业中有研发活动的企业仅有 73 570 个，有研发活动的企业仅占规模以上工业企业的 19.2%，也就是说，中国有八成的规模以上工业企业竟然没有研发活动。这样的事实意味着研究影响企业研发活动的因素，探寻企业研发活动的动力来源，以期激励企业进行更多的研发活动，具有非常重要的现实意义。

对影响企业研发活动的因素的研究，主要从内外部两方面进行。一些研究认为，中国企业研发活动动力不足是因为企业自身的特征，如市场势力、代理问题、公司治理等。但是，有些学者也关注到，中国企业研发活动动力不足，更为核心的原因是外部环境所提供的激励机制的缺失或"缺位"。如要素价格扭曲、知识产权保护和政府研发资助等的缺位。目前，中国外部制度环境对企业行为的引导作用尤为明显，由于制度变迁较快、具有不稳定性，迫使企业密切关注制度变革对其的影响，从而表现出短视、不注重研发等行为。

依据新制度经济学理论，制度安排通过形成对经济行为主体的激励机制从而影响其行为方式。外部制度安排，一方面，会影响企业研发活动的动力机制，如知识产权保护制度设计、是否国有控股等；另一方面，会影响企业研发活动获得的资源支持是否恰当的问题，如政府研发资助机制设计等。

目前，中国作用于企业研发活动的制度环境究竟如何？2015 年，中国规模以上工业企业研发经费内部支出总计 10 013.933 亿元，按照经费来源分，其中，来源于政府资金的仅为 419.102 5 亿元，来源于企业资金的则为 9 448.194 1 亿元，来源于国外资金和其他资金的分别为 46.950 3 亿元和 99.686 2 亿元。也就是说，企业资金占到规模以上工业企业研发经费内部支出的 94%，而政府资金仅占 4%。这是否意味着政府对企业研发活动资助的"缺位"呢？政府对企业研发活动资助，是否存在一个适度边界呢？

制度安排是否合理，决定了是激励还是抑制企业研发。在目前中国企业研发活动本身动力不足的情况下，合理制度安排的重要性更为凸显。因此，在考虑企业研发活动的动力机制的前提下，研究政府研发资助机制对企业研发活动的激励效应或抑制效应，分析中国政府研发资助与企业研发活动之间是"互补"关系还是"替代"关系，以期调整或改进中国政府研发资助机制设计，激励企业加大研发活动力度，实现中国经济的长期可持续性增长。

1.2　基本概念界定

研发的英文全称为 research and development，即研究与实验发展，简称为研发。经济合作与发展组织的《弗拉斯卡蒂丛书——研究与发展调查手册》将研发定义为："为增加知识的总量（包括人类、文化和社会方面的知识），以及运用这些知识去创造新的应用而进行的系统的、创造性的工作"。[①] 联合国教科文组织对研发的定义是："在科学技术领域中，为增加知识以及运用这些知识去创造新的应用而进行的系统性的、创造性的活动，包括基础研究、应用研究、试验发展三类活动"。[②]

公共研发是指，来源于政府财政，以提供科技公共品的研究与开发为目的的科技投入，以提供公共产品为核心确定政府职能，主要是对社会公益性、基础性或行业共性科学技术的研究与开发投入。包括政府对公共研发部门的投入、政府财政对企业的资助、科技税收优惠三部分，其中，政府对公共研发部门的投入是指，政府运用财政资金对除企业以外的高等学校、研究与开发机构及其他公共研发部门的投入。

政府研发资助则是政府对企业研发的资助，因此政府研发资助仅仅是指政府对企业研发活动进行的直接拨款和间接资金补偿，而不包括政府对研究与开发机构、高等学校和其他公共研发部门的研发投入。政府对企业研发活动进行的直接拨款和间接资金补偿，在本书中主要是指政府直接资助（如政府研发补贴）、税收激励（税收优惠）。

---

① 经济合作与发展组织. 弗拉斯卡蒂丛书——研究与发展调查手册. 新华出版社，2000.

② 基础研究是指，为了获得关于现象和可观察事实的基本原理的新知识（揭示客观事物的本质、运动规律，获得新发展、新学说）而进行的实验性研究或理论性研究，它不以任何专门或特定的应用或使用为目的；应用研究是指，为获得新知识而进行的创造性研究，主要针对某一特定的目的或目标。应用研究是为了确定基础研究成果可能的用途，或是为达到预定的目标探索应采取的新方法（原理性）或新途径；试验发展是指，利用从基础研究、应用研究和实际经验所获得的现有知识，为产生新的产品、材料和装置，建立新的工艺、系统和服务，以及对已产生和建立的上述各项作实质性的改进而进行的系统性工作。

1.3 研究思路与主要内容

本节将详细介绍本书的研究思路和方法、主要内容和基本框架以及主要的创新之处。

1.3.1 研究思路和方法

研究沿着理论→实际→实证→借鉴→实践的思路，本书先提出研究的问题与选题意义，并对相关文献进行综述与评价，提出研究框架，围绕政府为什么、怎么样以及在何种程度上对企业进行研发资助、资助效果如何、国外先进经验、政策工具如何改进等6个核心问题展开研究。在理论研究方面，首先，研究了政府研发资助的理论依据和作用机理，期望能够回答政府"为什么"进行研发资助？在现状分析方面，通过对中国政府研发资助主要方式和制度安排、中国政府研发资助的规模和强度的探究，以回答政府"怎样"资助、在何种程度上资助？在此基础上运用规范分析和实证研究方法，分析中国政府研发资助的效应，期望能够回答中国政府研发资助效果如何？其次，分析借鉴当前发达国家和部分发展中国家的先进经验，以回答国外有哪些经验值得借鉴？最后，提出完善中国政府研发资助政策的对策建议。

在研究方法上，以经济学为基础，综合运用财政、税收、计量经济学、统计学、产业经济学、制度经济学的一般原理，采取规范研究、统计分析、实证研究、比较研究相结合的研究方法。值得一提的是，本书采用了非上市公司数据，而中国并未强制规定非上市公司披露其研究开发费，这就形成了企业研发费用披露的"自选择"问题。即我们所看到的该企业数据中没有研发费用，这并不意味着在该年度企业真的没有研发。如，企业在该年度实际上发生了研发费用，但由于种种其他原因，选择不对外披露研究开发费。为了纠正这种企业研发费用披露的"自选择"问题，本书运用赫克曼（1979）两步法对其进行控制。本书在运用实证分析方法来评估中关村先行先试税收优惠政策的效应时，通过对比北京市中关村地区与天津市、深圳市、广州市上市公司研发投入情况而恰当地采用双重差分模型研究税收优惠政策的效果，由于双重差分模型分别测量出实验组和控制组在影响事件发生前后的4组变量，能较为客观地分析政策带来的影响。

1.3.2 主要内容和框架

根据上述研究思路，本书的主要内容包括以下几个部分，研究框架结构如图 1-1 所示。

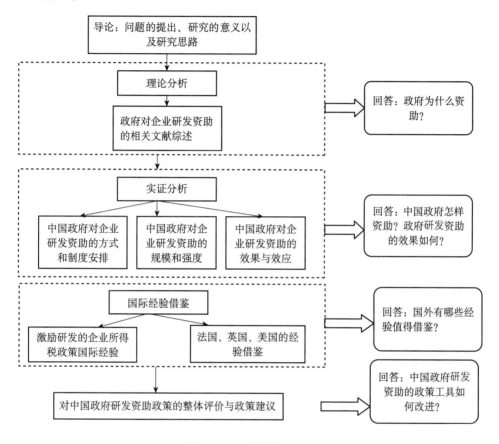

图 1-1 研究的框架结构

第 1 章导论部分主要阐述本书的研究背景和研究意义，对基本概念进行界定，并简要地介绍本书的研究思路与主要内容，在此基础上指出本书的创新之处。

第 2 章从政府对企业研发资助效应以及影响企业研发活动的因素分析两个方面回顾了国内外针对该问题研究的历程，重点介绍了国内外对于政府对企业研发资助效应研究的新进展、新思路和新方法，全面把握目前对该问题的研究现状，避免做低水平的重复研究，以期回答政府为什么对企业研发资助的问题。

第 3 章主要介绍中国政府对企业研发资助的主要方式和制度安排，分别对政府直接资助、税收优惠等两种主要资助方式及其相应的制度安排进行较为全面的介绍。

第 4 章分析中国政府对企业研发资助的规模和强度，先从总体上分析中国研发经费投入的概况，再逐一分析政府研发直接资助的规模与流向、税收优惠的激励强度。第 3 章和第 4 章主要期望回答中国政府怎样资助的问题。

第 5 章对中国政府研发资助总体效果做了初步评价，主要从中国在国内外专利申请的规模与质量、高新技术产业研发创新产出效果、国家产业化计划项目的创新产出效果以及重大科技成果等 4 个方面，试图通过多个维度的分析全方位地对中国政府研发资助总体效果作出初步评价；在初步评价的基础上，对当今世界主要经济体的政府研发资助情况进行分析对比，通过对比找准中国目前所处的位置，找出存在的差距以及未来努力的方向。

第 6 章基于 20 万户工业企业面板数据对中国政府研发资助效应进行实证研究。采用国泰安非上市公司数据库中 20 万户工业企业 2005~2007 年的数据，运用赫克曼两步法，实证分析政府直接资助和税收激励对企业研发投入的影响效应，实证结果表明中国政府对企业研发资助产生的是互补效应，能激励企业研发投入，同时发现政府直接资助比税收激励要有效得多，对民营企业的资助要比对国有企业的资助有效得多。

第 7 章以 380 家创业板上市公司 2009~2015 年的年度报表数据为研究样本，通过实证方法评估和比较了政府补助和税收优惠对企业研发投入的效应。研究发现，相比于税收优惠，政府补助与企业研发投入强度之间有着更为显著的正向效应；公司规模、盈利能力、企业年龄均与研发投入正相关；此外，从资产负债率、资本密度、流动性约束对企业研发投入的正向回归系数可以看出，如果一个企业有较强的融资能力、较大的资本密度以及经营性现金净流量，那么，这个企业就不易受到资金约束的影响，从而会增加企业的研发投入强度。

第 8 章采用北京市税务局综合征管系统中的企业所得税申报数据，企业研发费用加计扣除数据详细准确，样本量涵盖 2010~2013 年合计近 35 万户（次）的面板数据。本章通过实证分析得出结论，政府补贴对企业研发投入产生抑制效应；研发费用加计扣除政策对企业研发投入的激励效果显著；规模越大、盈利能力越强的企业，研发投入越多。

第 9 章将中关村自主创新示范区的高新上市公司作为实验组，天津、深圳和广州三地高新上市公司作为对照组，利用其 2006~2014 年度的财务报表数据，采用双重差分模型，从企业微观层面实证分析了 2010 年颁布的中关村先行先试税收优惠政策，对企业研发投入的影响。研究发现，中关村鼓励创新的税收优惠政策对企业研发投入有显著地促进作用，享受该政策的企业研发投入平均增加了

34%；但股权奖励的税收优惠政策，对企业研发投入的激励效果并不明显。同时，规模越大、盈利能力越强、研发人力资源越充足的企业，研发投入越多。

第 10 章基于经合组织国家与"一带一路"沿线国家比较的视角，详细介绍了激励研发的企业所得税政策的国际经验，以经合组织国家作为发达国家的典型代表，相应的以"一带一路"沿线国家作为发展中国家的分析范围。在介绍发达国家和发展中国家相关税收政策的形式与具体内容的基础上，对这两类国家的政策特点进行简要概括和比较，并对其进行评价。

第 11 章对法国支持研发与创新的财税政策进行了比较系统的介绍，主要包括：研发税收抵免（CIR）、针对中小型企业（SME）的激励政策、鼓励科研中心与大学实验室合作、针对不同高技术产业的特殊政策。分析当前法国的科研与创新体系的 4 大特点：国家主导、科研资助经费与公司规模联系紧密、大学在公共研究领域发挥作用、针对不同行业施行特殊激励政策。并对法国天使投资的税收激励机制的相关政策进行介绍。

第 12 章介绍了英国天使投资税收激励体系，英国天使投资税收激励体系中的企业投资计划和种子企业投资计划均为针对个人投资者直接投资非上市公司的激励政策，创业投资信托相较于前两者更侧重于鼓励个人投资者通过专业机构创业投资信托进行天使投资。因此，英国的整个创业投资税收激励体系考虑了多投资主体投资的情形，比较完整。

第 13 章阐述了美国天使投资税收激励体系，美国作为天使投资的起源国家，其相对完备的税收激励政策的设计和实施无疑对中国制定相关政策有重要的借鉴意义。本章根据清科研究院以及美国新罕布什尔大学创业投资研究中心发布的天使投资统计数据，对中国、美国 2008 ~ 2014 年的天使投资情况进行了简要介绍，并梳理了美国天使投资的相关税收政策。

第 14 章在前文进行全面、深入研究的基础上，密切联系中国的实际情况和国外在这方面的发展趋势，对中国政府研发资助政策进行整体评价，并提出优化中国政府研发资助体系的政策建议。

1.4 主要创新点

本书的创新之处主要有以下七个方面：

第一，本书沿着理论→实际→实证→借鉴→实践的思路，先提出研究的问题与选题意义，并对相关文献进行综述与评价，提出研究框架，围绕政府为什么、怎么样以及在何种程度上对企业进行研发资助、资助效果如何、国外先进经验、政策工具如何改进等 6 个核心问题展开研究，在系统性和完整性方面具有一定的创新性。

第二，现有的研究对政府研发税收激励的测度，非常多的采用 B 指数来测度，但现有的国内研究对 B 指数的测算多数非常粗糙，不符合中国实际税法和会计准则的规定，本书在借鉴国内外研究的基础上对中国 1999～2005 年、2006～2007 年、2008 年以后的 B 指数进行了更加细致严谨的计算，对该领域的进一步研究是有益的补充。

第三，本书实证部分运用了国泰安非上市公司数据，包含 2005～2007 年的 60 万户企业样本，虽然目前用该数据库进行研究的文献非常多，也有如张杰 (2011)[1] 等用非上市公司数据研究要素价格扭曲与企业研发问题中提到了政府研发补贴，但是尚无文献专门对政府研发资助对企业研发投入的影响用非上市公司数据库进行分析，本书在该领域的研究具有一定的开创性。

第四，现有的研究一般只分析政府研发资助的某一个方面，或者是直接资助，或者是税收激励，将两者政策结合起来进行分析和实证研究的文献相对较少，本书在这方面对现有的研究是有益的补充，同时，由于作者对 B 指数更为严谨和贴近中国实际的测算，可以认为，我们由此得到的中国研发税收激励对企业研发投入的影响效果的实证结果，较之前的研究更为真实可信。

第五，为了纠正非上市公司研发费用披露的"自选择"问题，本书采用赫克曼两步法对其进行控制，这在目前使用该数据库进行研究的文献中也具有开创性，目前运用该数据库进行研究的文献基本都对企业研发费用披露的"自选择"问题忽略不计，但我们的研究对这个很重要的问题进行了控制，使得实证结果更加稳健和可信。

第六，本书采用北京市税务局综合征管系统中的企业所得税申报数据，企业研发费用加计扣除数据是详细准确的，同时，样本量涵盖 2010～2013 年合计近 35 万户（次）的海量数据。因此有理由相信，本书无论是在样本数量方面，还是在研发费用加计扣除的数据准确性方面，都对已有研究是非常好的补充，具有较强的创新性。

第七，本书运用实证分析方法来评估中关村先行先试税收优惠政策的效应，在一定程度上弥补了当前对于示范区先行先试税收政策定量分析的不足；通过对比北京市中关村地区与天津市、深圳市、广州市上市公司研发投入情况而恰当地采用双重差分模型研究税收优惠政策的效果，由于双重差分模型分别测量出实验组和控制组在影响事件发生前后的 4 组变量，所以，能较为客观地分析政策带来的影响；采用上市公司年度财务数据，保证了统计口径的一致性和精确性，弥补了之前研究中可能出现的由于统计口径不一致导致的误差。

---

[1] 张杰，周晓艳，李勇. 要素市场扭曲抑制了中国企业 R&D? 经济研究，2011，(08)：78～91.

第 2 章

文献综述

2.1 互补效应与替代效应的纷争

政府研发资助的必要性被认为是由于存在垄断定价与知识的正外部效应，分散经济决策并不是有效率的，将导致偏低的产出与创新水平，因此，有必要采取激励研发活动的政策（Arrow，1962；Romer，1990；Howitt，1990，1992，1998）。

政府研发资助分为两类：一类是从供给面为企业的技术创新提供有形投入和无形投入，如政府研发补贴、税收优惠等；另一类是从需求面为企业的创新产品提供市场，如政府采购等。从理论上讲，政府研发资助可能对企业的研发产生互补效应或者替代效应。

2.1.1 政府研发补贴与企业研发创新

国外关于财政补贴对企业研发效应的研究，结论不尽一致。国外学术界对此有争议：一部分研究得出政府研发补贴对企业的研发产生的是互补效应（Holemans，Sleuwaegen，1988；Antonelli，1989；Klette，Moen，1997；Toivanen，Niininen，2000；Czarnitzki，2001；Hussinger，2003；Duguet，2003；Gonzàlez，2004；Aerts，Schmidt，2008）。

汉斯格（Hussinger，2003）采用参数和半参数两步法选择模型，研究德国联邦教育及研究部对德国制造业部门的研发项目的直接资助。选择模型认为，公共研发资助的接受者是内生的，包括一个选择性纠正对这种非随机选择过程，在企业研发支出的结构性方程中。第一步，测算企业接受政府公共研发资助的可能性。第二步，考虑公共资助对企业研发支出的效应。选择性模型通过模型选择和结构部分，控制不可观测的特征。与以往的研究一致，结论是对所有估计模型研发补贴对企业的研发经费支出产生积极效果。然而，该文也得出了"经处理的平均处理效应"的水平随着应用选择性模型的不同假设而变化的结果。在模型设定方面，参数赫克曼两步法模型作为基准，此外，一个虚拟变量估计（Cosslett，1991）、一系列的估计（Newey，1999）和罗宾逊（Robinson's，1988）估计作为一个局部线性模型被应用。半参数估计只能识别结构方程的斜率参数。因此，还需要针对截距进行附加估计以识别处理效应。该文采用的截距估计由赫克曼（Heckman，1990），安德鲁斯和沙夫冈斯（Andrews，Schafgans，1998）发展而来。

迪盖（Duguet，2003）检测法国研发补贴对私人研发资金的影响。从 1985～1997 年每年的研发调查，这份调查提供了所有部委给予至少有一个全职工作的研发人员的公司的研发补贴的信息。为了确定接受资助的企业即使没有研发资助，也会投资相同数量的私人研发，该文采用匹配法进行测算。作者先研究了获得补贴的可能性，发现公司获得补贴的可能性随着公司规模、资产负债率和所研究项目的重要性而增加。第二步，控制了企业过去接受的财政资助，发现平均来看，公共资助增加私人资金投入，所以没有显著的挤出效应。

但另一部分研究却认为，并不能确定研究结论是互补效应还是替代效应，需要进行具体和深入的分析（Blank，Stigler，1957；Capron，Potterie，1997；Goolsbee，1998；Segerstrom，1998；Davidson，Segerstrom，1998；Busom，1999；David，2000；Wallsten，2000；Görg，Strobl，2007；Clausen，2009；Colombo，Grilli and Murtinu，2011；Klette，Møen，2011；Colombo et al.，2011）。

古尔斯比（Goolsbee，1998）使用美国 CPS 数据研究科研人员的工资，指出政府直接资助了美国总的研发支出的大部分，这种政府直接资助增加创新活动存在一系列的问题。研发支出的大部分实际上只是支付研发人员的工资，然而，他们的劳动供给是非常无弹性的，所以当政府资助研发，增加支出中一个显著的部分直接用于提供工资。由于更高的工资，研发政策有效性的常规估测存在高估的可能。其结论也意味着，通过改变科学家和工程师的工资，即使对没有接受联邦政府资助的企业，政府资助直接挤出了私人创新活动。

中纲（Busom，1999）采用西班牙的一个横截面样本进行测算，实证模型包括一个方程组：第一个是参与方程；第二个是研发努力方程，控制了公共资助的内生性。主要的发现如下：（1）小企业比大企业更有可能获得政府补贴，也许反映了政府的一项目标；（2）总体来看，公共资助引致更多的私人研发努力，但对一些企业（30% 的补贴接受者）完全的挤出效应不能被排除。（3）公司规模与企业研发努力相关，无论企业是否获得财政资助。

大卫（David，2000）研究了宏观和微观的案例，关注于公共研发资助的所谓"净效应"。在 14 项实证分析中仅有 2 项为替代关系。在公司层面样本来看，结果更加不清晰，19 项实证中有 9 项为替代关系。

克劳森（Clausen，2009）分析"研究"和"发展"的补贴是否以及如何影响企业研发活动。实证结果表明，"研究"的补贴刺激研发企业内部研发支出，而"发展"的补贴替代企业内部研发支出。在理论层面发现市场失灵观点的实证支持，即在那些研发社会回报率与研发私人回报率之间差距很高的领域，私人研发支出能够被最好地激励。政策意义是，技术项目应支持私人部门研究项目以刺激更多的研发。

克莱特和摩恩（Klette，Møen，2011）指出，挪威的高新产业财政补贴通常是定向补贴的，企业需要贡献 50% 的风险自担资本在补贴的项目中，该文的结论意味着补贴没有挤出私人投资的研发，但与此同时，接受补贴的企业也没有增加他们的私人研发投资。因此，风险自担资本似乎减少了正常的研发预算。文章同时测算了研发补贴可能的长期效应，得出正的动态效应（互补），比如临时研发补贴似乎促进了企业增加研发投资。该文认为，在研发活动中"干中学"是对这一结论可能的解释，并提出了理论分析显示这一效应也许会影响传统模型的预测。一个包含这种学习效应的研发投资结构性计量模型估计出合理的结果。

科伦坡等（Colombo et al.，2011）发现，竞争性财政补贴对企业研发产生互补效应，而非竞争性财政补贴却会产生替代效应。

国内对政府研发补贴效应的研究结果基本上倾向于互补效应（朱平芳，徐伟民，2003；童光荣，高杰，2004；解维敏，唐清泉和陆珊珊，2009；徐伟民，2009；白俊红，2011；刘虹等，2012；梁彤缨，2012；张新等，2013；李林木，2014；卜祥来，2014；储德银等，2017；杨得前，刘仁济，2017）。

朱平芳和徐伟民（2003）使用上海市 32 个行业的大中型企业在 1994～2001 年的数据，比较了政府财政补贴与税收减免对企业自筹的研发投入的影响，发现政府的财政拨款和税收减免这两个政策工具对大中型企业增加自筹的研发投入都具有积极效果，并且政府的拨款资助越稳定越好。

童光荣和高杰（2004）的研究得出结论，政府研发支出对私人部门的研发有互补的影响，政府部门研发支出每增加 1 亿元，会带来私人部门投入 1.574 亿元的增加。

解维敏、唐清泉和陆珊珊（2009）以中国 2003～2005 年间上市公司数据为样本，实证分析政府研发资助与上市公司研发支出之间的关系，结果表明政府研发资助激励了企业的研发支出，产生互补效应。

徐伟民（2009）选用上海市 1996～2004 年间 125 家高新技术企业的面板数据，用动态面板模型分析上海市科技政策与上海市高新技术企业研发投入之间的关系，希望观察政府各种资助政策手段对企业研发投入的影响和这些政策手段之间的交互效应。结果发现，无论是政府直接资助还是税收减免都对上海市高新技术企业提高自身研发投入强度有一定的促进作用，同时也发现政策稳定性的重要作用，但也发现政策工具之间可能有系统失灵的问题。

白俊红（2011）选用1998～2007年《中国统计年鉴》大中型工业分行业数据，采用静态面板模型和动态面板模型进行实证分析，结果表明中国政府研发资助显著促进了企业技术创新，即产生互补效应，同时还发现，企业自身的知识存量、规模、所处行业的技术水平以及企业产权类型等因素，都会对政府研发资助效果产生不同程度的影响。

刘虹，肖美凤和唐清泉（2012）采用中国上市公司2007～2009年的数据，研究政府研发补贴对企业研发支出的互补效应和替代效应，研究发现两种效应的分布呈现"倒U型"，即初始阶段政府研发资助对企业研发产生互补效应，但是随着政府研发资助的增加，一旦超过最优值，接下来继续增加资助，反而会对企业研发产生替代效应。而且，他们的研究还认为，间接资助比直接资助效应更显著，相对于国有企业来说，对民营企业的研发补贴效果也更显著。

梁彤缨（2012）运用《中国科技统计年鉴》中，中国2004～2008年的各省级面板数据，实证检验了财政补贴、税式支出对中国大中型工业企业研发投入的影响。采用中国大中型企业科技经费筹集中的政府资金表示企业得到的研发财政补贴，用B指数测算企业的研发税收激励强度，得出财政补贴与税收优惠都对企业研发投入强度具有正向激励作用，其中，税收优惠效果比财政补贴显著；并且，引入了财政补贴与税收优惠的交互项，得出企业研发财政补贴与税收优惠之间并未产生替代效应。

张新等（2013）采用历年《中国科技统计年鉴》《中国税务年鉴》中31个地区2004～2010年的面板数据，以企业自筹研发资金作为企业研发投入的替代指标，在财政支出工具中分别测算了政府对企业、研究机构、高等学校的研发资助对企业研发投入的效应，发现财政支出工具对企业研发投入的激励效应都非常显著，但在作用程度和方向上有所差异。中央税收负担的降低对企业研发投入具有正向激励作用，而地方税收负担则相反。因此，税收结构调整有利于激励企业研发投入，也得出企业研发财政补贴与税收优惠之间并未产生替代效应，政策效果不会相互抵消的结论。

2.1.2 税收激励与企业研发创新

对于税收激励的政策效应，国外学者基本得出互补的结论，当然也有不同的声音（Eisner，1984；Bernstein，1986；Swenson，1992；Baily，Lawrence，1992；Hall，1993；Berger，1993；Macutch-en，1993；Hines，1994；Hall，1995；Mamuneas，Nadiri，1996；Klette，1997；Hall，Reenen，1999；David，2000；Bloom et al.，2000；Griffith et al.，2001；Mairesse，Mulkay，2003；Koga，2003；

Russo，2004；Czarnitzki et al.，2004；Cappelen et al.，2008；Harris et al.，2009；Lokshin，Mohnen，2010；Elschner，2011；Thomson，2012；Szarowská，2015）。

霍尔（Hall，1993）测算了研发支出的平均税收价格弹性，得出互补效应。使用企业层面的研发支出的公开数据，测算了一个研发支出的平均税收价格弹性，它在短期内是相对稳定的。尽管有效的税收抵免率是小的（直到1990年低于5%），这个相对强的价格反应意味着引致的额外研发支出数量大于先前的税收收入成本。结论是研发税收激励看起来具有期望的效应，虽然企业花了多年的时间来完全调整。该文也讨论了尽管在企业层面研发支出随着时间变化高度相关，使得精确地估测长期效应是困难的，同样地，高度相关使得这些效应极易成为可能。

霍尔和里宁（Hall，Reenen，1999）测算了OECD国家税收体系对研发使用者成本的效应，随着时间的变化以及不同国家的不同企业，描述和评论了评估税收体系对研发行为的影响和不同研究的结论。在现在的非理想状态的知识经济情况下，得出结论为1美元的研发税收激励促进了1美元的额外研发。

布卢姆等（Bloom et al.，2000）采用1979~1996年OECD的9个国家的数据，发现税收激励对研发强度增加是有效的证据。这在允许国别永久差异、全球经济波动和其他政策影响之后依旧是正确的。该文测算研发成本下降10%，在短期促进研发水平上升1%；在长期研发增长略低于10%。另外有一些证据证明，研发税收激励会影响研发的跨国选址，这在税收竞争模型中得到体现。

格里菲思等（Griffith et al.，2001）研究了英国政府实施的新的研发税收激励政策对经济的影响。该文测算了增值税税收激励政策的短期效应和长期效应。然后，比较了在一些情景下增值税税收激励增加的项目财政成本。从长期来看，国内生产总值的增加远远超过税收激励的成本。短期效应要小很多，价值增加仅仅在研发增长等于或低于通胀率的时候才会超过成本。

罗素（Russo，2004）使用CGE模型测算加拿大税收激励对研发和福利的影响，基本得出互补效应，但"投入税抵免"（ITCs）对上游创新投入的生产者是无效率的，也发现降低个人所得税率会产生福利损失，同时增量税收激励比综合税收激励更有效。

卡尼扎克等（Czarnitzki et al.，2004）使用非参数匹配法测算了研发税收激励对加拿大制造企业创新产出的互补效应。在1997~1999年，加拿大联邦和省研发税收激励项目被用于超过1/3的所有制造业企业以及接近2/3的高技术企业。该文通过一系列的创新指标，比如，新产品数量、新产品销售收入、原创性创新等研究研发税收激励的平均效应。与假设状态下不存在研发税收激励的情况比较，研发税收激励的接受者在绝大多数但不是所有的创新指标上有显著更好的得分。因此得出结论，税收激励增加企业的研发参与。

卡珀朗等（Cappelen et al.，2008）通过挪威 2002 年出台的一项税收激励政策，分析这项税收激励政策对创新与专利的影响，发现这项税收激励政策引发了新的生产工序的发展以及一定程度上新产品的发展，与其他企业合作的企业更容易在创新活动中成功。

哈里斯等（Harris et al.，2009）研究了研发支出对产出的影响，也预测了区域提高研发税收激励对研发支出使用者成本的影响及随之而来的研发需求。该文发现，在长期内研发支出对各制造业的产出大多数是积极影响。另外，研发储备为零的工厂经历显著的一次性下降的生产效率。该文也发现，在省内对研发支出有主要影响，研发税收激励需要大幅增加；在净的财政成本方面将花费很大。

洛克希和摩尼（Lokshin，Mohnen，2010）采用荷兰企业数据测算研发税收激励项目对研发的效应。采用需求因素模型测算企业研发资本积累对使用者成本的弹性。计量模型测算使用涵盖 1996～2004 年的大样本非均衡企业面板数据，采用企业特定的随着税收激励政策而变化的研发使用者成本。采用使用者成本弹性模型，演绎了研发激励项目的成本收益分析。发现一些额外的证据显示，"水平"基准的荷兰研发激励项目在激发企业研发投资中是有效的。然而，挤出效应的假设仅在小企业中被拒绝，对大中企业不能拒绝挤出效应假设。

斯万诺卡（Szarowská，2015）总结了在欧盟国家使用的研发直接资助工具和研发间接资助工具。基本的数据来源是欧盟统计局数据库，辅之以各国统计局和 OECD 的信息。直接资助，通过提供津贴、补贴、贷款、企业融资、研发公共采购的方式来执行。间接资助已经变得更加重要。尽管税收激励是共同的，在国家之间有异质性，差异显著；大多数国家采用超过一种工具。研发税收激励是最常用的激励手段，伴随着加大扣除和加速折旧。其次，B 指数（Warda，2001）和税收补贴率被用于比较各国税收激励的慷慨程度。结论显示，研发税收激励力度最大的国家是葡萄牙、法国和西班牙。各国在不同类型企业方面慷慨的程度有差异，给予中小企业比大企业更慷慨的政策。

然而，也有一些学者发出了不同的声音（Feldstein et al.，1995；Griffith，2000；Wilson，2007）。

费尔德斯坦等（Feldstein et al.，1995）关注到某一个特定税收对跨国公司的研发效应：跨境特许权使用费的预提所得税。首先，识别跨国公司的研发活动对本地税收条件的敏感程度；其次，确定引进技术和本土研发是互补品还是替代品。研究结果表明，研发对本地税率非常敏感，本地研发对引进技术是替代关系。无论是美国投资者在其他国家的行为还是外国投资者在美国的行为，都印证了这些研究结论。在某种程度上，根据特许权使用费反映实际的技术转让的程度，跨国公司的行为意味着，本土研发是进口技术的替代品。

格里菲斯（Griffith，2000）关于研发税收激励提出了五大质疑：研发税收激励是增加了研发的总量还是只是使得研发在不同国家之间进行重新分配？不断增加的研发税收激励，是不是一种国家之间的税收竞争？在跨国公司中，研发中心是否留在英国？研发支出的增加，会导致知识存量的增加吗？还是仅仅导致研发人员更高的工资？

威尔逊（Wilson，2007）指出，各州的税收激励产生了两个重要问题：一是这些税收激励是否达到了各州的目标，增加了州内的研发支出？二是这些增加的州内研发支出，有多少是从其他州抢过来的？简单来说，这篇文章对于第一个问题的回答是肯定的，对第二个问题的回答是几乎 100% 是从其他州抢过来的，也就意味着对整个国家而言研发激励对研发支出的净效应为零。该文测算州内研发使用成本弹性为 -2.5（即互补效应），然而，州与州之间的研发使用成本弹性为 2.7，意味着从整个国家社会福利的视角来看是一个"零和博弈"。

此外，部分国外学者就如何更加科学合理地设计研发税收激励政策及其效果评估指标进行了研究。格里菲斯等（Griffith et al.，1996）研究发现，许多企业面临的负激励效应是由税收激励结构和具体设计细节问题引起的。瓦尔达（Warda，2001，2005）系统地阐述了关于 B 指数的计算。布卢姆等（Bloom et al.，2001）概述了一些在研发税收激励的设计和实施的主要事项，讨论了一些在其他国家实施的税收激励措施的主要政策设计特征。主要关注如何锁定新的或者是增量的研发，以使得总的财政支出成本下降，还讨论了界定增量研发的问题以及这些问题如何处理。提供了测算新的研发（增量研发）和在英国实施不同的税收激励设计将可能导致的财政成本。伦蒂妮和迈雷斯（Lentile，Mairesse，2009）采用不同的议题，评价研发税收激励政策。首先，考虑测算税收激励对研发投入的直接效应的研究，给出了政策激励效应的对比图；其次，运用元分析的方法，讨论了研发税收激励的综合评价体系。

对于税收激励的政策效应，国内学术界基本得出了税收优惠激励企业研发的结论（朱平芳，徐伟民，2003；吴秀波，2003；胡卫，熊鸿军，2005；夏杰长，2006；郑榕，2006；戴晨，刘怡，2008；杨志安，2011；王俊，2011；刘初旺，2012；林洲钰等，2013；李林木，2014；袁建国等，2016；赵国钦，高菲，2016；石绍宾等，2017；重庆市税务学会课题组，2017）。

朱平芳和徐伟民（2003）使用 1993~2000 年上海市的 32 个行业的面板数据，检验了各级政府对技术开发的减免税与企业研发投入的关系。吴秀波（2003）的实证研究表明，中国税收政策对研发与创新支出刺激强度有限。胡卫和熊鸿军（2005）运用数理方法和国外数据，比较了国外几种评估研发与创新的税收激励政策的方法，并对中国激励自主创新的税收政策进行了初步评价。在此基础上，郑榕（2006）实证研究了税收扣除与税收抵免对企业研发与创新投入的影响。戴晨和刘怡（2008）测算了新旧企业所得税法下税收优惠激励强度的 B 指数，并对财政补贴与税收优惠两种方式的激励效果进行了简单比较，认为税收激励效果更佳。刘初旺（2012）分企业类型对中国税收激励的 B 指数进行了更为细致的计算，与 OECD 国家进行对比，并提出相应的对策建议。李林木（2014）采用国家税务总局的全国减免税调查数据库 2008～2010 年的省级面板数据，分别测度了税收减免对高新技术产业研发投入的效应、对高新技术产业研发产出的效应、对高新技术产业发展速度与规模的效应。流转税和企业所得税减免对高新技术产业研发经费投入都有显著效应，其中，流转税激励效应明显大于所得税；东部地区显著高于全国；外资高于内资企业。但短期税收减免对研发产出、产业发展速度与规模没有明显效应。

国内也有一些研究专门探讨研究开发费用加计扣除这项税收优惠政策的效果。部分学者运用创业板上市公司年报数据、调查问卷数据等对其政策效果进行实证分析，基本都认为研发费用加计扣除政策激励了企业研发。杨杨等（2013）采用创业板上市公司年报数据，用企业所得税名义税率 25% 乘以税前利润总额减去创业板上市公司样本公司实际缴纳企业所得税差额的对数来度量企业所得税优惠，实证结果表明企业所得税优惠对创业板上市公司的技术创新研发投入产生了积极的正面影响。周克清（2012）以 2009～2011 年招股的创业板上市公司为研究对象，采用倾向得分匹配方法得出公司实际税率越低，企业研发支出越高；加计扣除优惠力度越大，企业研发支出越多。林洲钰等（2013）基于企业所得税改革这一外生的政策事件，采用从国家知识产权局搜集整理的企业专利数据，以税改前后两年企业专利申请数的变化程度作为被解释变量，研究不同税收政策（税率降低和研发费用抵扣政策）对于企业技术创新的影响。这两类税收政策从直接和间接两个方面共同促进了企业技术创新。税收激励强度与企业技术创新水平之间呈现出显著的"倒 U 型"曲线关系。税收政策与补贴政策在影响企业技术创新方面存在政策效应相互抵消的现象。

国内也有部分学者对中关村税收优惠政策激励企业研发的效果进行实证分析。陈聪和李纪珍（2013）分析了中关村国家自主创新示范区的企业申请科技型中小企业创新基金项目的立项情况及其获得基金前后所获专利数量的变化情况，利用相关数据进行 OLS 回归分析和 PSM 检验分析，评价创新基金的实施效果。卜祥来（2014）以北京市中关村海淀园 2009～2012 年完整申报的 146 家企业为样本，实证研究得出结论，政府补助收入、企业所得税减免税均对企业研发支出强度具有激励效应，同时也发现企业利润率越高、经营时间越长，其研发支出强度越大。陈涛（2016）以中关村自主创新示范区高新技术企业 2014 年企业所得税汇算清缴申报数据为基础，利用多元回归和数据包络方法分析了中关村税收优惠政策的效应，得出税收优惠政策对企业高新技术产品（服务）促进作用明显的结论。马玉琪等（2017）基于 2011～2014 年中关村企业微观数据，采用倾向得分匹配法评估税收优惠和财政补贴对中关村高新技术企业自主创新投入的激励效果，得出税收优惠对企业创新投入有显著的激励作用。

此外，国内部分学者对激励企业研发创新的税收政策进行了定性分析，并提出了相应的对策建议（王乔，饶立新，2007；匡小平，肖建华，2008；郭戎等，2013；张明喜等，2013；包健，2013；薛薇等，2015；张俊芳等，2017）。也有部分研究通过调研或者向中关村园区内企业发放调查问卷的形式，对被调查样本企业享受税收优惠政策情况进行归纳、分析，提出政策建议（杨志强，2015；洪峰，2016）。

2.1.3　财政补贴与税收激励的比较

当然，国内外学术界有一部分研究对政府研发补贴与税收优惠这两个政策工具的效果进行了比较（Guellec et al.，1997；Busom et al.，2015；童光荣等，2004；戴晨等，2008；徐伟民，2009；解维敏等，2009；邓子基等，2011；白俊红，2011；刘虹等，2012；梁彤缨，2012；高培勇等，2013；李林木，2014；卜祥来，2014；储德银等，2017；杨得前，刘仁济，2017）。

盖莱克等（Guellec et al.，1997）采用 1981～1996 年 OECD 的 17 国的数据，探讨税收激励和财政补贴是否促进了企业研发，认为这两项主要政策工具的有效性评估可以基于一个主要的标准，政府资助是否促进了超过成本的研发活动，不会产生其他扭曲效应或者新的市场失灵。中纲等（Busom et al.，2015）发现，多元化经营成功的商业企业更倾向于使用税收激励；而高生产率的企业更喜欢采取获得财政补贴的形式；企业年龄与研发项目参与度无关。

2.2　影响企业研发活动的因素分析

对影响企业研发活动因素的研究，主要有内外部两方面。内部因素即企业自身的特征原因，如规模、企业所有制性质、企业年龄、企业利润率、资本密集度、资产负债率等。外部制度环境的影响，主要包括所在地区市场化程度等。（Schumpeter，1942；Scherer，1965；Ballot. et al.，2001；Hussinger，2003；周黎安，罗凯，2005；樊纲，王小鲁，2007；白俊红，2011；张杰，周晓艳等，2011）（1）企业规模（Schumpeter，1942；Scherer，1965；Damanpour，1992；Blundell，1999；Motohashi，2005；Laforet，2008；周黎安，罗凯，2005；高良谋，李宇，2009；聂辉华，谭松涛和王宇峰，2009；刘锦英，2010；白俊红，

2011；李宇，张瑶，2014）。对于规模与企业研发投入之间的关系，可谓众说纷纭，熊彼特（Schumpeter，1942）认为，规模大的企业比小企业更注重也具有更加有利的条件进行研发。而谢勒（Scherer，1965）却发现，企业规模与企业研发投入之间是一种"倒 U 型"的函数关系，而白俊红（2011）又提出规模小的企业和规模大的企业在研发活动中具有不同的优势，规模小的企业主要具有灵活性优势，而规模大的企业主要拥有资源优势。周黎安和罗凯（2005）采用中国 1985～1997 年的省级面板数据，发现企业规模与创新的正相关关系主要表现在非国有企业，并不是国有企业。（2）企业年龄。汉斯格（Hussinger，2003）认为，年轻企业还未具备明显的知识储备和研发基础，因而年轻企业迫于竞争压力会对研发投入更大。（3）企业利润率。企业研发需要大量资金投入，从这一角度分析，盈利能力强的企业有更充足的资金进行研发。然而，另一种观点则认为，利润率高的企业的研发动力是不足的，因为如果它们即使不进行研发投入也能获得高盈利，那么，他们的研发投入动力可能会不足。（4）市场集中度。张杰和周晓艳等（2011）采用赫芬达尔指数来测度企业市场集中度。（5）企业人力资本投资。巴洛特等（Ballot et al.，2001）选用职工教育经费除以全部职工数，作为企业人力资本投资的替代指标，认为企业人力资本投资与企业研发投入是正相关关系。（6）企业所有制性质（周黎安，罗凯，2005；吴延兵，2014；任颋，茹璟，尹潇霖，2015）。周黎安和罗凯（2005）等认为，国有企业在政治联系上天然的优势和公司治理方面的激励约束机制的缺位，使得国有企业可能并没有非常强烈的意愿进行研发投入。（7）企业所属行业（Philips，1956；Hamberg，1964；Nadiri，Nanbler，1994；Hall，1999；Broadbery，Crafts，2000；David et al.，2000；王苍峰，2009；孙晓华，周玲玲，2010；李永等，2014）。

另外，还包括资产负债率（汪晓春，2002；周艳菊，邹飞，王宗润，2014；肖海莲，唐清泉，周美华，2014）、资本密集度、出口交货值等内部因素和利息支出、市场化程度等外部制度环境因素（高洁，徐茗丽，孔东民，2015；梁强，李新春，郭超，2011；李后建，张剑，2015）。

2.3　简要评述

国内外学术界在政府对企业研发资助效应以及影响企业研发活动的因素分析方面已进行了大量研究，对政府研发资助政策激励企业创新行为的作用机理从理论和实证上做出说明，并强调了企业研发创新在国民经济中的重要作用，从而能够为研究中国目前大力实行研发资助政策对企业创新行为的激励效应提供丰富的理论和实证材料。但已有的研究也存在以下几个方面的不足：

第一，目前基于行业异质性研究政府资助政策对企业创新行为的激励效应的文献还较少。一定程度上是由于相关数据的可得性和可靠性，之前许多研究也忽视了样本的选择性偏差，下一步的研究的一个方面是在纠正样本选择性偏误方面做研究，如采用赫克曼选择模型，进行行业异质性分析。通过对激励企业创新行为的政府资助政策的整体分析和行业异质性分析，明确政府资助政策能否通过激励企业技术创新活动增强企业活力，及明确相同政策环境下对不同行业的优惠程度是否满足调整产业结构的结构性改革目标，对以后中国税收优惠制度的调整及改革方向具有借鉴意义。

第二，已有的研究特别是国内的研究，关于税收优惠对企业研发激励的量化测算较为薄弱。指标设计在一定程度上存在直接套用西方发达国家指标的弊端（Warda J.，1994，2006），并不太符合中国现行的税法和会计准则规定，对税收激励指标予以调整完善，以使之更符合中国国情是一个重要的研究着眼点。

第三，由于获取详细准确的企业研发费用加计扣除数据是非常困难的，因此，已有的研究往往采用发放调查问卷或者收集整理创业板上市公司年报的方法来获取数据，也有的采取粗略估算税收优惠程度的方式。粗略估算税收优惠程度的方式，其研究结论的科学性有待检验；即使是采用相对比较准确的调查问卷与创业板公司数据，其样本量也非常有限，导致实证结果的代表性不足。因此，采用企业研发费用加计扣除数据详细准确的税务局综合征管系统中的企业所得税申报数据进行研究，是一个非常好的方向。

第四，目前，学界关于中关村鼓励研发税收优惠政策的探究主要以理论分析为主，实证研究文献还相对较少，且已有的实证研究多采用内部数据。此外，鲜有文献利用中关村先行先试税收优惠政策的实施这样一个自然实验机会，定量测算其实施效果。因此，通过对比北京市中关村地区与天津市、深圳市、广州市上市公司研发投入情况而恰当地采用双重差分模型研究税收优惠政策的效果，对税收优惠政策由中关村试点区推广至全国的这一过程构建动态模型，明确政策效果随时间变化的趋势，对中关村"先行先试"政策改革试点做出客观评价，对于及时了解税制改革成效、供给侧改革顺利进行仍具有一定的现实意义。

第 3 章

中国政府对企业研发资助的主要方式和制度安排

根据《国家中长期科学和技术发展规划纲要（2006～2020年)》，为营造激励自主创新的环境，推动企业成为技术创新的主体，努力建设创新型国家，目前制定的配套创新政策包括政府直接资助、税收激励、金融支持、政府采购、引进消化吸收再创新、人才队伍、教育与科普、科技创新基地与平台、创造和保护知识产权等若干方面。分别将这些配套政策从政策属性和经济学定义两方面进行分类，分为财政金融政策、人才政策、科研基地、法律法规及需求方面的政策、供给方面的政策、创新环境建设方面的政策，如图3-1所示。本书主要探讨政府直接资助、税收优惠这两种政府研发资助方式。

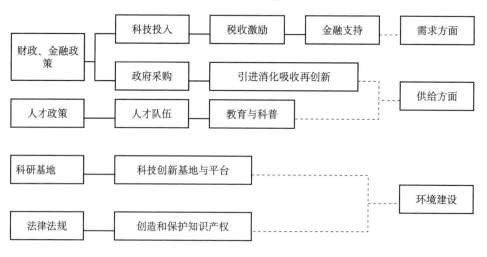

图 3-1　中国创新政策类型

3.1　政府直接资助的主要方式及制度安排

3.1.1　政府直接资助的主要方式

政府直接资助指，为了鼓励企业自主创新，政府运用财政资金直接对从事研发活动的企业进行资助，包括财政补贴、奖励、无偿赠予等多种方式。政府对企业研发的财政直接资助，主要通过科技计划、针对中小企业的专项资金和基金、产学研合作的专项资金、政府财政补贴等渠道实现。

1. 科技计划

科技计划分为一般性科技计划和专项科技计划。一般性的科技计划指的是，国家为促进企业创新而制定的具有普遍意义的科技计划。这类科技计划对研究机构、大学、企业或非营利的科研机构等都是公平开放的。企业申请后经过同行评议等程序可以获得资金资助。专项科技计划是政府针对特定技术、特定行业制订的专门性的计划。在中国，政府财政对研发的直接投入机制，主要是通过各种科技计划来实现的。同时，为了加强科技成果转化、提高科技成果的扩散效应和外部性，中央财政同时设立了主要用于科技成果转化的专项计划。

2. 政府补贴

政府补贴包括政府基金扶持和政府财政补贴。其中，政府基金扶持主要包括，中小企业的专项资金和基金以及产学研合作的专项资金。政府对中小企业的资助，采取了专项资金资助和专项基金资助。前者是政府管理部门每年以年度预算拨款的方式直接拨付给企业。而后者是政府成立专门基金支持中小企业创新。专门基金除了部分承担政府的政策性资助任务之外，需要按照市场机制运作并取得投资的收益，而收益继续用于对企业创新的资助。而各国的实践经验也表明，产学研（或官产学研）合作是国家创新体系有效运作的一种重要方式。各国政府通过设立专门资助计划对产业发展有重大影响的项目进行资助，鼓励学术界、科界界、产业界共同参与。我国中央财政于 1999 年设立科技型中小企业技术创新基金，专门用于科技型中小企业的技术创新活动。

为了鼓励企业资金的研发投入，政府可以根据企业和社会对研发创新的投资总额进行一定比例的补贴，财政补贴企业研发也是避免引起国际间不公平竞争的一种广为认可的形式。政府财政补贴，不仅解决了企业在筹措技术创新经费上的困难，而且形成了对企业研发资金投入的刺激和带动作用。

通过财政直接投入的方式来资助企业研发的优点是能够在投入方向选择上突出国家意志，突出政府研发政策的导向作用，并且允许政府保留对所开展的研发活动的控制权，但是，从效率上而言，通过政府将企业所创造的剩余价值集中上来，由政府之手再集中分配，选择资助领域和金额，在一定程度上会带来研发活动的低效率。因此，通过税收优惠手段，将研发资金更多地留在研发强度比较高的企业，鼓励企业开展研发活动，无疑也是一个很好的政策手段。

3.1.2 政府直接资助的制度安排

中国政府直接资助主要集中在国家实施的各类科技计划上，这些科技计划定位与分工各不相同，涉及基础研究、应用研究以及最终的产业化等全过程，如表3-1所示。

表3-1   "十二五"国家科技计划（专项）

总体分类	计划名称	主要定位
	国家科技重大专项	为了实现国家目标，通过核心技术突破和资源集成，在一定时限内完成的重大战略产品、关键共性技术和重大工程
	国家重点研发计划	已于2016年2月16日起正式启动实施，将科技部管理的国家重点基础研究发展计划、国家高技术研究发展计划、国家科技支撑计划、国际科技合作与交流专项，发展和改革委、工业和信息化部共同管理的产业技术研究与开发资金，农业部、国家卫生和计划生育委员会等13个部门管理的公益性行业科研专项等，整合形成一个国家重点研发计划。针对事关国计民生的重大社会公益性研究，以及事关产业核心竞争力、整体自主创新能力和国家安全的战略性、基础性、前瞻性重大科学问题、重大共性关键技术和产品，为国民经济和社会发展主要领域提供持续性的支撑和引领
政策引导类计划	星火计划、火炬计划、科技惠民计划、	火炬计划是一项发展中国高新技术产业的指导性计划，以市场为导向，促进高新技术成果商品化、高新技术商品产业化和高新技术产业国际化

续表

总体分类	计划名称	主要定位
政策引导类计划	国家重点新产品计划、国家软科学研究计划	国家重点新产品计划通过政策性引导和扶持，促进新产品开发和科技成果转化及产业化，加速科技产业化环境建设，推动企业的科技进步和提高企业技术创新能力，带动中国产业结构优化升级和产品结构调整
重大科技创新基地建设	国家（重点）实验室、国家科技基础条件平台、国家工程技术研究中心	有在建企业（中央企业为主体）的企业国家重点实验室，有利于促进企业成为技术创新主体、提升企业自主创新能力、提高企业核心竞争力
其他专项	科技型中小企业技术创新基金、科研院所技术开发研究专项资金、农业科技成果转化资金、科研院所技术开发研究专项资金、科技富民强县专项行动计划、科技基础性工作专项、国家磁约束核聚变能发展研究专项、国家重大科学仪器设备开发专项	科技型中小企业技术创新基金是经国务院批准设立，用于支持科技型中小企业技术创新的政府专项基金。通过拨款资助、贷款贴息和资本金投入等方式，扶持和引导科技型中小企业的技术创新活动，促进科技成果转化，培育一批具有中国特色的科技型中小企业，加快高新技术产业化进程农业科技成果转化资金的来源为财政拨款，是一种政府引导性资金。通过吸引企业、科技开发机构和金融机构等渠道的资金投入，支持农业科技成果进入生产的前期性开发

资料来源：科技部网站，经过作者整理。

上述国家科技计划并非都与企业有关，下面，对与企业关系较为密切的科技计划进行简要分析。

1. 火炬计划

火炬计划是以市场为导向，以促进科技成果的转化，发展高新技术产品和高新技术产业为目标的科技计划。通过火炬计划项目的实施，已发展了一批高新技术企业和高新技术企业集团。火炬计划的重点发展领域，是新材料、生物技术、电子和信息、机电一体化、新能源高效节能与环保等。火炬计划项目分国家级和地方级，其中，资金的来源主要包括银行贷款、自有资金和政府拨款。2002～2013 年，火炬计划实施项目数由 3 733 项增长到 6 059 项，火炬计划当年落实项目资金数由 464 亿元增长到 843 亿元。

如图 3 - 2 所示，从 2002～2013 年火炬计划中各部门承担项目数所占比重趋势图可以看出，其实接近 100% 的项目是由企业承担的，企业是火炬计划的承担主力。

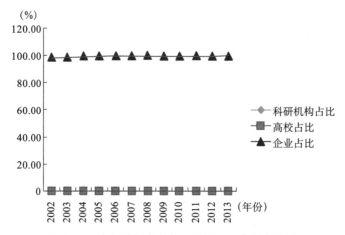

图 3-2　火炬计划中各部门承担项目数所占比重

资料来源：历年《中国科技统计年鉴》，中国统计出版社，经过作者整理计算绘制而得。

如图 3-3 所示，从 2002～2013 年，各年度火炬计划当年落实项目资金的来源中 60%～70% 来源于企业资金，而来源于政府的资金一直以来不到 3%，所以，虽然从总量上看政府资金投入在增加，但是政府资金在火炬计划中所占的比重一直是比较低的。

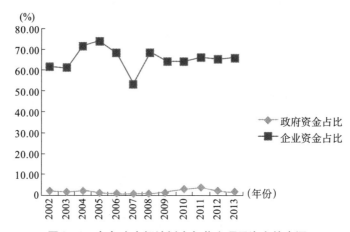

图 3-3　各年度火炬计划当年落实项目资金的来源

资料来源：历年《中国科技统计年鉴》，中国统计出版社，经过作者整理计算绘制而得。

如图 3-4 所示，中央财政对火炬计划的拨款数从 2001 年的 0.7 亿元增至 2015 年的 2 亿元，火炬计划的中央财政拨款数在 2011 年之前呈明显的上升趋势，随后呈下降态势。如果再结合各年度火炬计划当年落实项目资金总量，我们会发现中央财政对火炬计划的拨款数对于总量而言可谓是微乎其微。

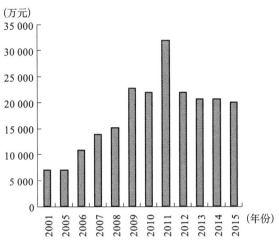

图 3 - 4　各年度火炬计划中央财政拨款数

资料来源：历年《中国科技统计年鉴》，中国统计出版社，经过作者整理计算绘制而得。

2. 国家重点新产品计划

国家重点新产品计划的主要任务是促进新产品和科技成果转化及产业化，促进企业成为技术创新和科技投入的主体，带动中国产业结构优化升级和产品结构调整，增强中国产品竞争力。重点支持创新性强、技术含量高、拥有自主知识产权、对行业共性技术有较大带动作用，积极研究、制定或采用国际标准、国内外先进技术标准的新产品开发和试制工作。特别是加强信息技术在传统产业的应用，能够促进解决"三农"问题、节约资源和改善环境、公共健康与安全的新产品的支持。

如图 3 - 5 所示，中央财政对国家重点新产品计划的拨款数从 2001 年的 1.4 亿元增至 2014 年的近 1.9 亿元，2011 年之前国家重点新产品计划的中央财政拨款数呈较明显的上升趋势，随后不断下降。

3. 科技型中小企业技术创新基金

科技型中小企业技术创新基金是经国务院批准设立，用于支持科技型中小企业技术创新的政府专项基金。通过拨款资助、贷款贴息和资本金投入等方式扶持和引导科技型中小企业的技术创新活动，促进科技成果的转化，培育一批具有中国特色的科技型中小企业，加快高新技术的产业化进程。创新基金重点支持产业化初期（种子期和初创期）、技术含量高、市场前景好、风险较大、商业性资金进入尚不具备条件、最需要由政府支持的科技型中小企业项目，并为其进入产业化扩张和商业性资本的介入起到铺垫和引导的作用。

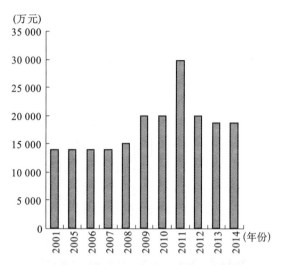

图 3 - 5　各年度国家新产品计划中央财政拨款数

资料来源：历年《中国科技统计年鉴》，中国统计出版社，经过作者整理。

中央财政对科技型中小企业技术创新基金的拨款数从 2001 年的近 8 亿元增至 2015 年的 11 亿元，尤其是 2009～2013 年，中央财政对科技型中小企业创新基金的拨款增长非常迅猛，从 2008 年的 1.6 亿元迅速增至 2013 年的 5.1 亿元，说明国家对科技型中小企业直接资助的力度在加大，非常重视科技型中小企业的发展，科技型中小企业创新基金的中央财政拨款数呈明显的上升趋势。然而，2015 年中央财政拨款数剧烈下滑至 11 亿元，低于 2007 年的水平，如图 3 - 6 所示。

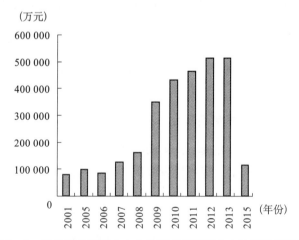

图 3 - 6　各年度科技型中小企业技术创新基金中央财政拨款数

资料来源：历年《中国科技统计年鉴》，中国统计出版社，经过作者整理。

4. 国家工程技术研究中心计划

该计划旨在加强科技成果向生产力转化，同时面向企业规模生产的实际需要，提高现有科技成果的成熟性、配套性和工程化水平，加速企业生产技术改造促进产品更新换代，为企业引进、消化和吸收国外先进技术提供基础技术支撑。主要的目标是以解决本行业中重大关键、基础性和共性技术的研发，并持续不断地将科技成果进行系统化、配套化和工程化的研发。

如图 3 – 7 所示，中央财政对国家工程技术研究中心计划的拨款数从 2001 年的0.5 亿元增至 2015 年的近 1 亿元，2011 年之前国家工程技术研究中心计划的中央财政拨款数呈较明显的上升趋势。随后显著下降，2013 ~ 2015 年一直保持不变。

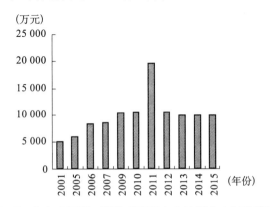

图 3 – 7　各年度国家工程技术研究中心计划中央财政拨款数

资料来源：历年《中国科技统计年鉴》，中国统计出版社，经过作者整理。

3.2　税收优惠的主要方式及制度安排

3.2.1　税收优惠的主要方式

广义的支持科技进步和研发的税收政策，包括利用税收的收入功能为自主创新提供财力保障和利用税收的调控功能支持自主创新两个方面。研发活动具有公共物品属性，存在着明显的市场失灵，需要政府予以直接支持。税收作为筹集财政收入的主要手段，就要通过完善现行税收制度，加强税收征管，严格税收执法，减少税收流失，增加税收收入，为国家支持自主创新提供尽可能充裕的财力保障。与此同时，税收是连接政府和纳税人的纽带，是宏观调控的重要手段。通过对不同部门、产业和地区实施差别化的税收政策，可以降低创新个体的税收负担，鼓励研发与创新活动，分担创新活动的风险，支持创新成果的市场化，提高创新活动的收益，鼓励人力资本投资，推动自主创新活动的发展。

狭义的支持科技进步和研发的税收政策通常是指，对于科技进步和自主创新实施的税收优惠政策，主要包括税收豁免、免税期、优惠税率、纳税扣除、盈亏互抵、准备金制度、税收抵免、退税政策、延期纳税等，支持对象包括公司企业、高等院校、科研院所、中介机构和自然人等。鉴于企业在自主创新中的重要作用，针对企业创新的税收政策通常占有较大比重，也是本节接下来阐述的重点。

狭义的支持科技进步和研发的税收政策，主要是借助税收的调控功能来支持自主创新，而很少涉及利用税收的收入功能为自主创新提供财力保障这方面的内容。由于狭义的支持科技进步和研发的税收政策与企业研发的关系更加密切，通常将其作为研究的重点。

正是因为税收政策天然具有引导、调控功能，各国政府都比较普遍地采取了对技术创新研究开发活动的税收优惠政策，这是政府推动技术创新的最集中体现，也是企业从政府得到的最有力支持。目前，企业研发的税收优惠政策工具主要包括税收豁免、免税期、优惠税率、税收扣除、加速折旧、技术准备金制度、盈亏互抵、税收抵免、退税政策和延期纳税等多种形式。（1）税收豁免。税收豁免主要是对于特定的创新项目免于征税，如免除先进机器设备和研发用原材料的进口关税来降低创新的成本；免除流转税以增强创新企业的市场竞争力；而豁免所得税，可以增加创新活动的利润，减少创新投资的风险，使企业更快地收回成本。（2）免税期。免税期是发展中国家常采用的一种税收优惠政策，一般的做法是在免税期内政府对符合一定标准的企业规定税率为零，而在免税期结束后开始征税。免税期的作用，在于促进企业进行短期的投资。但由于免税期限是有限的，免税期优惠措施不鼓励长期投资，特别是风险性较大的长期研发项目。（3）优惠税率。优惠税率是支持自主创新的一种比较直接和通行的做法。优惠税率可以是短期的，也可以是长期的。长期优惠税率对与自主创新的激励程度要比短期优惠税率更大，对于需要巨额创新投资而获利较迟的企业而言，长期优惠税率的作用更为明显。（4）税收扣除。税收扣除是指，对于研发与创新投入准许按照一定标准在税前予以扣除的做法，通常有两种方式，一是直接扣除法，允许纳税人就某些研发与创新费用或支出予以全部扣除或部分扣除的方法；二是加成扣除法，允许纳税人超过实际支出数额加计扣除某些创新费用。加计扣除法能在更大程度上降低纳税人的创新负担，加大研发与创新投入。（5）加速折旧。加速折旧是指，在固定资产使用前期多提折旧，相对加快折旧速度。加速折旧可以鼓励企业加快设备更新和投资，同时也使企业的税收负担前轻后重，考虑到资金的时间价值因素，具有税收延期缴纳的好处。（6）技术准备金制度。技术准备金制度主要体现在所得税的相关规定中，具体是指企业可以在税前按照一定比例提取专项研发资金，其目的是使将来的创新项目或投资有比较稳定的资金来源。技术准备金制度在发达国家被普遍采用，实践证明是一项有效的支持自主创新的政策手段。（7）盈亏互抵。在盈亏互抵的政策下，如果企业发生亏损，就可以从以前或以后指定若干年度的利润中得到补偿，该政策主要应用在企业所得税领域。盈亏互抵可以有效地降低研发与创新活动的风险，对于具有较高风险性的创新投资具有相当大的激励效应。（8）税收抵免。税收抵免分为创新投资抵免和国外税收抵免。创新投资抵免是指，特定创新项目投资可以按照一定比例抵免应缴纳的税款，其主要目的是激励创新个体的创新投资；而国外税收抵免则是为了消除国际间的重复征税，降低创新个体的税收负担。（9）退税政策。退税政策包括两种情况：一是出口退税，目的是使创新产品以较低的价格进入国际市场，增强创新产品的竞争能力，提高创新收益；二是再投资退税，即对于将利润用于创新投资行为，退还其再投资部分已经缴纳的全部税款或部分税款，使企业进入投资→创新→收益→再投资→再创新的良性循环。下面，按照不同的分类方式对相关税收政策进行全面系统的归集与梳理。

第一，按照税收优惠的作用方式分类。

按照税收优惠的作用方式，可以将支持科技进步和企业研发的税收政策划分为税基式优惠、税率式优惠、税额式优惠和递延式优惠。

税基式优惠是一种以缩小税基为内容的税收优惠政策，主要包括设置起征点、免征额以及给予创新个体税收扣除、免税项目和亏损结转等优惠措施，通过缩小税基，降低纳税人的计税依据，在税率既定的条件下减少应纳税额。

税率式优惠是指，通过降低纳税人所适用的税率而实施的税收优惠政策，包括给予研发活动、创新项目或者创新成果以优惠税率为主要内容的优惠政策。

税额式优惠是指，通过直接减少纳税人的应纳税款而实施的税收优惠政策，包括对于特定的创新项目实施免征、减征、税收抵免和优惠退税等政策支持。相比较而言，税基式优惠主要是降低计税依据，而税额式优惠则直接减少纳税人的应纳税额。

递延式优惠主要是指，对于开展创新活动的纳税人实施税款递延、加速折旧、技术准备金制度，虽然形式上有所不同，但是，这些税收措施都具有延迟税款缴纳，获取资金的时间价值的功能。

相比较而言，税基式优惠和递延式优惠偏重于间接引导，强调对自主创新的事前支持，只要开展创新活动，纳税人就可以享受税收优惠；税率式优惠和税额式优惠更偏重于对创新结果的直接支持，强调对自主创新的事后优惠，只有取得创新收益，才能享受此种优惠，对于刚开始实施创新活动而没有取得创新收益的企业则无法享受此种优惠。

第二，按照税收政策的作用特点分类。

按照税收政策的作用特点，可以将支持科技进步和企业研发的税收政策划分为直接税收支持政策和间接税收支持政策。

直按税收支持政策以低税率优惠和税收减免为主，是对自主创新的直接支持，具有形式单一、便于征纳双方操作以及透明度高、激励性强的特点，主要针对创新个体的类型和最终的经营结果实施支持，注重对创新成果的优惠。直接税收支持政策强调事后的利益让渡，对于引导纳税人事前进行科技研发与自主创新的作用较弱，尤其是对那些尚未取得创新成果或收益的企业则无税收激励可言，而且容易出现滥用现象。

间接税收支持政策，主要包括加速折旧、费用扣除、投资抵免、亏损结转、技术准备金制度等，是对自主创新活动的间接鼓励和支持。间接税收支持政策偏重于事前和事中的政策鼓励和扶持，强调对创新过程的优惠，因此，具有较好的政策引导性，对于创新活动的扭曲比直接税收支持政策小。间接税收支持政策在国外特别是发达国家得到了广泛的应用，实践证明是一种效果比较好的税收政策手段。

第三，按照税收政策作用的范围分类。

按照税收政策作用的范围，可以将支持科技进步和企业研发的税收政策划分为区域性税收政策和行业性税收政策。

区域性税收政策是对特定地区的自主创新活动实施的税收扶持政策，主要有两种形式：一是按照行政区域制定的税收政策；二是按照经济性区域，比如，对经济开发区、高科技园区制定的税收政策。

区域性税收政策的示范性、集聚性和辐射性作用比较强，可以在短期内吸引大量资金，其不足之处在于对相同性质的企业仅仅因为所处地域的不同而实行不同的税收政策，不符合税收的公平原则，容易造成众多企业纷纷挤往开发区，甚至在开发区内"假注册"，开展避税活动，违背了税收政策的初衷。

产业性税收政策是指，为了提高相关产业的科技含量和创新能力而实施的税收政策，一般包括三个大的方向：一是支持基础产业提升科技含量的税收政策；二是提升资本密集型产业和技术密集型产业自主创新能力的税收政策；三是支持新兴产业的税收政策，这也是产业性税收政策未来发展的新趋势。

第四，按照税收政策支持的对象分类。

按照税收政策支持的对象，可以将支持科技进步和企业研发的税收政策划分为支持创新机构的税收政策和支持创新人才的税收政策。

支持创新机构的税收政策，是对于开展自主创新的公司企业、高等院校、科研部门和中介机构等实施的税收政策。由于高等院校和科研机构的创新活动技术导向性比较强，但对市场需求不够敏感，而企业既是自主创新活动的实施主体，又直面市场需求，因此，在市场机制比较完善的发达国家，企业担当着国家创新体系主力军的角色。因此，支持创新机构的税收政策，往往以支持企业创新的税收政策为主体。

支持创新人才的税收政策，主要是通过税收优惠来鼓励人力资本投资，包括五个方面的内容：一是纳税人对于教育和科研单位的捐助支出准许在税前作较大比例的扣除；二是纳税人投资办学，其所得给予税收减免；三是鼓励增加教育支出，比如，对子女的教育费用在计算个人所得税时予以必要扣除；四是鼓励企业加大人力资本投资的税收优惠；五是对创新所得予以低税率优惠，提高创新人才的创新收益。

第五，按税收政策支持的阶段分类。

按照支持的阶段，可以将支持科技进步和企业研发的税收政策划分为事前的税收支持政策、事中的税收支持政策和事后的税收支持政策。

事前的税收支持政策是指，为支持创新个体筹集自主创新资金而实施的税收政策，主要表现为对风险投资活动制定的税收支持政策。实践表明，风险投资是高科技创新活动重要的资金来源，对于企业的技术创新活动作用重大。通过给予风险投资以税收支持，可以降低风险投资的风险并提高其投资收益，推动风险投资业的发展壮大，为自主创新活动提供必要的资金支持。

事中的税收支持政策是指，对自主创新过程实施的税收支持政策，主要包括对研发费用予以合理扣除，对创新活动购进的先进技术和设备给予税收优惠，对固定资产实行加速折旧等。该政策不以是否形成创新成果和收益为依据，对于创新活动具有普遍的支持作用和引导作用，可以有效地降低企业的税收负担和创新成本。

事后的税收支持政策，是为支持创新成果市场化而实施的，包括对创新成果的转让给予税收优惠，比如，对转让所得给予所得税减免；包括对于创新项目的商业化给予大力支持，比如，对于创新产品的生产和推广实施免税期、低税率优惠和亏损弥补等政策。事后的税收支持政策以形成创新成果和收益为条件，可以提高研发和创新活动的收益，降低自主创新的市场风险，但是，尚未形成创新成果和收益的纳税人无法享受该政策。

第六，按照税种分类。

按照税种分类，可以将支持科技进步和企业研发的税收政策划分为所得税支持政策和流转税支持政策。

所得税支持政策是指，通过所得税给予自主创新以必要的支持，主要体现在两个方面：一是通过企业所得税政策来降低企业的税收负担，鼓励其加大科技研发和创新的投入，降低创新活动的风险，提高创新活动的收益；二是通过个人所得税的优惠政策来促进人力资本的开发，以及提高创新人才的收入水平等。由于发达国家大多数实行的是以所得税为主体的税制，对于自主创新的税收支持主要以所得税支持政策为主。中国的所得税中有大量支持科技进步和企业研发的税收优惠政策。

流转税的支持政策是指，通过流转税给予自主创新以必要的支持，主要体现在增值税、关税等税种，比如，对为研发而进口的设备给予关税减免；对于创新产品的出口予以退税；实行消费型增值税；对于处在市场化初期的创新产品给予消费税减免，等等。由于发展中国家一般实行的是以流转税为主体的税制，所以对自主创新的税收政策中流转税也占有一定比重。

需要说明的是，以上关于支持自主创新的税收政策的分类并不是孤立和绝对的，不同的分类方式之间是具有一定的联系和交叉的。图3-8反映了几种税收政策不同的分类方式之间的对应关系。

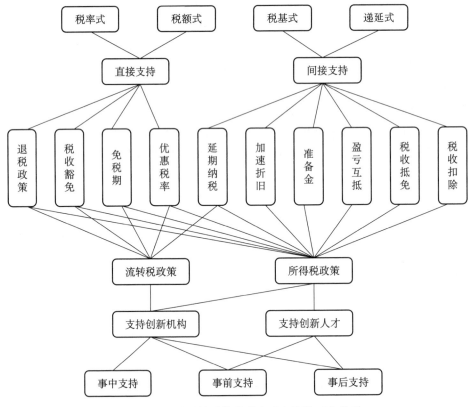

图3-8　几种税收政策分类方式之间的对应关系

资料来源：作者整理。

3.2.2　税收优惠的制度安排

近年来，中国陆续制定和实施了一系列支持科技进步和企业研发的税收政策，下面按照税种分类进行介绍。

1. 企业所得税优惠

（1）优惠税率。国家需要重点扶持的高新技术企业，减按 15% 的税率征收企业所得税；[1] 对于 2008 年 1 月 1 日（含）之后在经济特区和上海浦东新区内新设的高新技术企业，就其在经济特区和上海浦东新区内取得的所得，自取得第一笔生产经营收入所属纳税年度起，可按照 25% 的法定税率享受二免三减半的税收优惠；[2] 自 2016 年 1 月 1 日起至 2017 年 12 月 31 日止，在 15 个服务贸易创新发展试点地区对符合条件的技术先进型服务企业减按 15% 的税率征收企业所得税。[3]

（2）不征税收入和免税收入。符合条件的软件企业按照《财政部国家税务总局关于软件产品增值税政策的通知》规定取得的即征即退增值税款，由企业专项用于软件产品研发和扩大再生产并单独进行核算，可以作为不征税收入，在计算应纳税所得额时从收入总额中减除。[4] 符合非营利组织条件的孵化器的收入免征企业所得税。[5] 符合非营利组织条件的大学科技园的收入免征企业所得税。[6]

（3）扣除类优惠。

①研发费加计扣除。企业开展研发活动中实际发生的研发费用，未形成无形

---

[1]　依据《中华人民共和国企业所得税法》第二十八条、《中华人民共和国企业所得税法实施条例》第九十三条、《科技部 财政部 国家税务总局关于印发〈高新技术企业认定管理办法〉的通知》《科技部 财政部 国家税务总局关于印发〈高新技术企业认定管理工作指引〉的通知》《国家税务总局关于实施高新技术企业所得税优惠有关问题的通知》《科技部 财政部 国家税务总局关于在中关村国家自主创新示范区开展高新技术企业认定中文化产业支撑技术等领域范围试点的通知》《科技部 财政部 国家税务总局关于修订印发〈高新技术企业认定管理办法〉的通知》等规定。

[2]　根据《国务院关于经济特区和上海浦东新区新设立高新技术企业实行过渡性税收优惠的通知》《财政部 国家税务总局关于贯彻落实国务院关于实施企业所得税过渡优惠政策有关问题的通知》的规定。

[3]　《财政部 国家税务总局 商务部 科技部 国家发展改革委关于在服务贸易创新发展试点地区推广技术先进型服务企业所得税优惠政策的通知》。

[4]　《财政部 国家税务总局关于进一步鼓励软件产业和集成电路产业发展企业所得税政策的通知》《财政部 国家税务总局 发展改革委 工业和信息化部关于软件和集成电路产业企业所得税优惠政策有关问题的通知》《财政部 国家税务总局关于软件产品增值税政策的通知》《国家税务总局关于执行软件企业所得税优惠政策有关问题的公告》。

[5]　《财政部 国家税务总局关于科技企业孵化器税收政策的通知》。

[6]　《财政部 国家税务总局关于国家大学科技园税收政策的通知》。

资产计入当期损益的，在按规定据实扣除的基础上，按照本年度实际发生额的50%，从本年度应纳税所得额中扣除；形成无形资产的，按照无形资产成本的150%在税前摊销；① 为进一步激励中小企业加大研发投入，支持科技创新，科技型中小企业开展研发活动中实际发生的研发费用，未形成无形资产计入当期损益的，在按规定据实扣除的基础上，2017年1月1日~2019年12月31日期间，再按照实际发生额的75%在税前加计扣除；形成无形资产的，在上述期间按照无形资产成本的175%在税前摊销。②

②职工教育经费扣除。高新技术企业发生的职工教育经费支出，不超过工资薪金总额的8%的部分，准予在计算企业所得税应纳税所得额时扣除；超过部分，准予在以后纳税年度结转扣除。③ 自2016年1月1日起至2017年12月31日止，在15个服务贸易创新发展试点地区对符合条件的技术先进型服务企业实际发生的职工教育经费支出，不超过工资薪金总额8%的部分，准予在计算应纳税所得额时扣除；超过部分准予在以后纳税年度结转扣除。④ 符合条件的软件企业的职工培训费用，应单独进行核算并按实际发生额在计算应纳税所得额时扣除；集成电路设计企业的职工培训费用，应单独进行核算并按实际发生额在计算应纳税所得额时扣除。⑤

（4）促进设备和软件更新的税收政策。对生物药品制造业等10个行业的小型微利企业购进的研发和生产经营共用的仪器、设备以及对所有行业购进的专门用于研发的仪器、设备，单位价值不超过100万元的，允许一次性计入当期成本费用在计算应纳税所得额时扣除，不再分年度计算折旧；单位价值超过100万元的，可缩短折旧年限或采取加速折旧的方法。⑥ 集成电路生产企业的生产设备，

---

① 根据《财政部 国家税务总局 科学技术部关于完善研究开发费用税前加计扣除政策的通知》《国家税务总局关于企业研究开发费用税前加计扣除政策有关问题的公告》。

② 根据《财政部 国家税务总局 科技部关于提高科技型中小企业研究开发费用税前加计扣除比例的通知》《科技部 财政部 国家税务总局关于印发〈科技型中小企业评价办法〉的通知》《国家税务总局关于提高科技型中小企业研究开发费用税前加计扣除比例有关问题的公告》的规定。

③ 依据《财政部 国家税务总局关于高新技术企业职工教育经费税前扣除政策的通知》。

④ 《财政部 国家税务总局 商务部 科技部 国家发展改革委关于在服务贸易创新发展试点地区推广技术先进型服务企业所得税优惠政策的通知》。

⑤ 依据《财政部 国家税务总局关于进一步鼓励软件产业和集成电路产业发展企业所得税政策的通知》《工业和信息化部 国家发展和改革委员会 财政部 国家税务总局关于印发〈软件企业认定管理办法〉的通知》《财政部 国家税务总局 发展改革委 工业和信息化部关于软件和集成电路产业企业所得税优惠政策有关问题的通知》《国家税务总局关于执行软件企业所得税优惠政策有关问题的公告》的规定。

⑥ 依据《财政部 国家税务总局关于完善固定资产加速折旧税收政策有关问题的通知》《国家税务总局关于固定资产加速折旧税收政策有关问题的公告》《财政部 国家税务总局关于进一步完善固定资产加速折旧企业所得税政策的通知》的规定。

其折旧年限可以适当缩短，最短可为 3 年（含）。[①] 企业外购的软件，凡符合固定资产或无形资产确认条件的，可以按照固定资产或无形资产进行核算，其折旧或摊销年限可以适当缩短，最短可为 2 年（含）。[②]

（5）居民企业技术转让所得优惠。居民企业技术转让所得（含 5 年以上非独占许可使用权）不超过 500 万元的部分，免征企业所得税；超过 500 万元的部分，减半征收企业所得税。[③] 此政策更偏向"专利盒"政策，对成果所得进行优惠。居民企业以非货币性资产对外投资确认的非货币性资产转让所得，可在不超过 5 年期限内，分期均匀计入相应年度的应纳税所得额，按规定计算缴纳企业所得税。非货币性资产转让所得，应对非货币性资产进行评估并按评估后的公允价值扣除计税基础后的余额计算确认。[④]

（6）境外所得计算。以境内、境外全部生产经营活动有关的研究开发费用总额、总收入、销售收入总额、高新技术产品（服务）收入等指标申请并经认定的高新技术企业，其来源于境外的所得可以享受高新技术企业所得税优惠政策，即对其来源于境外所得可以按照 15% 的优惠税率缴纳企业所得税，在计算境外抵免限额时，可按照 15% 的优惠税率计算境内外应纳税总额。[⑤]

（7）针对软件企业的税收优惠。[⑥] 集成电路线宽小于 0.25 微米的集成电路生产企业减按 15% 的税率征收企业所得税。投资额超过 80 亿元的集成电路生产企业，经认定后，减按 15% 的税率征收企业所得税。

中国境内新办的符合条件的软件企业，经认定后，在 2017 年 12 月 31 日前自获利年度起计算优惠期，第一年至第二年免征企业所得税，第三年至第五年按照 25% 的法定税率减半征收企业所得税，并享受至期满为止。集成电路线宽小于 0.8 微米（含）的集成电路生产企业，经认定后，在 2017 年 12 月 31 日前自

---

① 《财政部 国家税务总局关于进一步鼓励软件产业和集成电路产业发展企业所得税政策的通知》《财政部 国家税务总局 发展改革委 工业和信息化部关于软件和集成电路产业企业所得税优惠政策有关问题的通知》。

② 《财政部 国家税务总局关于进一步鼓励软件产业和集成电路产业发展企业所得税政策的通知》。

③ 依据《企业所得税法实施条例》第九十条、《财政部 国家税务总局关于将国家自主创新示范区有关税收试点政策推广到全国范围实施的通知》的规定。

④ 《财政部 国家税务总局关于非货币性资产投资企业所得税政策问题的通知》。

⑤ 依据《财政部 国家税务总局关于高新技术企业境外所得适用税率及税收抵免问题的通知》。

⑥ 根据《财政部 国家税务总局关于享受企业所得税优惠政策的新办企业认定标准的通知》《国家税务总局关于进一步明确企业所得税过渡期优惠政策执行口径问题的通知》《财政部 国家税务总局关于进一步鼓励软件产业和集成电路产业发展企业所得税政策的通知》《国家税务总局关于执行软件企业所得税优惠政策有关问题的公告》《工业和信息化部 国家发展和改革委员会 财政部 国家税务总局关于印发〈软件企业认定管理办法〉的通知》《财政部 国家税务总局 发展改革委 工业和信息化部关于进一步鼓励集成电路产业发展企业所得税政策的通知》《财政部 国家税务总局 发展改革委 工业和信息化部关于软件和集成电路产业企业所得税优惠政策有关问题的通知》《国家发展和改革委员会关于印发国家规划布局内重点软件和集成电路设计领域的通知》的规定。

获利年度起计算优惠期，第一年至第二年免征企业所得税，第三年至第五年按照25%的法定税率减半征收企业所得税，并享受至期满为止。中国境内新办的集成电路设计企业，经认定后，在2017年12月31日前自获利年度起计算优惠期，第一年至第二年免征企业所得税，第三年至第五年按照25%的法定税率减半征收企业所得税，并享受至期满为止。

符合条件的集成电路封装、测试企业在2017年（含2017年）前实现获利的，自获利年度起，第一年至第二年免征企业所得税，第三年至第五年按照25%的法定税率减半征收企业所得税，并享受至期满为止；2017年前未实现获利的，自2017年起计算优惠期，享受至期满为止。符合条件的集成电路关键专用材料生产企业或集成电路专用设备生产企业在2017年（含2017年）前实现获利的，自获利年度起，第一年至第二年免征企业所得税，第三年至第五年按照25%的法定税率减半征收企业所得税，并享受至期满为止；2017年前未实现获利的，自2017年起计算优惠期，享受至期满为止。

集成电路线宽小于0.25微米的集成电路生产企业，经认定后，经营期在15年以上的，在2017年12月31日前自获利年度起计算优惠期，第一年至第五年免征企业所得税，第六年至第十年按照25%的法定税率减半征收企业所得税，并享受至期满为止。投资额超过80亿元的集成电路生产企业，经认定后，经营期在15年以上的，在2017年12月31日前自获利年度起计算优惠期，第一年至第五年免征企业所得税，第六年至第十年按照25%的法定税率减半征收企业所得税，并享受至期满为止。

企业被认定为高新技术企业的同时，又符合软件生产企业和集成电路生产企业定期减半征收企业所得税优惠条件的，可选择适用15%税率或25%法定税率减半征税，但不能享受15%税率的减半征税。

国家规划布局内的重点软件企业，如当年未享受免税优惠的，可减按10%的税率征收企业所得税。国家规划布局内的集成电路设计企业，如当年未享受免税优惠的，可减按10%的税率征收企业所得税。

2. 个人所得税优惠

免税。省级人民政府、国务院部委和中国人民解放军以上单位，以及外国组织、国际组织颁发的科学、教育、技术、文化、卫生、体育、环境保护等方面的奖金，免纳个人所得税。[①]

技术转让所得优惠。个人以非货币性资产投资，应于非货币性资产转让、取得被投资企业股权时，确认非货币性资产转让收入的实现。按评估后的公允价值

---

① 《中华人民共和国个人所得税法》。

减除该资产原值及合理税费后的余额为应纳税所得额，按照"财产转让所得"项目，依法计算缴纳个人所得税。纳税人一次性缴税有困难的，可以合理确定分期缴纳计划并报主管税务机关备案后，自发生上述应税行为之日起不超过 5 个公历年度内（含）分期缴纳个人所得税。①

自 2016 年 9 月 1 日起，对技术成果投资入股实施选择性税收优惠政策。企业或个人以技术成果投资入股到境内居民企业，被投资企业支付的对价全部为股票（权）的，企业或个人可选择继续按现行有关税收政策执行，也可选择适用递延纳税优惠政策。选择技术成果投资入股递延纳税政策的，经向主管税务机关备案，投资入股当期可暂不纳税，允许递延至转让股权时，按股权转让收入减去技术成果原值和合理税费后的差额计算缴纳所得税。企业或个人选择适用上述任一项政策，均允许被投资企业按技术成果投资入股时的评估值入账并在企业所得税前摊销扣除。②

股权激励、科研机构创新人才税收优惠。科研机构、高等学校转化职务科技成果以股份或出资比例等股权形式给予科技人员个人奖励，经主管税务机关审核后，暂不征收个人所得税。在获奖人按股份、出资比例获得分红时，对其所得按"利息、股息、红利所得"应税项目征收个人所得税。获奖人转让股权、出资比例，对其所得按"财产转让所得"应税项目征收个人所得税，财产原值为零。③

自 2016 年 1 月 1 日起，全国范围内的中小高新技术企业以未分配利润、盈余公积、资本公积向个人股东转增股本时，个人股东按"利息、股息、红利所得"缴纳个人所得税，个人股东一次缴纳个人所得税确有困难的，可在不超过5 个公历年度内（含）分期缴纳，并将有关资料报主管税务机关备案。但是，对于上市中小高新技术企业或在全国中小企业股份转让系统挂牌的中小高新技术企业向个人股东转增股本，股东应继续按照差别化个人所得税政策纳税。④

自 2016 年 1 月 1 日起，全国范围内的高新技术企业转化科技成果，给予本企业相关技术人员的股权奖励，个人获得股权奖励时，参照所获股权的公允价值，按"工资薪金所得"项目缴纳个人所得税。对于个人一次缴纳税款有困难的，可在不超过 5 个公历年度内（含）分期缴纳，并向主管税务机关备案。⑤

自 2016 年 9 月 1 日起，对符合条件的非上市公司股票期权、股权期权、限

---

① 《财政部 国家税务总局关于个人非货币性资产投资有关个人所得税政策的通知》。
② 《财政部 国家税务总局关于完善股权激励和技术入股有关所得税政策的通知》。
③ 依据《国家税务总局关于促进科技成果转化有关个人所得税问题的通知》。
④ 《财政部 国家税务总局关于将国家自主创新示范区有关税收试点政策推广到全国范围实施的通知》。
⑤ 《财政部 国家税务总局关于将国家自主创新示范区有关税收试点政策推广到全国范围实施的通知》。

制性股票和股权奖励实行递延纳税政策。非上市公司授予本公司员工的股票期权、股权期权、限制性股票和股权奖励，符合规定条件的，经向主管税务机关备案，可实行递延纳税政策，即员工在取得股权激励时可暂不纳税，递延至转让该股权时纳税；股权转让时，按照股权转让收入减除股权取得成本以及合理税费后的差额，适用"财产转让所得"项目，按照20%的税率计算缴纳个人所得税。激励股权标的应为本公司的股权，授予关联公司股权的不纳入优惠范围。同时，考虑到一些科研企事业单位存在将技术成果投资入股到其他企业，并以被投资企业股权实施股权奖励的情况，因此，规定股权奖励的标的可以是技术成果投资入股到其他境内居民企业所取得的股权。①

自2016年9月1日起，对上市公司股票期权、限制性股票和股权奖励适当延长纳税期限。上市公司授予个人的股票期权、限制性股票和股权奖励，经向主管税务机关备案，个人可自股票期权行权、限制性股票解禁或取得股权奖励之日起，在不超过12个月的期限内缴纳个人所得税。对全国中小企业股份转让系统（"新三板"）挂牌公司，考虑其属于非上市公司，且股票变现能力较弱，因此按照非上市公司股权激励递延纳税政策执行。②

3. 增值税和其他税种优惠

支持创新服务平台的税收优惠。自2016年1月1日至2018年12月31日，对符合条件的孵化器自用以及无偿或通过出租等方式提供给孵化企业使用的房产、土地，免征房产税和城镇土地使用税；自2016年1月1日~2016年4月30日，对其向孵化企业出租场地、房屋以及提供孵化服务的收入，免征营业税；在营业税改征增值税试点期间，对其向孵化企业出租场地、房屋以及提供孵化服务的收入，免征增值税。③ 自2016年5月1日起，对国家大学科技园向孵化企业出租场地、房屋以及提供孵化服务的收入，免征增值税；自2016年1月1日~2018年12月31日，对符合条件的科技园自用以及无偿或通过出租等方式提供给孵化企业使用的房产、土地，免征房产税和城镇土地使用税。④

购买符合条件设备税收优惠。为了鼓励科学研究和技术开发，促进科技进步，经国务院批准，继续对内资研发机构和外资研发中心采购国产设备全额退还增值税。⑤

对新型显示器件项目于2015年1月1日~2018年12月31日期间进口的关

---

①② 《财政部 国家税务总局关于完善股权激励和技术入股有关所得税政策的通知》。

③ 《关于科技企业孵化器税收政策的通知》。

④ 《财政部 国家税务总局关于国家大学科技园税收政策的通知》。

⑤ 《财政部 商务部 国家税务总局关于继续执行研发机构采购设备增值税政策的通知》《国家税务总局关于发布〈研发机构采购国产设备增值税退税管理办法〉的公告》。

键新设备，准予在首台设备进口之后的 6 年（连续 72 个月）期限内，分期缴纳进口环节增值税，6 年内每年（连续 12 个月）依次缴纳进口环节增值税总额的 0、20%、20%、20%、20%、20%，期间允许企业缴纳税款超过上述比例。①

自 2016 年 1 月 1 日～2020 年 12 月 31 日，新型显示器件生产企业进口国内不能生产的自用生产性（含研发用）原材料和消耗品，免征进口关税，照章征收进口环节增值税；进口建设净化室所需国内尚无法提供的配套系统以及维修进口生产设备所需零部件免征进口关税和进口环节增值税。对符合国内产业自主化发展规划的彩色滤光膜、偏光片等属于新型显示器件产业上游的关键原材料、零部件的生产企业进口国内不能生产的自用生产性原材料、消耗品，免征进口关税。②

对科学研究机构、技术开发机构、学校等单位进口国内不能生产或者性能不能满足需要的科学研究、科技开发和教学用品，免征进口关税和进口环节增值税、消费税；对出版物进口单位为科研院所、学校进口用于科研、教学的图书、资料等，免征进口环节增值税。③

自 2016 年 1 月 1 日起，符合规定条件的企业为生产《国家支持发展的重大技术装备和产品目录（2015 年修订）》所列装备或产品，而确有必要进口《重大技术装备和产品进口关键零部件及原材料商品目录（2015 年修订）》所列零部件、原材料，免征关税和进口环节增值税。④

自 2011 年 1 月 1 日起，对国家批准的集成电路重大项目企业因购进设备形成的增值税期末留抵税额准予退还。自 2017 年 2 月 24 日起，享受增值税期末留抵退税政策的集成电路企业，其退还的增值税期末留抵税额，应在城市维护建设税、教育费附加和地方教育费附加的计税（征）依据中予以扣除。⑤

科技成果转化税收优惠。纳税人提供技术转让、技术开发和与之相关的技术咨询、技术服务免征增值税。⑥

特定行业税收优惠。增值税一般纳税人销售其自行开发生产的软件产品，

---

① 《财政部 海关总署 国家税务总局关于新型显示器件项目进口设备增值税分期纳税政策的通知》。

② 《财政部 海关总署 国家税务总局关于扶持新型显示器件产业发展有关进口税收政策的通知》。

③ 《财政部 海关总署 国家税务总局关于"十三五"期间支持科技创新进口税收政策的通知》。

④ 《财政部 发展改革委 工业和信息化部 海关总署 国家税务总局 国家能源局关于调整重大技术装备进口税收政策的通知》《财政部 发展改革委 工业和信息化部 海关总署 国家税务总局 国家能源局关于调整重大技术装备进口税收政策有关目录及规定的通知》。

⑤ 《财政部 国家税务总局关于退还集成电路企业采购设备增值税期末留抵税额的通知》《财政部 国家税务总局关于集成电路企业增值税期末留抵退税有关城市维护建设税、教育费附加和地方教育附加政策的通知》。

⑥ 《财政部 国家税务总局关于全面推开营业税改征增值税试点的通知》（附件 3《营业税改征增值税试点过渡政策的规定》）。

按 17% 的税率征收增值税后，对其增值税实际税负超过 3% 的部分实行即征即退政策。①

自 2013 年 1 月 1 日至 2017 年 12 月 31 日，对属于增值税一般纳税人的动漫企业销售其自主开发生产的动漫软件，按 17% 的税率征收增值税后，对其增值税实际税负超过 3% 的部分，实行即征即退政策。②

自 2015 年 1 月 1 日至 2018 年 12 月 31 日，对纳税人从事大型客机、大型客机发动机研制项目而形成的增值税期末留抵税额予以退还。自 2015 年 1 月 1 日至 2018 年 12 月 31 日，对纳税人生产销售新支线飞机暂减按 5% 征收增值税，并对其因生产销售新支线飞机而形成的增值税期末留抵税额予以退还。③

4. 对创业投资企业和天使投资个人的税收优惠

公司制创业投资企业采取股权投资方式直接投资于种子期、初创期科技型企业（以下简称初创科技型企业）满 2 年（24 个月，下同）的，可以按照投资额的 70% 在股权持有满 2 年的当年抵扣该公司制创业投资企业的应纳税所得额；当年不足抵扣的，可以在以后纳税年度结转抵扣。有限合伙制创业投资企业（以下简称合伙创投企业）采取股权投资方式直接投资于初创科技型企业满 2 年的，若是法人合伙人，可以按照对初创科技型企业投资额的 70% 抵扣法人合伙人从合伙创投企业分得的所得；当年不足抵扣的，可以在以后纳税年度结转抵扣。若是个人合伙人，可以按照对初创科技型企业投资额的 70% 抵扣个人合伙人从合伙创投企业分得的经营所得；当年不足抵扣的，可以在以后纳税年度结转抵扣。天使投资个人采取股权投资方式直接投资于初创科技型企业满 2 年的，可以按照投资额的 70% 抵扣转让该初创科技型企业股权取得的应纳税所得额；当期不足抵扣的，可以在以后取得转让该初创科技型企业股权的应纳税所得额时结转抵扣。天使投资个人在试点地区投资多个初创科技型企业的，对其中办理注销清算的初创科技型企业，天使投资个人对其投资额的 70% 尚未抵扣完的，可自注销清算之日起 36 个月内抵扣天使投资个人转让其他初创科技型企业股权取得的应纳税所得额。④

---

① 《财政部 国家税务总局关于软件产品增值税政策的通知》。

② 《财政部 国家税务总局关于动漫产业增值税和营业税政策的通知》《文化部 财政部 国家税务总局关于印发〈动漫企业认定管理办法（试行）〉的通知》。

③ 《财政部 国家税务总局关于大型客机和新支线飞机增值税政策的通知》。

④ 依据《关于创业投资企业和天使投资个人有关税收试点政策的通知》。

第4章

中国政府对企业研发资助的规模和强度[①]

4.1 中国研发经费投入的总体情况

采用中国全社会研发经费内部支出来衡量中国研发经费投入，研发经费内部支出是指，调查单位在报告年度用于内部开展研发活动的实际支出。包括用于研发项目（课题）活动的直接支出，以及间接用于研发活动的管理费、服务费、与研发有关的基本建设支出以及外部协助加工费等。不包括生产性活动支出、归还贷款支出以及与外单位合作或委托外单位进行研发活动而转拨给对方的经费支出。

自 20 世纪 90 年代以来，中国全社会研发经费内部支出从 1995 年的 348.69 亿元增长到 2015 年的 14 169.88 亿元，在 20 年中增长了约 40 倍，可谓实现了全社会研发经费投入的跨越式大发展。如表 4 - 1、图 4 - 1 所示，研发经费内部支出占GDP 的比重也总体上呈逐年上升趋势，表明全社会研发经费投入强度在逐渐增强，从 1995 年的 0.57% 增强到 2015 年的 2.07%。另外我们也看到，无论是研发经费内部支出的现价增长率还是可比价增长率波动都较为剧烈，这表明中国每年的全社会研发经费内部支出增长率是不稳定的，这从侧面反映了中国可能缺乏一套较为稳定和长期的研发经费投入机制，研发经费投入具有较大的随意性。

表 4 - 1　　　　　中国研发经费内部支出的规模和强度

年份	研发经费内部支出（亿元）	研发/GDP（%）	研发现价增长（%）	研发可比价增长（%）
1995	348.69	0.57	—	36.87
1996	404.48	0.56	16.00	8.99
1997	509.16	0.64	25.88	23.95
1998	551.12	0.65	8.24	9.18

[①] 本章的部分内容已发表在《会计之友》2016 年第 11 期，题目为"我国政府直接资助的规模与结构探究"，作者为陈远燕，罗怡霏。

续表

年份	研发经费内部支出（亿元）	研发/GDP（%）	研发现价增长（%）	研发可比价增长（%）
1999	678.91	0.75	23.19	24.69
2000	895.66	0.89	31.93	29.15
2001	1 042.49	0.94	16.39	14.02
2002	1 287.64	1.06	23.52	22.74
2003	1 539.63	1.12	19.57	16.50
2004	1 966.33	1.21	27.71	19.40
2005	2 449.97	1.31	24.60	19.81
2006	3 003.10	1.37	22.58	17.92
2007	3 710.24	1.37	23.55	14.57
2008	4 616.02	1.44	24.41	15.43
2009	5 802.11	1.66	25.70	25.86
2010	7 062.58	1.71	21.72	13.78
2011	8 687.01	1.78	23.00	13.69
2012	10 298.41	1.91	18.55	15.83
2013	11 846.6	1.99	15.03	12.57
2014	13 015.63	2.02	9.87	8.97
2015	14 169.88	2.07	8.87	9.33

资料来源：历年《中国科技统计年鉴》，中国统计出版社，经过作者整理计算而得。

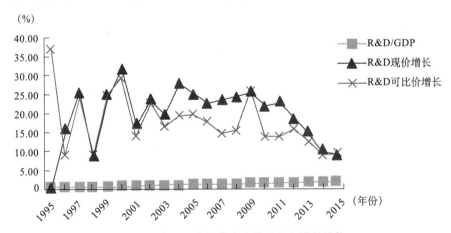

图 4－1　中国研发经费支出的强度和增长趋势

资料来源：历年《中国科技统计年鉴》，中国统计出版社，经过作者整理计算而得。

在对中国研发经费投入的规模与强度分析的基础上，分别对研发的三个类别：基础研究、应用研究和实验发展的结构占比进行分析。如表 4 – 2 和图 4 – 2 所示，多年来，中国基础研究占全社会研发经费支出的比重一直稳定在 5% 左右，近年来略有下降的趋势，2015 年开始回升。2015 年，中国研发经费支出额为 14 169.88 亿元，其中，用于基础研究、应用研究和试验发展的资金额分别为 716.12 亿元、1 528.64 亿元和 11 925.13 亿元，基础研究、应用研究、试验发展的投入占比分别为 5.05%，10.79% 和 84.16%，基础研究投入的比重过低，直接影响中国的科技原始创新能力水平的提高。

表 4 – 2　　　　　　　　　　中国研发经费投入的结构占比

年份	研发经费内部支出（亿元）	基础研究（亿元）	基础研究比重（%）	应用研究（亿元）	应用研究比重（%）	实验发展（亿元）	实验发展比重（%）
1995	348.69	18.06	5.18	92.02	26.39	238.6	68.43
1996	404.48	20.24	5.00	99.12	24.51	285.12	70.49
1997	509.16	27.44	5.39	132.46	26.02	349.26	68.60
1998	551.12	28.95	5.25	124.62	22.61	397.54	72.13
1999	678.91	33.9	4.99	151.55	22.32	493.46	72.68
2000	895.66	46.73	5.22	151.9	16.96	697.03	77.82
2001	1 042.49	55.6	5.33	184.85	17.73	802.03	76.93
2002	1 287.64	73.77	5.73	246.68	19.16	967.2	75.11
2003	1 539.63	87.65	5.69	311.45	20.23	1 140.52	74.08
2004	1 966.33	117.18	5.96	400.49	20.37	1 448.67	73.67
2005	2 449.97	131.21	5.36	433.53	17.70	1 885.24	76.95
2006	3 003.1	155.76	5.19	488.97	16.28	2 358.37	78.53
2007	3 710.24	174.52	4.70	492.94	13.29	3 042.78	82.01
2008	4 616.02	220.82	4.78	575.16	12.46	3 820.04	82.76
2009	5 802.11	270.29	4.66	730.79	12.60	4 801.03	82.75
2010	7 062.58	324.49	4.59	893.79	12.66	5 844.3	82.75
2011	8 687.01	411.81	4.74	411.81	11.84	7 246.81	83.42
2012	10 298.41	498.81	4.84	1 161.97	11.28	8 637.63	83.87
2013	11 846.6	554.95	4.68	1 269.12	10.71	10 022.53	84.60
2014	13 015.63	613.54	4.71	1 398.53	10.75	11 003.56	84.54
2015	14 169.88	716.12	5.05	1 528.64	10.79	11 925.13	84.16

　　资料来源：历年《中国科技统计年鉴》，中国统计出版社，相关数据经过整理计算而得。

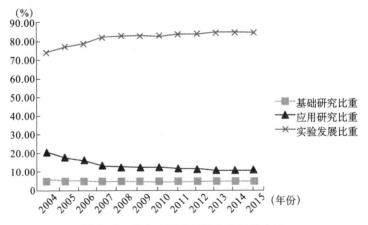

图 4 - 2　各年度研发经费支出结构占比

资料来源：历年《中国科技统计年鉴》，中国统计出版社，经过作者整理计算而得。

研发投入的执行部门分为企业、研究与开发机构、高等学校，如表 4 - 3 和图 4 - 3 所示，从全社会研发经费的执行部门来划分，中国目前的研发经费投入是一种企业为主、高等院校和研究机构为辅的格局：企业承担了全社会研发经费的 70% 以上的份额且一直保持上升趋势，而研究与开发机构的经费支出份额呈现逐年下降的趋势，近年来维持在 15% 左右。因此，企业是中国研发投入当之无愧的执行主体，中国全社会研发经费按执行机构的分配状况也是与国家不断强化企业创新主体地位的政策导向目标相一致的。

表 4 - 3　　　　　　　　　按执行部门分组的研发经费内部支出

年份	企业（亿元）	企业占比（%）	研究与开发机构（亿元）	研发机构占比（%）	高等学校（亿元）	高校占比（%）	其他（亿元）
2000	537	59.95	258	28.80	76.7	8.56	24
2001	630	60.43	288.5	27.67	102.4	9.82	21.6
2002	787.8	61.18	351.3	27.28	130.5	10.14	18
2003	960.2	62.37	399	25.92	162.3	10.54	18.1
2004	1 314	66.83	431.7	21.95	200.9	10.22	19.7
2005	1 673.8	68.32	513.1	20.94	242.3	9.89	20.8
2006	2 134.5	71.08	567.3	18.89	276.8	9.22	24.5
2007	2 681.9	72.28	687.9	18.54	314.7	8.48	25.7
2008	3 381.7	73.26	811.3	17.58	390.2	8.45	32.9
2009	4 248.6	73.23	995.9	17.16	468.2	8.07	89.4
2010	5 185.5	73.42	1 186.4	16.80	597.3	8.46	93.4
2011	6 579.3	75.74	1 306.7	15.04	688.9	7.93	112.1

续表

年份	企业 （亿元）	企业占比 （％）	研究与开发 机构（亿元）	研发机构 占比（％）	高等学校 （亿元）	高校占比 （％）	其他 （亿元）
2012	7 842.2	76.15	1 548.9	15.04	780.6	7.58	126.7
2013	9 075.8	76.61	1 781.4	15.04	856.7	7.23	132.6
2014	10 060.6	77.30	1 926.2	14.80	898.1	6.90	130.7
2015	10 881.3	76.79	2 136.5	15.08	998.6	7.05	153.5

资料来源：历年《中国科技统计年鉴》，中国统计出版社，经过作者整理计算而得。

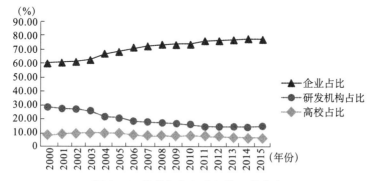

图 4 - 3　按执行部门分组的研发支出

资料来源：历年《中国科技统计年鉴》，中国统计出版社，经过作者整理计算绘制而得。

　　在研发经费筹集来源中，主要有三部分资金来源，政府资金、企业资金和其他资金，不同来源性质的资金，其投向的目标导向也存在较大的差异。如表4 - 4 和图4 - 4 所示，2003～2015 年按资金来源分的研发经费内部支出的变动情况来看，政府资金所占比重呈逐渐下降的趋势，从 2003 年的29.92％下降至 2015 年的21.26％，与此同时，企业资金所占比重由60.11％上升至74.73％，中国目前全社会研发经费筹集模式呈现出"企业主导型"的部分特征。

表 4 - 4　　　　　　　　　　　按资金来源分研发经费内部支出

年份	研发经费内部 支出（亿元）	政府资金 （亿元）	政府资金 占比（％）	企业资金 （亿元）	企业资金 占比（％）	其他资金 （亿元）	其他资金 占比（％）
2003	1 539.6	460.6	29.92	925.4	60.11	153.8	9.99
2004	1 966.3	523.6	26.63	1 291.3	65.67	151.4	7.70
2005	2 450	645.4	26.34	1 642.5	67.04	162.1	6.62
2006	3 003.1	742.1	24.71	2 073.7	69.05	187.3	6.24
2007	3 710.2	913.5	24.62	2 611	70.37	185.8	5.01
2008	4 616	1 088.9	23.59	3 311.5	71.74	215.6	4.67
2009	5 802.1	1 358.3	23.41	4 162.7	71.74	281.1	4.84

续表

年份	研发经费内部支出（亿元）	政府资金（亿元）	政府资金占比（%）	企业资金（亿元）	企业资金占比（%）	其他资金（亿元）	其他资金占比（%）
2010	7 062.6	1 696.3	24.02	5 063.1	71.69	303.1	4.29
2011	8 687	1 883	21.68	6 420.6	73.91	383.4	4.41
2012	10 298.4	2 221.4	21.57	7 625	74.04	452	4.39
2013	11 846.6	2 500.6	21.11	8 837.7	74.60	508.4	4.29
2014	13 015.6	2 636.1	20.25	9 816.5	75.42	563.1	4.33
2015	14 169.9	3 013.2	21.26	10 588.6	74.73	568.1	4.01

资料来源：历年《中国科技统计年鉴》，中国统计出版社，经过作者整理计算而得。

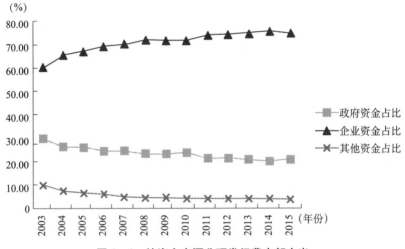

图 4-4　按资金来源分研发经费内部支出

资料来源：历年《中国科技统计年鉴》，中国统计出版社，经过作者整理计算而得。

按地区分研发经费内部支出，分为东部、中部、西部和东北地区（其中，东北地区为 2012 年新增分类），如表 4-5 和图 4-5 所示，2003~2011 年，东部地区研发经费占比一直都在 70% 左右，从 2012 年始由于东部地区的一部分划分为东北地区（辽宁、吉林、黑龙江），东部地区研发经费占比维持在 67% 左右，中部地区研发经费占比在 15% 左右，西部地区研发经费占比为 12% 左右，东北地区研发经费占比则逐年降低，从 2012 年的 6.28% 减少至 2015 年的 4.68%。从东部、中部、西部及东北地区的占比可以看出，东部地区是研发经费投入的主要地区，中部、西部及东北地区与东部地区差距较大，地区之间研发经费投入不平衡的问题比较突出。

表4-5 按地区分研发经费内部支出

年份	研发经费内部支出(亿元)	东部地区(亿元)	东部占比(%)	中部地区(亿元)	中部占比(%)	西部地区(亿元)	西部占比(%)	东北地区(亿元)	东北占比(%)
2003	15 396 346	10 947 084	71.10	2 448 001	15.90	2 230 401	14.49	—	—
2004	19 663 285	14 237 859	72.41	2 896 976	14.73	2 528 466	12.86	—	—
2005	24 499 731	17 738 688	72.40	3 639 825	14.86	3 121 247	12.74	—	—
2006	30 030 966	21 863 249	72.80	4 592 768	15.29	3 574 948	11.90	—	—
2007	37 102 420	26 961 266	72.67	5 727 395	15.44	4 413 775	11.90	—	—
2008	46 160 218	33 276 660	72.09	7 475 276	16.19	5 408 302	11.72	—	—
2009	58 021 068	40 522 180	69.84	10 249 424	17.67	7 248 845	12.49	—	—
2010	70 625 775	49 868 652	70.61	12 014 459	17.01	8 742 706	12.38	—	—
2011	86 870 093	61 826 215	71.17	14 634 253	16.85	10 409 654	11.98	—	—
2012	102 984 090	69 007 195	67.01	15 107 783	14.67	12 402 834	12.04	6 466 278	6.28
2013	118 465 980	79 246 429	66.89	17 711 145	14.95	14 204 364	11.99	7 304 042	6.17
2014	130 156 297	87 506 587	67.23	19 777 472	15.20	15 599 675	11.99	7 272 563	5.59
2015	141 698 846	96 288 831	67.95	21 469 134	15.15	17 316 145	12.22	6 624 737	4.68

资料来源:历年《中国科技统计年鉴》,中国统计出版社,经过作者整理计算而得。

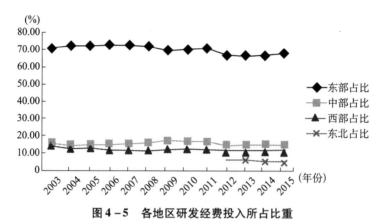

图4-5　各地区研发经费投入所占比重

资料来源：历年《中国科技统计年鉴》，中国统计出版社，经过作者整理计算而得。

4.2　中国政府对企业研发直接资助的规模与流向

4.2.1　中国政府直接资助的规模

中国研发经费筹集来源于政府资金、企业资金和其他资金，将政府资金视为政府研发直接资助，因此，来源于政府资金的规模即可视为政府研发直接资助的规模，如表4-6和图4-6所示，2003~2015年政府资金的投入规模是在逐年扩大的，但政府资金在全社会研发经费投入中所占比重呈逐渐下降趋势，从2003年的29.92%下降至2015年的21.26%。

研发投入的执行部门，分为企业、研究与开发机构、高等学校，如表4-3和图4-3所示，从全社会研发经费的执行部门来划分，中国目前的研发经费投入是一种企业为主、高等院校和研究机构为辅的格局，企业承担了全社会研发经费70%以上的份额且一直保持上升趋势，企业是中国研发投入当之无愧的执行主体。在每个执行部门中都有来源于政府的资金，将每个执行部门中来源于政府的资金视为政府对这些部门的研发直接资助。在企业研发经费投入中，来源于政府的资金被视为是政府对企业研发的直接资助。因此，分析企业研发投入中政府资金的规模和所占比重，就可以看出目前中国政府对企业研发直接资助的现状。在分析政府对企业研发直接资助的现状中，我们又将大中型工业企业的数据单列出来，通过比较全部企业和大中型工业企业的数据，可以侧面得到政府对中小企业研发直接资助的部分信息。

　　如表 4 - 6 所示，2003 ~ 2015 年企业研发投入中来源于政府的资金从规模上看是增长较快的，从 2003 年的 47.3 亿元增长至 2015 年的 436.4 亿元，增长了近 9 倍。但我们关注政府对企业研发直接资助占企业研发投入的比重（即企业比重 1）时，情况有所不同，从 2003 年的 4.93% 下降至 2015 年的 4.26%，即政府直接资助在企业研发投入中的比重在降低，由图 4 - 6 我们也可以看到这样的趋势。其中，政府对大中型工业企业的资助规模也在不断扩大，从 2003 年的 27.6 增加至 2015 年的 419.1 亿元，在 12 年中增长了 24 倍，其增长速度比企业总体的增长速度更快，这也从侧面反映出政府对小微企业的资助增长速度不及大中型企业。

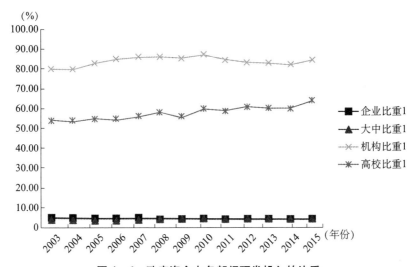

图 4 - 6　政府资金占各部门研发投入的比重

资料来源：历年《中国科技统计年鉴》，中国统计出版社，经过作者整理计算而得。

　　分析政府对企业研发直接资助现状的另一个角度，是将其与研发机构和高校的情况进行对比，与政府对企业研发直接资助相比，政府对研究与开发机构的研发直接资助力度是较大的，如表 4 - 6 所示。2003 ~ 2015 年间，从 320.3 亿元增加到 1802.7 亿元，政府对研发机构研发直接资助占研发机构研发投入的比重（即机构比重 1）从 80.28% 上升至 84.38%，如图 4 - 6 所示，即政府资金在研发机构研发投入中的份额是在增加的；再观察高等学校的情况，2003 ~ 2015 年间，从 87.7 亿元增加到 637.3 亿元，高校比重 1 从 54.04% 上升至 63.82%，从图 4 - 6 中我们也可以发现这样的趋势，即政府直接资助在研究与开发机构和高等学校的比重都呈上升趋势，而在企业总体及大中型工业企业的比重却有略微下降的趋势，是政府对这两个部门的投入比重在加大？还是这两个部门的研发投入增长乏力，而企业研发投入却迅速增长呢？需要进一步用数据来分析。

表4-6　中国政府直接资助的规模与部门构成

	2003年	2004年	2005年	2006年	2007年	2008年	2009年	2010年	2011年	2012年	2013年	2014年	2015年
研发经费内部支出（亿元）	1 539.63	1 966.33	2 449.97	3 003.1	3 710.24	4 616.02	5 802.11	7 062.58	8 687.01	10 298.4	11 846.6	113 015.6	14 169.9
政府资金（亿元）	460.6	523.6	645.4	742.1	913.5	1 088.9	1 358.3	1 696.3	1 883	2 221.4	2 500.6	2 636.1	3 013.2
企业　政府资金（亿元）	47.3	62.6	76.5	96.8	128.7	145.5	183.9	236.8	288.5	363.1	409	422.3	463.4
企业研发（亿元）	960.2	1314	1 673.8	2 134.5	2 681.9	3 381.7	4 248.6	5 185.5	6 579.3	7 842.2	9 075.8	10 060.6	10 881.3
企业比重1（%）	4.93	4.76	4.57	4.54	4.80	4.30	4.33	4.57	4.38	4.63	4.51	4.20	4.26
企业比重2（%）	10.27	11.96	11.85	13.04	14.09	13.36	13.54	13.96	15.32	16.35	16.36	16.02	15.38
其中：大中型工业企业　政府资金（亿元）	27.6	35.3	45.4	60	85.7	111.9	136.8	175.1	251.1	316.1	359.7	376.3	419.1
大中研发（亿元）	720.8	954.4	1 250.3	1 630.2	2 112.5	2 681.3	3 210.2	4 015.4	5 993.8	7 200.6	8 318.4	9 254.3	10 013.9
大中比重1（%）	3.83	3.70	3.63	3.68	4.06	4.17	4.26	4.36	4.19	4.39	4.32	4.07	4.19
大中比重2（%）	5.99	6.74	7.03	8.09	9.38	10.28	10.07	10.32	13.34	14.23	14.38	14.27	13.91

续表

		2003 年	2004 年	2005 年	2006 年	2007 年	2008 年	2009 年	2010 年	2011 年	2012 年	2013 年	2014 年	2015 年
研究与开发机构	政府资金（亿元）	320.3	344.3	425.7	481.2	592.9	699.8	849.5	1036.5	1 106.1	1 292.7	1 481.2	1 581	1 802.7
	研究机构研发（亿元）	399	431.7	513.1	567.3	687.9	811.3	995.9	1 186.4	1 306.7	1 548.9	1 781.4	1 926.2	2 136.5
	机构比重1（%）	80.28	79.75	82.97	84.82	86.19	86.26	85.30	87.37	84.65	83.46	83.15	82.08	84.38
	机构比重2（%）	69.54	65.76	65.96	64.84	64.90	64.27	62.54	61.10	58.74	58.19	59.23	59.97	59.83
高等学校	政府资金（亿元）	87.7	108.8	133.1	151.5	177.7	225.5	262.2	358.8	405.1	474.1	516.9	536.5	637.3
	高校研发（亿元）	162.3	200.9	242.3	276.8	314.7	390.2	468.2	597.3	688.9	780.6	856.7	898.1	998.6
	高校比重1（%）	54.04	54.16	54.93	54.73	56.47	57.79	56.00	60.07	58.80	60.74	60.34	59.74	63.82
	高校比重2（%）	19.04	20.78	20.62	20.42	19.45	20.71	19.30	21.15	21.51	21.34	20.67	20.35	21.15

《中国科技统计年鉴》中 2011 年及以后为规模以上工业企业的数据，在此处将原来的大中型工业企业的统计口径改为规模以为工业企业，因此，表中 2011 年及以后的大中型工业企业是指，企业数据实际为规模以上工业企业数据，在此说明。2011 年规模以上工业企业是指，年主营业务收入为 2000 万元及以上的法人工业企业。大中型工业企业是指，同时满足从业人员平均年人数在 300 人及以上，年主营业务收入在 3000 万元及以上，资产总计在 4000 万元及以上的工业企业。可以理解为规模以上工业企业的统计口径比大中型工业企业而言更宽。表中比重 1 是政府资金占该部门研发投入的比重；比重 2 是该部门来源于政府的资金占政府研发投入总额的比重。

资料来源：历年《中国科技统计年鉴》，中国统计出版社，经过作者整理计算而得。

　　进一步地，通过分析各部门来源于政府的资金占政府研发投入总额的比重及其变化趋势，来深入分析政府直接资助的具体情况。如表4-6和图4-7所示，政府对企业研发直接资助占政府研发投入总额的比重（即企业比重2）从2003年的10.27%增长至2015年的15.38%，即从政府资金中分配给企业的部分变多了，从结构的视角来看，从某种意义上来说，可以理解为政府对企业研发的直接资助的力度在加强，政府资金向企业倾斜。其中，对大中型工业企业资助占政府资金总额的比重更是从2003年的5.99%增至2015年的13.91%，剔除2011年这个特殊点，如图4-7所示，大中型工业企业比重2与企业比重2的趋势是一致的，但是大中型工业企业比重2与企业比重2的差距越来越小，这就意味着，在政府资金分配给企业研发直接资助的这部分中，大中型工业企业得到的越来越多，而小微企业得到的更少，这是一个需要引起重视的问题。而与之相对应的政府对研发机构直接资助占政府研发投入总额的比重从2003年的69.54%下降至2015年的59.83%，降低近10%；政府对高等学校直接资助占政府研发投入总额的比重在这13年间有所上升，从19.04%增至21.15%。

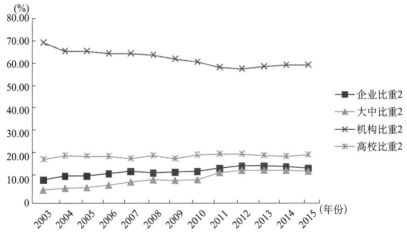

图4-7　各部门政府直接资助占政府研发投入资金总额的比重

资料来源：历年《中国科技统计年鉴》，中国统计出版社，经过作者整理计算而得。

4.2.2　中国政府对企业直接资助的流向

　　企业研发支出与其所处的行业、企业规模和企业所有制都有很大的关系。沿着这样的思路，我们有必要分析政府研发资助的流向是否也与上述企业特征有关系？根据相关年鉴的统计口径，此处我们主要考察大中型工业企业或规模以上工业企业，根据相关年鉴对不同数据的统计口径而定。

1. 政府对企业直接资助的按所有制性质分布

中国企业按照所有制进行划分，可分为内资企业、外资企业。中国不同所有制企业获得政府直接资助的情况，如表 4 – 7 所示。

表 4 – 7　　　　　　中国不同所有制企业获得政府直接资助的情况

年份	政府资金总计	内资企业		其中：国有经济		私营企业		外资企业	
		政府资金（万元）	内资比重（%）	政府资金（万元）	国企比重（%）	政府资金（万元）	私企比重（%）	政府资金（万元）	外资比重（%）
2000	432 096	412 754	95.52	310 860	71.94	1 001	0.23	19 342	4.69
2001	410 555	388 568	94.64	257 939	62.83	4 923	1.20	21 987	5.66
2002	537 129	516 054	96.08	339 071	63.13	3 919	0.73	21 075	4.08
2003	517 886	487 872	94.20	267 332	51.62	12 005	2.32	30 014	6.15
2004	881 805	814 784	92.40	279 177	31.66	129 713	14.71	67 021	8.23
2005	818 716	751 331	91.77	344 379	42.06	37 600	4.59	67 385	8.97
2006	1 053 760	963 763	91.46	454 193	43.10	49 132	4.66	89 998	9.34
2007	1 442 517	1 302 222	90.27	524 884	36.39	83 717	5.80	140 295	10.77
2008	2 306 143	2 039 262	88.43	698 686	30.30	297 522	12.90	266 881	13.09
2009	1 600 403	1 388 827	86.78	339 309	21.20	196 594	12.28	211 576	15.23
2010	1 750 960	1 543 736	88.17	502 505	28.70	121 050	6.91	207 224	13.42
2011	2 510 834	2 174 304	86.60	576 621	22.97	333 405	13.28	336 531	15.48
2012	3 161 116	2 813 796	89.01	831 467	26.30	423 316	13.39	347 499	12.35
2013	3 597 485	3 202 889	89.03	773 256	21.49	511 007	14.20	394 596	12.32
2014	3 762 867	3 375 419	89.70	880 405	23.40	582 376	15.48	387 448	11.48
2015	4 191 025	3 745 151	89.36	959 596	22.90	588 259	14.04	445 874	11.91

注：由于历年《中国科技统计年鉴》统计口径和内容的差异，对表的内容有一些需要特别说明的事项：首先，由于 2000~2008 年的数据中未按照所有制性质披露企业研发经费内部支出中政府资金的数据，因而采用按登记注册类型披露的企业科技活动经费中政府资金的数据来替代，2009~2015 年的数据采用的是按登记注册类型披露企业研发经费内部支出中政府资金的数据，两者统计口径存在不一致；其次，2000~2007 年的数据中除 2004 年以外的其余 7 年的企业数据统计的是大中型工业企业的数据，《中国科技统计年鉴》中 2004 年的数据采用的口径是规模以上工业企业的数据，2008~2015 年的数据采用的均是规模以上工业企业的数据，对 2009 年需要特别说明的是《中国科技统计年鉴》中规模以上工业企业和大中型工业企业的数据均进行了披露，但此处为了与以后年度的近期数据形成可比性，选取了规模以上工业企业数据的统计口径；第三，关于规模以上工业企业的标准需要特别说明的是，2011 年以前的规模以上工业企业是指，年主营业务收入为 500 万元及以上的法人工业企业，而 2011 年规模以上工业企业是指，年主营业务收入为 2 000 万元及以上的法人工业企业，统计口径是不一致的。综上所述，表中数据限于《中国科技统计年鉴》的统计状况，有多处统计口径不一致的问题，但由于我们主要是对各自比重进行分析，从中发现对不同所有制企业政府直接资助的变化趋势，所以，认为口径的不一致并不会对趋势的分析有非常严重的影响，故而使用。

资料来源：历年《中国科技统计年鉴》，中国统计出版社，经过整理计算而得。

从中国政府各年对企业研发直接资助的情况来看，对内资企业的资助占有绝大部分份额。2015 年，政府对规模以上内资企业的资助是 374.52 亿元，而外商投资企业获得的政府资金总计为 44.59 亿元，内资企业获得的政府研发资助占政府当年对企业研发投入的 89.36% 的份额。从趋势上看，如图 4 – 8 所示，内资企业获得的政府研发资助占政府当年对企业研发投入的比重一直在 80% 以上，但我们从中也发现一个趋势，即外资企业获得的政府研发资助占政府当年对企业研发投入的比重在逐渐上升。

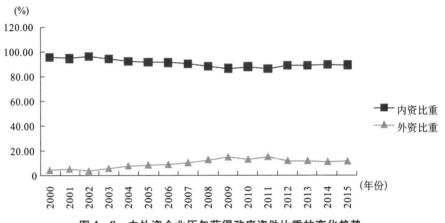

图 4 – 8　内外资企业历年获得政府资助比重的变化趋势

资料来源：历年《中国科技统计年鉴》，中国统计出版社，经过作者整理计算而得。

内资企业按照其所有制特征，又可以分为国有企业、集体企业、股份合作企业、股份有限公司、有限责任公司、私营企业等多种形式。从理论上而言，国有企业是国有产权，企业的剩余收益归国家所有，最容易获得政府资助；而私营企业是私有产权性质的，企业上缴完应缴税收之后剩余全部归私人投资者所有，不再与国家分享，政府对其资助的数额相对较少，而集体企业以及其他股份制企业应介于两者之间。表 4 – 7 列出的是 2000 ~ 2015 年中国内资企业中最具代表性的国有企业和私营企业获得政府研发资助的情况。从表 4 – 7 中数据可以看出，政府对带有国有产权性质企业资助的份额较大，而对于私营企业资助的比重较小。图 4 – 9 中还描绘了国有经济（包括国有企业、国有独资公司等）、私营经济（包括私营企业、私营独资企业、私营合伙企业、私营有限责任公司、私营股份有限公司等）在各年获得政府资助比重的变化趋势。从图 4 – 9 中可以看出，国有经济获得政府资助的份额逐年在下降。政府对私营经济资助的份额在 2000 年以来一直处于上升的态势。两者的差距在逐渐缩小，但是，从资助的绝对量上来看，政府对私营经济资助的总量较少。

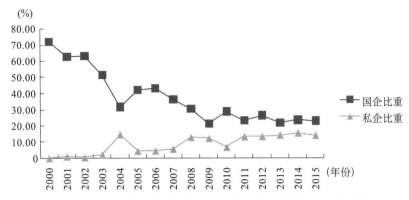

图 4 - 9 国有经济和私营经济各年获得政府资助比重的变化趋势

资料来源：历年《中国科技统计年鉴》，中国统计出版社，经过作者整理计算而得。

2. 政府对企业直接资助的行业分布

从近几年的统计数据来看，除了"其他采矿业"在有些年份没有获得过政府直接资助之外，其余的行业均接受过政府的资助，但是资助数额在行业之间存在较大的差异。获得政府资助数额最多的 14 个行业所得的经费占全部政府资助经费的 90% 以上，其中，获得政府资助最多的行业分别是交通运输设备制造、通信设备、计算机及其他电子设备制造业、专用设备制造业、通用设备制造业等装备制造业。我们将全部行业分为传统产业和高技术产业。① 与上面的内容相同，在此处主要考察的是大中型工业企业。

政府对大中型企业直接资助的行业分布，如表 4 - 8 所示。从表 4 - 8 我们可以发现，虽然政府对高技术产业的直接资助呈逐年增加的态势，但是对高技术产业的资助占政府资金总投入的比重却一直低于传统产业。

表 4 - 8　　　　　政府对大中型工业企业直接资助的行业分布

年份	政府资金总计（万元）	高技术产业		传统产业	
		政府资金（万元）	高技术产业比重（%）	政府资金（万元）	传统产业比重（%）
2000	432 096	172 807	39.99	259 289	60.01
2001	410 555	166 009	40.44	244 546	59.56
2002	537 129	261 508	48.69	275 621	51.31
2003	517 886	228 530	44.13	289 356	55.87
2005	818 716	338 767	41.38	479 949	58.62

---

① 高技术产业是按照《中国统计年鉴》口径，将医药制造业、航空航天制造业、电子及通信设备制造业、电子计算机及办公设备制造业、医疗设备及仪器仪表制造业列为高技术产业，其余的均作为传统产业来看待。

续表

年份	政府资金总计（万元）	高技术产业		传统产业	
		政府资金（万元）	高技术产业比重（%）	政府资金（万元）	传统产业比重（%）
2006	1 053 760	390 984	37.10	662 776	62.90
2007	1 442 517	650 401	45.09	792 116	54.91
2008	2 306 143	1 003 606	69.57	438 911	30.43
2009	1 600 403	599 962	26.02	1 706 181	73.98
2010	1 750 960	784 202	49.00	816 201	51.00
2011	2 510 834	1 015 195	57.98	735 765	42.02
2012	3 161 116	1 306 089	52.02	1 204 745	47.98
2013	3 597 485	1 468 301	46.45	1 692 815	53.55
2014	3 762 867	1 589 370	44.18	2 008 115	55.82
2015	4 191 025	1 904 366	50.61	1 858 501	49.39

注：对表有如下需要特别说明的事项：首先，表中政府资金合计是指，每年大中型工业企业科技活动经费中来源于政府资金的总额，后面两项政府资金分别指，高技术行业大中型工业企业科技活动经费中来源于政府资金的金额和传统行业大中型工业企业科技活动经费中来源于政府资金的金额；其次，正是由于《中国科技统计年鉴》和《中国高新技术产业统计年鉴》是按大型规模和中型规模来分别披露高技术行业企业科技活动经费中来源于政府资金的金额，为了保持口径一致，我们选取的政府资金合计数必须是大中型工业企业的数据，而根据前文对表4-7的特别说明，可以知道2004年、2008年、2009~2015年政府资金合计是以规模以上工业企业数据为统计口径的，因而与此处的行业分布数据并不完全匹配，我们认为口径的不一致并不会对趋势的分析有非常大的影响，故而使用。

资料来源：历年《中国科技统计年鉴》《中国高新技术产业统计年鉴》，中国统计出版社，经过作者整理计算而成。

图4-10是两类行业中的大中型工业企业获得政府资助比重的变化趋势，由

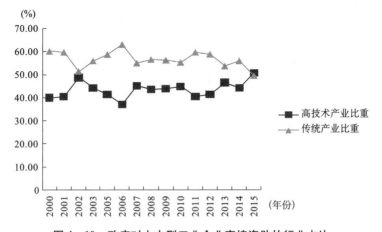

图4-10 政府对大中型工业企业直接资助的行业占比

资料来源：历年《中国科技统计年鉴》《中国高新技术产业统计年鉴》，中国统计出版社，经过作者整理而得。

图 4-10 可见，中国政府对高技术产业的资助占到全部产业资助总量的 50% 左右，而其余的 50% 资金用于传统产业的研发活动。但是，在各年之间还是存在一定差距的，在 2002 年之前对传统的产业资助的相对比重呈现下降的趋势，2002 年之后又开始上升，而高技术产业恰好相反。从图形上来看，传统产业具有"V 字形"特征，而高技术产业则具有一定的"倒 V 字形"变化趋势，不过有聚拢的趋势。

4.3　中国政府对企业研发税收优惠的激励强度

研发税收刺激工具主要有研发应税抵扣（R&D tax allowance）和研发税收抵扣（R&D tax credits）两种，两者都是通过降低研发成本来刺激企业对研发的投入。应税抵扣的对象为税基，即企业研发投入可用来抵扣应税所得（taxable income）。有些国家允许的应税抵扣额高于研发本身的投入额，即应税抵扣率超过 100%。通过应税抵扣企业应税所得额降低，从而减少了最终交纳的所得税，降低研发成本。

4.3.1　税收优惠激励强度指标

对研发税收优惠政策激励强度评价，一般采取三种评估指标：研发税收抵扣的边际效率（marginal effective tax credit，METC）、B 指数（B-index）和研发使用成本，由于本书实证部分采用的是企业微观数据，而研发使用成本多用于行业或地区的中观数据，故此处主要阐述 METC 和 B 指数。

1. 边际税率 METC

METC 法测量的是企业每增加 1 个单位的研发支出所产生的税收抵扣使企业研发成本减少的量。该指标越大，说明政府研发税收激励强度越大，反之越小。诸多学者用这种方法分析税收刺激工具的有效性。METC 分为从量税收抵扣的 METC 和边际税收抵扣的 METC。对于从量税收抵扣的 METC 而言，企业所有研发支出都可以按税收抵扣率抵扣，每增加 1 个单位的研发支出都可以按抵扣率抵扣，所以，从量税收抵扣的 METC 就等于税收抵扣率，如果税收抵扣率为 τ^c，则 METC = τ^c。边际税收抵扣只对企业研发支出的增量有效，METC

的计算则较为复杂，固定基数法①和滚动平均基数法②的 METC 算法完全不同。METC 是政府选择税收刺激工具的重要依据，表 4 – 9 概括了各类研发税收刺激工具的 METC。

表 4 – 9   不同研发税收刺激工具的 METC

	从量税收抵扣	边际税收抵扣	
		滚动平均基数法	固定基数法
METC	所有研发支出都可按税收抵扣率抵扣；METC = τ^c	研发支出增量大于零，METC = τ^c；研发支出增量小于或等于零，METC < 0，产生负效应 $METC_t = \tau^c \left[D_t - \dfrac{1}{n} \sum\limits_{n=1}^{n} (1+r)^{-i} D_{t+i} \right]$	研发支出超过固定基数，METC = 税收抵扣率；研发支出低于固定基数，METC = 0

资料来源：胡卫，熊鸿军. R&D 税收刺激——原理、评估方法与政策含义. 管理科学，2005，(01)：84~91.

2. B 指数

采取 METC 指标衡量研发税收优惠时需要考虑所得税的影响，由于各国的所得税率各不相同，在做国际比较时就存在衡量口径不一致的问题。瓦尔达（Warda，1994，2006）为了减轻各国所得税率对税收激励强度的影响，提出了 B 指数。③ B 指数反映的是每单位研发支出的实际税后成本，而 1 – B 则代表每单位研发支出可为企业节约的税收成本，即由研发税收优惠带来的税收收入的减少额。可

---

① 虽然固定基数法有多种计算方法，但无论是固定基数法中的哪一种方法，只要研发支出超过固定基数，每增加 1 个单位的研发支出都可按抵扣率抵扣，所以，固定基数法的 METC 就等于税收抵扣率，METC = τ^c。如果研发支出低于固定基数，则每增加 1 个单位的研发支出获得的税收抵扣为零，即 METC 为零，因此，固定基数法不会对税收激励产生负效应。

② 运用滚动平均基数法计算增量研发的情况较为复杂。如果企业每年的研发支出都大于上一年度才可能获得税收抵扣，但当年新增的研发同时也增加了明年的基数，使得明年的企业抵扣额相应减少。假设 r 表示真实利率，n 为年限，当年的研发支出低于基数时，$D_t = 0$；而当年的研发支出高于基数时，$D_t = 1$，布鲁姆等（Bloom et al.，2001）在考虑了资金的时间价值但不考虑通货膨胀率之后，提出计算公式，$METC_t = \tau^c \left[D_t - \dfrac{1}{n} \sum\limits_{n=1}^{n} (1+r)^{-i} D_{t+i} \right]$。

③ B 指数的计算有一系列假定条件：首先，以 OECD 对研发投入类别的比例平均值为基础，避免因不同国家对不同类别的研发投入实行有差异的抵扣率而出现的不可比性，该研发类别的比例平均值为，经常项目 90%（劳动力支出 60%，其他经常项目 30%）、资本项目 10%（机器设备及建筑项目各占 5%）；其次，企业有足够的收入，使所有的税收抵扣或扣除项目都可以在当年实现，而无须考虑余额结转问题；最后，以企业所得税的相关优惠为计算依据，其他税种如财产税、流转税、个人所得税均不包含在内。B 指数的计算公式为：$B = pv(ATC)(1-t) = (1 - at - bZt)(1-t)$，其中，$pv(ATC)$ 表示一元研发支出的税后成本的现值，t 为公司（或企业）所得税税率，a 为研发投入中购买原材料、劳动力等当前投入品的比例，b 表示研发投入中购买机器、设备、房屋、建筑物、无形资产等资本品的比例，Z 表示资本品折旧、摊销的现值。

见，B 指数的值与税收优惠对研发的激励程度呈反比，B 值越低，激励程度越高。

4.3.2　中国研发税收优惠强度的计算

1. 中国边际效率 METC 的计算

中国研发加计扣除的税收优惠政策在 1996 年和 2006 年进行了较大的调整，因此，在计算中国 METC 时分为 3 个时段计算，分别是 1996 ~ 2005 年、2006 ~ 2007 年以及 2008 年以后。1991 ~ 2005 年我国税法规定，只有当年研发费用增幅在 10% 以上时，才能进行研发费用加计扣除。如果企业当年的研发费用没有增长或者增长幅度小于 10%，则企业是不能享受研发费用加计扣除的，METC = 0。如果企业研发费用增幅在 10% 以上时，可加计扣除研发费用的 50%，此时的税收激励强度 $METC_t = \tau^c (1 - \frac{1}{1 + r})$，式中 r 是真实利率，按照 $r = [(1 + i)/(1 + \pi)] - 1$ 确定，其中，i 是名义利率，π 是通胀率。[①] 根据 2006 年税收优惠政策规定，研发费用加计扣除不再要求增幅达到最低限度，因此，2006 年之后的 $METC_t = \tau^c$。表 4 - 10 和表 4 - 11 分别给出了中国企业的 METC。

表 4 - 10　　2008 年之前企业所得税法下中国内外资企业研发的 METC

	企业类型	大型企业（企业应纳税所得额 10 万元以上）	中型企业（企业应纳税所得额 3 万 ~ 10 万元）	小型企业（企业应纳税所得额 3 万元以下）
内资企业	税率	33%	27%	18%
	1996 ~ 2005 年 METC	33% × 150% × (1 - 1/1.049 1) = 0.023 167	0.018 955	0.012 637
	2006 ~ 2007 年 METC	33% × 150% = 0.495	0.405	0.27
外资企业	税率	15%		
	1996 ~ 2005 年 METC	0.010 53		
	2006 ~ 2007 年 METC	0.225		

资料来源：作者计算整理。

[①]　此处参考王俊（2011）的计算方法，名义利率的取值是 1996 ~ 2005 年各年的 1 年期贷款利率的平均值，在 2004 年 10 月 29 日贷款利率调整前 1 年期贷款利率是 5.31%，2007 年 3 月 18 日起 1 年期贷款利率为 6.39%，计算后得到 1996 ~ 2005 年名义利率 i = 5.67%。通胀率是由 1996 ~ 2005 年各年消费品价格指数的平均值确定，中国 1996 ~ 2005 年消费品价格指数的均值是 100.72，π = 0.72。由此就可以得到真实利率 r = 4.91%，税收抵扣的 METC 均值为 $\tau^c(1 - 1/1.0491)$。

表4-11　　　　2008年之后企业所得税法下中国内外资企业研发的METC

	企业类型	一般型	小型微利
内外资企业	税率	25%	20%
	METC	0.375	0.3

资料来源：作者计算整理。

2. 中国企业的B指数的计算

计算中国企业的B指数，我们需要对B指数的计算公式进行赋值，如表4-12所示。

表4-12　　　　中国企业研发支出B指数公式变量赋值

主要变量	变量类型	变量赋值	变量赋值
	对比年度	1999	2008
	一般企业法定税率	33%	25%
t	高新技术企业优惠税率 （或2008年之前的外资企业）	15%	15%
	小型微利企业优惠税率	27%（或18%）	20%
Z1	耐用年限10年	0.675 9	0.682 4
Z2	耐用年限20年	0.268 9	0.268 9（同1999）

注：此处Z1和Z2的计算，借鉴刘初旺（2012）①的算法，贴现率为10%。
资料来源：作者计算整理。

结合前文计算METC时阐述的关于研发费用加计扣除的相关政策，我们给出1999~2005年、2006~2007年和2008年以后三个阶段的B指数的计算公式，如表4-13所示。

表4-13　　　　中国分阶段企业研发支出B指数计算公式

时期	B指数公式
1999~2005年	$B = [1 - 0.9 \times t - 0.9 \times 50\% \times (1 - 1/1.049\ 1)t - 0.05(Z_1 + Z_2)t]/(1 - t)$
2006~2007年	$B = [1 - 0.9 \times 150\%t - 0.05(Z_1 + Z_2)t]/(1 - t)$
2008年以后	$B = [1 - 0.9 \times 150\%t - 0.05(1.5Z_1 + Z_2)t]/(1 - t)$

资料来源：作者计算整理。

1999~2005年的B指数公式中$0.9 \times 150\% \times (1 - 1/1.049\ 1)t$是指，只有当年研发费用增幅在10%以上时，才能进行研发费用加计扣除，我们依据计算METC的公式所得到的相应的研发费用的扣除公式。2006~2007年和2008年之

---

① 刘初旺. 我国研发税收激励程度的国际比较研究——基于B-Index模型. 财经论丛. 2012（01）：40~47.

后的 $0.9 \times 150\% t$ 是指，符合条件的研发支出的 50% 的加计扣除。[①] 根据上述公式，结合表 4-12 的变量赋值可以得出 B 指数的值，如表 4-14 所示。

表 4-14　　　　　　　　中国分阶段企业研发支出 B 指数值

企业类型	B-Index		
	1999~2005 年	2006~2007 年	2008 年
一般企业	1.015	0.730	0.862
高新技术企业（或 2008 年之前的外资）	1.006	0.903	0.927
小型微利企业	1.012（或 1.007）	0.798（或 0.880）	0.896

资料来源：作者整理。

---

① 根据《企业研究开发费用税前扣除管理办法》规定，所有的当期投入，如工资薪金支出和材料消耗等都可享受加计扣除。而资本品投入中只有机器设备的折旧可享受加计扣除，房屋和建筑物的折旧不能享受加计扣除。2008 年之后，公式中的 $1.5 Z_1$ 为用于研发的机器设备支出折旧加计扣除的现值，2008 年之前并无此规定，故而之前并无；Z_2 表示房屋建筑物折旧扣除的现值。根据《中华人民共和国企业所得税法》规定，机器设备折旧按 10 年计算，房屋建筑物折旧年限按 20 年计算，贴现率统一定为 10%。

第 5 章

中国政府研发资助效果与国际比较^①

5.1 中国政府对企业研发资助的总体效果

讨论政府对企业研发直接资助的规模、流向以及企业研发税收优惠政策工具的激励强度是非常重要的，这些可以认为是政府对企业研发投入的激励强度，但仅仅探讨政府对企业研发投入的激励强度并不是非常完整，还需要考虑企业研发投入带来的产出效果如何，既要看企业研发投入，同时也应考量企业研发创新产出，从而对企业研发投入产出效果做整体评价。

目前，衡量企业研发创新产出的指标通常采用的是新产品^②销售收入和专利申请数这两个指标。新产品的销售收入被视为企业竞争力和企业创新能力的体现，在分析新产品的销售收入的同时，也关注新产品开发经费支出，这项指标也在一定程度上反映了企业对新产品的研发投入。新产品开发支出收入比则是衡量企业新产品开发效果、投入产出比的指标，在同等情况下，一般认为新产品开发支出收入比低，则相对而言企业新产品投入产出比较高，企业新产品研发较有效率。

专利是专利权的简称，是对发明人的发明创造经审查合格后，由专利局依据专利法授予发明人和设计人对该项发明创造享有的专有权。中国专利包括发明、实用新型和外观设计。^③而国际通用标准通常只将发明、实用新型这两项视为专利，而并不将外观设计纳入。同时，一般认为其中的发明专利是专利中的核心竞争力，因此，比较关注发明专利在专利中所占的比重。

① 本章的部分内容已发表在《经济研究参考》2016 年第 64 期，题目为：《中国企业 R&D 投入与创新产出的效果评价》，作者为陈远燕，高子达。

② 新产品是指，采用新技术原理、新设计构思研制、生产的全新产品，或在结构、材质、工艺等某一方面比原有产品有明显改进，从而显著提高了产品性能或扩大了使用功能的产品。

③ 发明专利是指，对产品、方法或者其改进所提出的新的技术方案。实用新型专利是指，对产品的形状、构造或者其结合所提出的适于实用的新的技术方案。外观设计专利是指，对产品的形状、图案、色彩或者其结合所作出的富有美感并适于工业上应用的新设计。

5.1.1　中国在国内外专利申请的规模与质量

中国专利包括发明、实用新型和外观设计。而国际通用标准通常只将发明、实用新型这两项视为专利，而并不将外观设计纳入。同时，一般认为其中的发明专利是专利中的核心竞争力，因此，比较关注发明专利在专利中所占的比重。提交专利申请后，会有专利受理和专利授权两个环节，专利受理是指，专利局开始受理该专利并下发受理通知书；专利授权是指，该专利实质意义上拥有了专利所有权，他人不得侵犯，专利局下发专利证书。通过分析专利申请受理数和申请授权数，以及受理数和授权数中发明、实用新型和外观设计的结构，来对中国研发创新产出的效果进行评价。

1. 中国在国内外专利申请受理的规模与质量

中国在国内外专利申请受理数的规模增长非常迅猛，如图 5-1 所示。1995~2015 年，中国在国内外专利申请受理数从 83 045 件迅速增加至 2 798 500件，相当于是 1995 年的 20 倍。1995~2015 年，每一年中国的专利申请受理数都在增长，从图 5-1 可以看出，呈直线上升的势头，说明中国的专利申请受理数的总体规模在不断壮大。

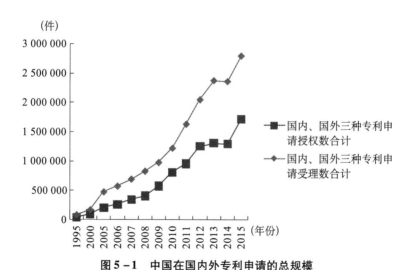

图 5-1　中国在国内外专利申请的总规模

资料来源：历年《中国科技统计年鉴》，中国统计出版社，经过作者整理计算而成。

中国专利包括发明、实用新型和外观设计。中国在国内外的专利申请受理数分为发明、实用新型和外观设计三类，如图 5-2 所示。1995~2015 年，中国在国内外申请受理的发明专利从 21 636 件增加至 1 101 864 件，相当于 1995 年的

51 倍；实用新型从 43 741 件增加至 1 127 577，相当于 1995 年的 26 倍；外观设计则从 1.7 万件增至 57 万件。从总体规模来看，这三类专利申请受理的规模都得到了快速的扩大。

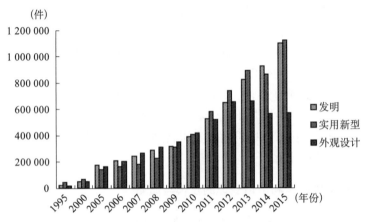

图 5-2　中国在国内外三类专利申请受理的规模

资料来源：历年《中国科技统计年鉴》，中国统计出版社，经过作者整理计算而得。

一般认为，发明专利是专利中的核心竞争力，因此，比较关注发明专利在专利中所占的比重，分析中国在国内外专利申请受理中这三类分别所占的比重及其变化趋势，如图 5-3 所示。从 1995~2015 年，发明所占比重从 26.05% 增加到 39.37%。其中，2006~2010 年发明占比一直有缓慢下降的趋势，2011~2014 年该占比逐年上升，2015 年趋于平稳。从图 5-2 中可以看出，发明、实用新型和外观设计目前大致处于 4∶4∶2 的格局。从这一趋势来看，中国专利权总量规模增长中的核心竞争力还有待提高，专利申请总规模的增长质量还有提高空间，因此，不应对总规模的迅猛增长持过度乐观的态度。

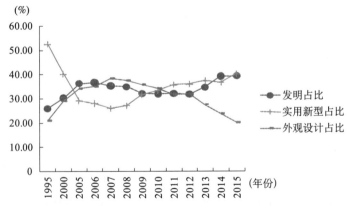

图 5-3　中国在国内外三类专利申请受理的结构占比

资料来源：历年《中国科技统计年鉴》，中国统计出版社，经过作者整理计算而得。

　　中国在国内外三类专利申请中，发明专利是核心竞争力，也是关注的重点，因此对发明做进一步分析，如图 5 - 4 所示。中国在国内的发明专利申请受理数占国内外总规模的比重一直在上升，从 1995 年的 46.30% 上升至 2015 年的 87.87%，意味着有 87.87% 的发明是在国内申请受理。在国内申请的发明专利中，分职务发明与非职务发明，职务发明是指，执行本单位的任务或者主要是利用本单位的物质条件完成的发明创造，申请专利的权利属于本单位。国内申请受理的发明中职务发明所占比重一直在增加，从 1995 年的 29.88% 到 2015 年的 80.16%。在职务发明中按照执行的单位类别不同，分为企业、大专院校、科研单位和机关团体，本书主要关注企业在职务发明中所占比重的趋势变化，因此，将单位类别分为企业单位与非企业单位两类，1995 ~ 2015 年，企业占比由 36.28% 增加至 75.05%。前文对中国研发经费投入的总体情况概述中，按照执行部门划分来进行分析，企业承担了全社会研发经费的 70% 以上的份额且一直保持上升趋势。按照资金来源划分，企业资金占研发经费内部支出的比重在 2015 年达到 74.73%。以专利申请受理数为研发产出评价指标，从研发创新投入产出的视角分析，企业的研发投入占比与企业在国内职务发明中的占比基本上保持了一致。

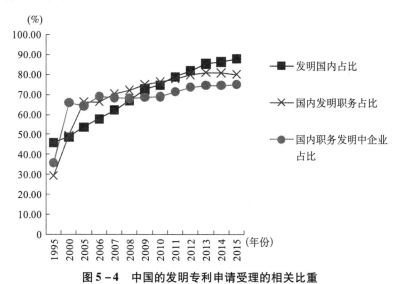

图 5 - 4　中国的发明专利申请受理的相关比重

资料来源：历年《中国科技统计年鉴》，中国统计出版社，经过作者整理绘制而得。

2. 中国在国内外专利申请授权的规模与质量

　　专利申请受理数还可能存在不被专利局授权批准的风险，因此，进一步分析中国在国内外专利申请授权的规模与质量。中国在国内外专利申请授权数的规模增长也非常迅猛，如图 5-1 所示，1995~2015 年，中国在国内外专利申请授权数从 4.5 万件迅速增加至 171.8 万件，相当于 1995 年的 38 倍。1995~2015 年，中国的专利申请授权数整体上呈现增长趋势，说明中国的专利申请授权数的总体规模在不断壮大。同时，也不难看出，中国在国内外专利申请受理数和授权数的总体规模增长趋势上是基本完全一致的。

中国在国内外的专利申请授权数分为发明、实用新型和外观设计三类，如图 5-5 所示。从 1995~2015 年，中国在国内外申请授权的发明专利从 3 393 件增至 359 316 件，相当于 1995 年的 106 倍；实用新型从 30 471 件增至 876 217，相当于 1995 年的 29 倍；外观设计则从 1.1 万件增至 48 万件。从总体规模来看，这三类专利申请授权的规模都得到了快速扩大。

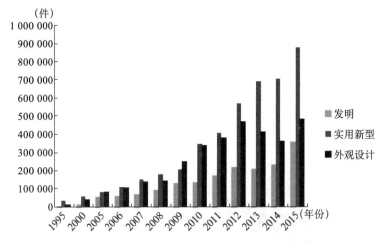

图 5-5 中国在国内外三类专利申请授权的规模

资料来源：历年《中国科技统计年鉴》，中国统计出版社，经过作者整理绘制而得。

进一步分析中国在国内外专利申请授权中这三类分别所占的比重，以及它们的变化趋势，如图 5-6 所示。从 1995~2015 年，发明所占比重从 7.53% 增加到 20.91%，从图 5-6 中可以看出，发明、实用新型和外观设计所占比重目前大致处于 2:5:3 的格局。从这一趋势来看，发明在专利申请授权数中所占比重虽然比 1995 年增加了约 13%，但仍然处于比较低的水平，这体现出中国专利权总量规模增长中的核心竞争力的不足，质量不高，应增加发明在专利申请授权数中的比重。

如图 5-7 所示，中国在国内的发明专利申请授权数占国内外总规模的比重在 2000~2005 年从 50% 下降到 40%，此后一直在上升，至 2015 年达到73.32%，意味着有 73.32% 的发明是在国内申请授权。国内申请授权的发明中职务发明所占比重从 2000 年的 45% 一直增加到 2015 年的 90.66%。从 1995~2015 年，国内职务发明中企业所占比重一直在增加，呈现稳定增长趋势。前文对中国研发经费投入的总体情况的概述中，分析了按照执行部门划分，企业承担了全社会研发经费的 70% 以上的份额且一直保持上升趋势。按照资金来源划分，企业资金占研发经费内部支出的比重在 2015 年也达到了 74. 73% 。以专利申请授权数为研发产出评价指标，从研发创新投入产出的视角分析，企业研发产出占比低于研发投入占比约 10% ，投入产出比较低，因此，企业研发效率需要进一步提高。

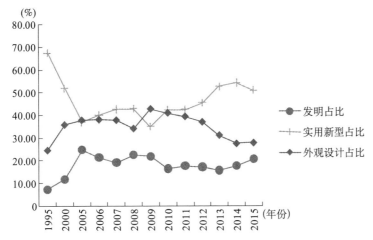

图 5 - 6　中国在国内外三类专利申请授权的结构占比

资料来源：历年《中国科技统计年鉴》，中国统计出版社，经过作者整理绘制而得。

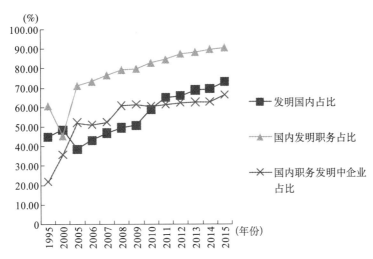

图 5 - 7　中国的发明专利申请授权的相关比重

资料来源：历年《中国科技统计年鉴》，中国统计出版社，经过作者整理绘制而得。

5.1.2 高技术产业研发创新产出的效果评价

高技术产业与前文的界定是相同的，高技术产业是按照《中国统计年鉴》口径，将医药制造业、航空航天制造业、电子及通信设备制造业、电子计算机及办公设备制造业、医疗设备及仪器仪表制造业列为高技术产业，其余的均作为传统产业来看待。2000～2015年中国高技术产业研发创新产出的效果，如表5-1所示。

表5-1　　　　　　　　中国高技术产业研发创新产出的效果

		2000 年	2005 年	2006 年	2007 年	2008 年	2009 年
新产品开发经费支出（万元）	大型企业	2 576 982	3 222 684	4 049 746	4 917 233	5 703 487	5 703 487
	中型企业	1 579 934	1 876 851	2 470 538	3 066 774	3 547 256	3 547 256
	大中型企业	4 156 916	5 099 535	6 520 284	7 984 007	9 250 743	9 250 743
	国有及国有控股企业	1 583 476	2 347 407	1 713 364	2 126 953	3 192 368	3 192 368
新产品销售收入（万元）	大型企业	46 981 136	56 910 059	74 849 057	90 040 210	86 753 637	86 753 637
	中型企业	22 165 497	22 578 587	28 183 160	38 754 532	39 196 366	39 196 366
	大中型企业	69 146 633	79 488 646	103 032 217	128 794 742	125 950 003	125 950 003
	国有及国有控股企业	20 608 590	21 768 358	20 851 357	24 490 408	28 968 403	28 968 403
专利申请（件）	大型企业	9 898	15 107	22 548	24 703	32 070	32 070
	中型企业	6 925	9 194	11 898	14 953	19 443	19 443
	大中型企业	16 823	24 301	34 446	39 656	51 513	51 513
	国有及国有控股企业	5 474	12 939	6 168	11 819	18 998	18 998
其中：发明专利（件）	大型企业	3 936	3 801	8 455	15 267	23 905	23 905
	中型企业	2 722	4 340	4 931	8 648	7 810	7 810
	大中型企业	6 658	8 141	13 386	23 915	31 715	31 715
	国有及国有控股企业	1 650	3 323	2 513	6 314	12 397	12 397
新产品开发支出收入比（%）	大型企业	5.49	5.66	5.41	5.46	5.46	5.46
	中型企业	7.13	8.31	8.77	7.91	7.91	7.91
	大中型企业	6.01	6.42	6.33	6.20	6.20	6.20
	国有及国有控股企业	7.68	10.78	8.22	8.68	8.68	8.68
发明专利占比（%）	大型企业	39.77	25.16	37.50	61.80	61.80	61.80
	中型企业	39.31	47.20	41.44	57.83	57.83	57.83
	大中型企业	39.58	33.50	38.86	60.31	60.31	60.31
	国有及国有控股企业	30.14	25.68	40.74	53.42	53.42	53.42

续表

		2010 年	2011 年	2012 年	2013 年	2014 年	2015 年
新产品开发经费支出（万元）	大型企业	6 204 849	11 762 195	15 457 341	17 809 000	19 808 271	4 917 233
	中型企业	3 864 536	3 518 107	5 237 621	5 696 812	5 937 753	3 066 774
	大中型企业	10 069 385	15 280 302	20 694 962	23 505 812	25 746 024	7 984 007
	国有及国有控股企业	3 674 866	5 481 512	6 415 475	6 787 498	6 903 523	2 126 953
新产品销售收入（万元）	大型企业	118 440 619	174 789 697	244 246 851	276 067 058	317 544 541	90 040 210
	中型企业	45 207 011	29 055 512	46 041 520	52 384 879	63 570 253	38 754 532
	大中型企业	163 647 630	203 845 209	290 288 371	328 451 937	381 114 794	128 794 742
	国有及国有控股企业	31 769 634	46 341 092	51 866 423	60 579 188	68 759 376	24 490 408
专利申请（件）	大型企业	37 088	54 554	67 249	80 770	78 706	24 703
	中型企业	22 595	23 171	35 283	39 307	35 856	14 953
	大中型企业	59 683	77 725	102 532	120 077	114 562	39 656
	国有及国有控股企业	18 596	25 941	27 857	36 985	41 470	11 819
其中：发明专利（件）	大型企业	25 559	36 243	44 736	52 673	54 928	15 267
	中型企业	9 812	9 424	14 676	17 130	16 066	8 648
	大中型企业	35 371	45 667	59 412	69 803	70 994	23 915
	国有及国有控股企业	12 012	16 864	16 710	22 131	28 514	6 314
新产品开发支出收入比（%）	大型企业	5.24	6.73	6.33	6.45	6.24	5.46
	中型企业	8.55	12.11	11.38	10.87	9.34	7.91
	大中型企业	6.15	7.50	7.13	7.16	6.76	6.20
	国有及国有控股企业	11.57	11.83	12.37	11.20	10.04	8.68
发明专利占比（%）	大型企业	68.91	66.44	66.52	65.21	69.79	61.80
	中型企业	43.43	40.67	41.60	43.58	44.81	57.83
	大中型企业	59.26	58.75	57.94	58.13	61.97	60.31
	国有及国有控股企业	64.59	65.01	59.98	59.84	68.76	53.42

资料来源：历年《中国高技术产业统计年鉴》，中国统计出版社，经过作者整理计算而得。

　　如图 5-8 和表 5-1 所示，2000～2015 年，中国大型企业和中型企业的新产品开发经费支出基本处于不断攀升趋势，大型企业新产品开发经费支出从 2000 年的 95 亿元增长到 2015 年的 1981 亿元，增长速度非常快。中型企业新产品开发经费支出也呈现出比较迅猛的增长态势，从 2000 年的 22 亿元增长到 2015 年的 594 亿元。国有及国有控股企业新产品开发经费支出从 2000 年的 43 亿元增长到 2015 年的 690 亿元，但 2007 年与 2006 年相比，新产品开发经费支出从 2006

年的 234 亿元下降到 2007 年的 171 亿元，降幅明显。

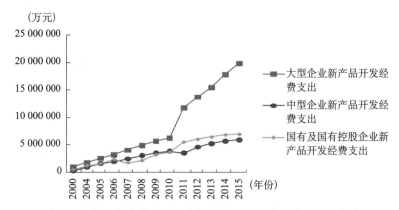

图 5 - 8　各年度高技术产业中的不同类型企业新产品开发支出

资料来源：历年《中国高技术产业统计年鉴》，中国统计出版社，经过作者整理绘制而得。

　　如图 5 - 9 和表 5 - 1 所示，2000～2015 年，中国大型企业和中型企业的新产品销售收入基本是处于不断攀升趋势的，大型企业新产品销售收入从 2000 年的 2 000 亿元增长到 2015 年的 31 754 亿元，增长速度非常快。中型企业新产品销售收入也呈现出比较迅猛的增长态势，从 2000 年的 400 亿元增长到 2015 年的 6 357 亿元。国有及国有控股企业新产品销售收入从 2000 年的 588 亿元增长到 2015 年的 6 876 亿元。对比图 5 - 8 中不同类型企业新产品开发支出和图 5 - 9 中不同类型企业新产品销售收入不难发现，国有及国有控股企业新产品开发支出在 2000～2006 年和 2011～2015 年一直都比中型企业新产品开发支出高，然而，2000～

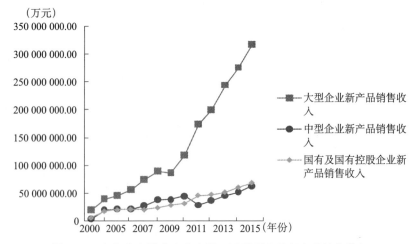

图 5 - 9　各年度高技术产业中的不同类型企业新产品销售收入

资料来源：历年《中国高技术产业统计年鉴》，中国统计出版社，经过作者整理绘制而得。

2006 年国有及国有控股企业新产品销售收入却基本与中型企业新产品销售收入相同，近年来国有及国有控股企业新产品销售收入与中型企业新产品销售收入也逐年趋同，说明可能存在国有及国有控股企业新产品研发效率低于中型企业的现象，在下面做进一步说明。

如图 5 - 10 和表 5 - 1 所示，从 2000 ~ 2015 年，中国大型企业的新产品开发支出收入比（即用企业的新产品开发经费支出除以新产品销售收入，下同）是基本保持在 5% 上下浮动的。中型企业新产品开发支出收入比有较大的波动，最低时仅为 4% 左右，而在最高时能达到接近 9% 的比率，而且从 2004 年起，中型企业新产品开发支出收入比呈逐渐上升的趋势，仅在 2008 年有所回落。比较大型企业的新产品开发支出收入比和中型企业的新产品开发支出收入比可以看出，较中型企业而言，大型企业新产品研发效率更高，这恰好印证了熊彼特的观点，熊彼特认为，创新活动与企业的规模成正比，规模越大，越有利于企业的创新活动。再来看国有及国有控股企业的新产品开发支出收入比，从图 5 - 10 中可以看出，除在 2007 年国有及国有控股企业与中型企业的新产品开发支出收入比基本持平以外，其他年度中，国有及国有控股企业的新产品开发支出收入比均比大型企业和中型企业高，这在某种程度上可以反映出国有及国有控股企业的新产品研发效率是比较低的，而国有经济的效率低下也是符合理论上通常的假定的。由于国有经济的激励机制的缺位以及在某些领域垄断所形成的低效，导致的新产品研发效率比较低是比较符合预期的。

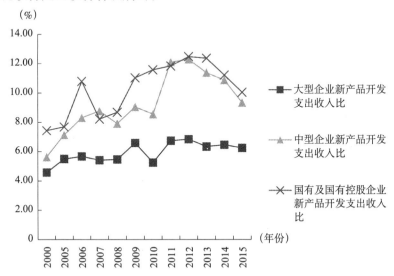

图 5 - 10　各年度高技术产业中的不同类型企业新产品开发支出收入比

资料来源：历年《中国高技术产业统计年鉴》，中国统计出版社，经过作者整理绘制而得。

如图 5 - 11 和表 5 - 1 所示，从 2000 ~ 2015 年，中国大型企业和中型企业的专利申请数基本处于不断攀升的趋势，大型企业专利申请数从 2000 年的 1 727 件增长到 2015 年的 78 706 件，增长的速度非常之快。中型企业的专利申请数也呈现出比较迅猛的增长态势，从 2000 年的 518 件增长到 2015 年的 35 856 件。国有及国有控股企业的专利申请数从 2000 年的 734 件增长到 2015 年的 41 470 件，但 2007 年与 2006 年相比，专利申请数从 2006 年的 12 939 件下降到 2007 年的 6 168 件，降幅明显。对比不同类型企业专利申请数和不同类型企业新产品开发经费支出数，我们会发现两者的变化趋势几乎是完全一致的，这也充分说明企业新产品开发经费支出与企业专利申请数之间有着非常密切的关系，通常是较高的企业新产品开发支出可以带来企业更高的专利申请数。

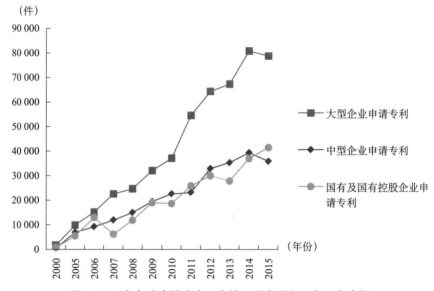

图 5 - 11　各年度高技术产业中的不同类型企业专利申请数

资料来源：历年《中国高技术产业统计年鉴》，中国统计出版社，经过作者整理绘制而得。

如图 5 - 12 和表 5 - 1 所示，从 2000 ~ 2015 年，中国高技术产业中的不同类型的企业发明专利占比的变化趋势是非常类似的，从 2000 ~ 2006 年，不同类型企业发明专利占比都基本呈现出不同程度的下降趋势，而从 2006 ~ 2015 年，不同类型企业发明专利占比又基本呈现出不同程度的上升趋势。大型企业发明专利占比从 2000 年的 59.18% 下降到 2006 年的 25.16%，之后又快速上升至 2008 年的 61.80%，之后呈现波动增长趋势，2015 年上升至 69.79%。中型企业略微有些不同，中型企业发明专利占比从 2000 年的 59.18% 下降到 2005 年的 39.31%，在 2006 年上升至 47.20% 之后又下滑至 2007 年的 41.44%，在 2008 年再次上升至 57.83%，2009 年又大幅下降至 40.17%，之后波动上升至 44.81%。国有及国有控股企业的发明专利占比与大型企业发明专利占比的趋势基本一致，从 2000

年的 83.92% 急剧下降到 2006 年的 25.68%，之后又回升至 2009 年的 65.65%，2011 年小幅下降为 59.42%，2015 年又回升至 68.76%。从图 5 - 12 中可以看出，2000～2006 年发明专利占比下滑最剧烈的是国有及国有控股企业，而 2006～2008 年的回升速度各类企业基本一致，2009 年后各类企业均出现先波动下降后波动上升的变化。

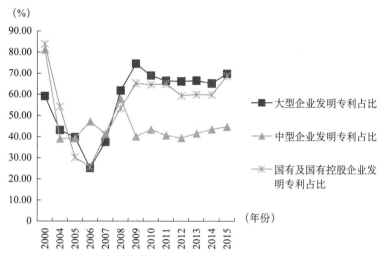

图 5 - 12　各年度高技术产业中的不同类型企业发明专利占比
资料来源：历年《中国高技术产业统计年鉴》，中国统计出版社，经过作者整理绘制而得。

5.1.3　国家产业化计划项目的创新产出效果评价

1. 星火计划创新产出效果评价

如图 5 - 13 所示，从 2002～2013 年星火计划新增产值由 369 亿元增长到 495 亿元，增长并不算迅速，2002～2007 年星火计划新增产值还是保持着增长的势头，但 2008 年、2009 年出现了较大幅度的下滑，2009 年星火计划新增产值低至 312 亿元，但在 2009 年之后又较迅速地回升至 415 亿元。从 2002～2013 年星火计划新增产值的增长趋势与星火计划实施项目数和星火计划当年落实项目资金数的增长趋势是基本保持一致的，也就是说，投入与产出还是基本保持了一致。①

---

① 2014 年以后《中国科技统计年鉴》未再针对星火计划和火炬计划创新产出效果进行统计，故本节"（一）星火计划创新产出效果评价"和"（二）火炬计划创新产出效果评价"中最新统计数据为 2013 年。

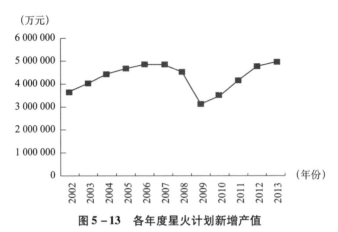

图 5 – 13　各年度星火计划新增产值

资料来源：历年《中国科技统计年鉴》，中国统计出版社，经过作者整理绘制而得。

如图 5 – 14 所示，从 2002 ~ 2013 年星火计划专利申请数和专利授权数增加都非常快，除了在 2009 年出现小幅的下滑以外，其余年度都呈现了明显的上升趋势。星火计划专利申请数中的发明专利数和专利授权数中的发明专利数也都保持了基本同趋势的增长势头，从图 5 – 14 中可出看出，申请数中的发明数量和授权数中的发明数量都和申请数、授权数的增长趋势保持了一致。从 2002 ~ 2013 年星火计划专利申请和授权的增长趋势与星火计划实施项目数和星火计划当年落实项目资金数的增长趋势基本上是保持一致的，从这个视角分析，也可以得出投入与产出还是基本保持一致的结论。

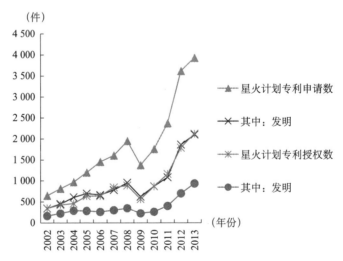

图 5 – 14　各年度星火计划专利申请数和专利授权数

资料来源：历年《中国科技统计年鉴》，中国统计出版社，经过作者整理绘制而得。

如图 5 - 14 所示，虽然从 2002 ~ 2013 年星火计划专利申请数中的发明数量和授权数中的发明数量都和申请数、授权数的增长趋势保持了一致。以及星火计划专利申请和授权的增长趋势也与星火计划实施项目数和星火计划当年落实项目资金数的增长趋势是基本保持一致的。但如图 5 - 15 所示，星火计划专利申请数中发明占比从 2004 年开始就一直呈现下滑的态势，从 2004 年的 62.91% 下滑至 2011 年的 45.67%，2012 年又有所回升，并未如专利申请数本身那样保持着增长。再看星火计划专利授权数中发明占比的情况，似乎更为不乐观，2004 年开始从 62.83% 的比重一直呈下滑态势，至 2010 年已经低至 30.37%，也并未如专利授权数本身那样保持增长。一般认为，发明专利是专利中的核心竞争力，发明专利在专利申报数和授权数中所占的比重并未增加，甚至出现了较为严重的下滑，这反映出星火计划研发创新产出的数量虽然多，如专利申请数和授权数，但产出中的核心竞争力并未得到很好的提升，反而有较为严重的下降趋势。因此，提升星火计划研发创新产出的质量、提高发明专利所占比重是必须要面对的问题。

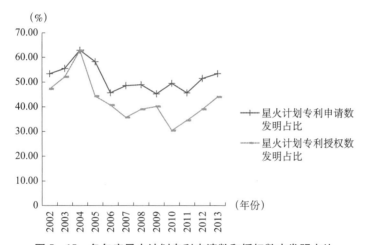

图 5 - 15　各年度星火计划专利申请数和授权数中发明占比

资料来源：历年《中国科技统计年鉴》，中国统计出版社，经过作者整理绘制而得。

2. 火炬计划创新产出效果评价

如图 5 - 16 所示，从 2002 ~ 2013 年火炬计划新增产值由 1 324 亿元增长到 3 761亿元，增加非常快；从火炬计划的新增产值来看，在 2008 年之前还是呈现明显上升趋势，但在 2009 年出现小幅的下滑，后又较迅速的增长。从 2002 ~ 2013 年火炬计划新增产值的增长趋势与火炬计划实施项目数和火炬计划当年落实项目资金数的增长趋势是基本保持一致的，也就是说，投入与产出还是基本保持了一致。

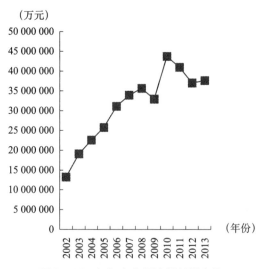

（万元）

图 5 - 16　各年度火炬计划新增产值

资料来源：历年《中国科技统计年鉴》，中国统计出版社，经过作者整理绘制而得。

　　如图 5 - 17 所示，2002~2013 年火炬计划专利申请数和专利授权数增长都非常快，除了在 2009 年出现小幅的下滑以外，其余年度都呈现了明显的上升趋势。火炬计划专利申请数中的发明专利数和专利授权数中的发明专利数也都保持了基本同趋势的增长势头，从图 5 - 17 中可出看出，申请数中的发明数量和授权数中的发明数量都和申请数、授权数的增长趋势保持了一致。从 2002~2013 年火炬计划专利申请和授权的增长趋势与火炬计划实施项目数和火炬计划当年落实项目资金数的增长趋势是基本保持了一致的，从这个视角分析，也可以得出投入与产出还是基本保持了一致。

　　如图 5 - 17 所示，虽然从 2002~2013 年火炬计划专利申请数中的发明数量和授权数中的发明数量都和申请数、授权数的增长趋势保持了一致，以及火炬计划专利申请和授权的增长趋势也与火炬计划实施项目数和火炬计划当年落实项目资金数的增长趋势是基本保持一致的。但如图 5 - 18 所示，火炬计划专利申请数中发明占比从 2003 年开始就一直在 35% 上下徘徊，并未如专利申请数本身那样保持增长。而再看火炬计划专利授权数中发明占比的情况，从 2004 年开始从 30% 的比重一直呈下滑态势，致使火炬计划专利授权数中发明占比一直在 25% 以下徘徊，也并未如专利授权数本身那样保持增长。发明专利在专利申报数和授权数中所占的比重并未增加甚至出现了下滑，这反映出火炬计划研发创新产出的数量虽然多，如专利申请数和授权数，但产出中的核心竞争力并未得到很好的提升，反而有下降的趋势。因此，亟待提升火炬计划研发创新产出的质量。

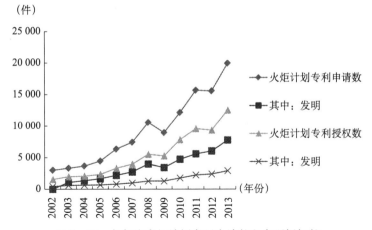

图 5 – 17　各年度火炬计划专利申请数和专利授权数

资料来源：历年《中国科技统计年鉴》，中国统计出版社，经过作者整理绘制而得。

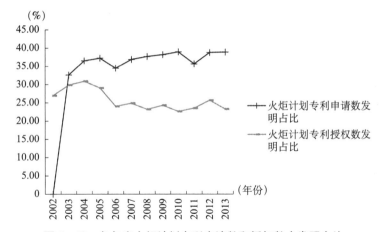

图 5 – 18　各年度火炬计划专利申请数和授权数中发明占比

资料来源：历年《中国科技统计年鉴》，中国统计出版社，经过作者整理绘制而得。

5.1.4　重大科技成果评价

中国各年度的重大科技成果相关情况，如表 5 – 2 所示，从 2000 ~ 2015 年，重大科技成果总量从 32 858 项增长至 55 284 项，获得了一定的增长，但增长速度并不尽如人意。其中，分为基础理论、应用技术和软科学重大科技成果三类，基础理论重大科技成果由 2000 年的 2 368 项增加至 2015 年的 5 115 项，15 年增加了 2 747 项，应用技术重大科技成果由 2000 年的 28 843 项增长至 2015 年的 48 363 项，软科学重大科技成果由 2000 年的 1 647 项增长至 2015 年的 1 068 项。

表5-2　　　　　　　　　各年度重大科技成果相关情况

		2000年	2009年	2010年	2011年	2012年	2013年	2014年	2015年
重大科技成果（项）	合计	32 858	38 688	42 108	44 208	51 723	52 477	53 140	55 284
	基础理论	2 368	2 997	3 288	3 083	5 995	3 918	5 117	5 115
	应用技术	28 843	33 905	37 029	39 218	43 234	46 456	46 091	48 363
	软科学	1 647	1 786	1 791	1 907	2 494	2 103	1 932	1 806
按完成单位类型分（项）	研究机构	7 859	6 826	7 141	6 998	8 244	8 165	7 170	9 061
	高等院校	6 508	8 498	8 536	8 288	9 837	10 193	10 249	10 235
	企业	10 586	14 345	16 704	18 064	20 904	22 688	22 094	23 650
	其他	7 905	9 019	9 727	10 858	12 738	11 431	13 627	12 338
单位类型占比（%）	企业占比	32.22	37.08	39.67	40.86	40.42	43.23	41.58	42.78
	研究机构占比	23.92	17.64	16.96	15.83	15.94	15.56	13.49	16.39
	高校占比	19.81	21.97	20.27	18.75	19.02	19.42	19.29	18.51
	其他占比	24.06	23.31	23.10	24.56	24.63	21.78	25.64	22.32

资料来源：历年《中国科技统计年鉴》，中国统计出版社，经过作者整理计算而得。

　　三类重大科技成果占总量的比重也是分析的重点，如图5-19所示，基础理论所占比重仅为约9%，应用技术所占比重达到88%，软科学占比在3%左右。在对中国研发经费投入的总体情况分析时，分析出多年来中国基础研究占全社会研发经费支出的比重一直稳定在约5%，近年来甚至略有下降的趋势。2015年，中国基础研究的投入占比为5.05%，基础研究投入的比重过低，直接影响基础理论重大科技成果的数量和比重，中国应加大对基础研究的投入。

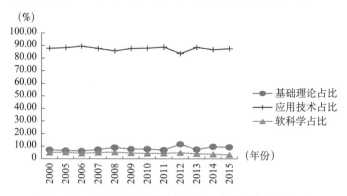

图5-19　各年度重大科技成果中三种类别的结构占比

资料来源：历年《中国科技统计年鉴》，中国统计出版社，经过作者整理绘制而得。

　　按完成单位类型分，重大科技成果分别由企业、研究机构、高校和其他部门完成，分析4个部门完成的重大科技成果的比重有比较重要的意义，可以从中分析哪个部门完成的重大科技成果比重更大。如表5-2所示，2000年至今企业完成的重大科技成果所占比重逐年稳步上升，从 2000 年的 32.22% 上升至 2015 年的 42.78%。各年度研究机构占比整体呈现下降趋势，从 2000 年的 23.92% 下降至 2015 年的 16.39%，近年来下降速度变缓；高校占比在 20% 左右，但 2009~2011 年也有下降的趋势；其他机构或部门占比在 23% 左右。从中不难发现，企业完成的重大科技成果所占的比重一直稳步上升。在分析中国政府对企业研发直接资助的规模时，发现政府对企业研发直接资助占政府研发投入总额的比重（即企业比重 2）从 2003 年的 10.27% 增长至 2015 年的 15.38%。从结构的视角来看，从某种意义上来说，可以理解为政府对企业研发的直接资助的力度在加强。对比企业完成的重大科技成果所占 40%，企业仅获得政府资金的约 15% 占比的资助，完成的成果却在四大类部门中占据 40%，政府应进一步加大对企业研发的直接资助的力度，政府资金进一步向企业倾斜。

5.2　世界各国研发的国际比较

5.2.1　各国研发规模、强度和结构的比较

1. 各国研发经费支出的规模和强度

由于各国的货币单位不同，而各国统计本国研发经费支出一般按本国货币统计，因此，如果直接比较各国研发经费支出总量，存在不可比的问题，一般选取各国研发经费支出占 GDP 的比重，即研发强度作为比较各国研发经费支出的规模和强度的可比指标。世界部分国家历年研发经费支出、研发经费支出占 GDP 的比重的数据如表 5-3 和表 5-4 所示。

当今世界范围内，对全球经济具有举足轻重影响力，并且对中国国民经济能够产生较重大影响的发达国家或经济体主要是美国、欧盟、日本。美国、欧盟主要的成员国、日本和中国历年的研发强度趋势和对比，如图 5-20 所示。美国的研发强度自 1994 年起一直在 2.4% 以上，并且总体呈现上升趋势，2009 年美国的研发强度已接近 3%，2011 年以后呈现轻微下降趋势，2013 年美国研发强度为 2.74%。欧盟的 17 个主要成员国①的研发强度平均水平从 1994 年的 1.3% 增长到

---

① 欧盟 17 个主要成员国分别是英国、法国、德国、意大利、瑞典、奥地利、比利时、捷克、丹麦、芬兰、希腊、爱尔兰、荷兰、葡萄牙、西班牙、匈牙利、波兰，个别国家的个别年度的数据有缺失，计算当年的研发强度平均水平时就不会包括该国。

表5-3　世界部分国家历年的研发经费

单位:10亿本国货币单位

国家	1994年	1997年	1998年	1999年	2000年	2002年	2003年	2004年	2006年	2007年	2008年	2009年	2010年	2011年	2012年	2013年	2014年
中国	30.63	50.92	55.11	67.89	89.57	128.76	153.96	196.63	300.31	371.02	461.6	580.21	706.26	868.7	1029.8	1184.7	1301.6
美国	169.61	212.71	228.11	245.48	267.77	277.05	289.72	301.02	343.75	377.59	403.67	401.58	—	415.2	436.1	457	—
日本	13 596.03	14 794.03	15 169.2	15 032.66	15 304.42	15 551.51	15 683.4	15 782.74	17 273.45	17 756.24	17 377.22	15817.73	15 696.48	15 945.1	15 883.6	16 680.1	17 472.9
英国	13.68	14.66	15.45	16.93	17.72	19.23	19.9	20.25	23.2	25	25.64	25.86	25.8	26.9	27	28.9	30.9
法国	26.76	27.76	28.32	29.53	30.95	34.53	34.57	35.69	37.84	39.3	41.07	42.69	43.63	44.9	46.5	47.5	48.1
德国	38.9	42.86	44.65	48.19	50.62	53.36	54.54	54.97	58.85	61.48	66.53	67.01	69.88	74.8	79.1	79.7	84.5
澳大利亚	7.47	—	8.92	—	10.42	13.21	—	15.97	21	—	28.15	—	—	31.7	—	33.5	—
加拿大	13.34	14.64	16.09	17.64	20.64	23.53	24.64	26.48	28.07	30.03	30.52	29.43	29,34	30	32.7	32	31.8
意大利	8.98	10.79	11.44	11.52	12.46	14.6	14.77	15.25	16.83	18.23	18.99	19.21	19.54	19.8	20.5	21	20.8
瑞典	—	66.92	—	75.81	—	—	97.1	95.13	108.19	106.2	118.41	111.72	113.21	118.1	120.9	124.6	123.8
瑞士	—	—	—	—	10.68	—	—	13.1	—	—	16.3	—	—	—	18.5	—	—
土耳其	0.01	0.14	0.26	0.49	0.8	1.84	2.2	2.9	4.4	6.09	6.89	8.09	9.27	11.2	13.1	14.8	17.6
奥地利	2.55	3.12	3.4	3.76	4.03	4.68	5.04	5.25	6.32	6.87	7.55	7.48	7.89	8.3	9.3	9.6	10.1
比利时	3.31	4.06	4.28	4.62	4.96	5.2	5.18	5.4	5.8	6.36	6.81	6.9	7.05	7.6	9.2	9.5	9.9
捷克	12.98	19.48	22.87	23.65	26.49	29.55	32.25	35.08	49.9	54.28	54.11	55.35	59.03	70.7	72.4	77.9	85.1
丹麦	—	21.65	23.79	26.42	—	34.43	36.07	36.43	40.42	43.74	49.96	51.09	53.68	55.4	56.5	58.2	59.3
芬兰	2.01	2.9	3.35	3.88	4.42	4.83	5.01	5.25	5.76	6.24	6.87	6.79	6.97	7.2	6.8	6.7	6.5
希腊	—	0.49	—	0.76	—	—	0.98	1.02	1.22	1.34	—	—	—	1.4	1.3	1.5	1.5
冰岛	6.05	9.65	11.77	14.52	18.25	24.1	23.72	—	34.97	35.13	39.17	—	—	42.4		35.2	37.6
爱尔兰	0.59	0.86	0.97	1.07	1.18	1.44	1.64	1.84	2.31	2.43	2.62	2.84	2.75	2.7	2.7	2,8	2.8
墨西哥	4.17	10.94	14.52	19.75	20.49	27.34	29.93	36.38	40.08	41.91	—	—	—	61.8	67.4	80.6	92.6

续表

研发经费

国家	1994年	1997年	1998年	1999年	2000年	2002年	2003年	2004年	2006年	2007年	2008年	2009年	2010年	2011年	2012年	2013年	2014年
荷兰	5.67	6.81	6.87	7.56	7.63	8.02	8.38	8.75	9.26	10.34	10.5	10.41	10.89	12.2	12.5	12.7	13.3
新西兰	—	1.11	—	1.09	—	—	1.66	—	—	2.16	—	2.44	—	2.6	—	22.7	—
挪威	—	18.19	—	20.32	—	25.44	27.3	27.77	32.76	36.77	40.53	41.88	42.76	45.5	48	50.7	53.9
葡萄牙	0.44	0.58	0.7	0.81	0.93	1.03	1.02	1.11	1.56	1.97	2.59	2.76	2.75	2.6	2.3	2.3	2.2
西班牙	3.29	4.04	4.72	5	5.72	7.19	8.21	8.95	11.82	13.34	14.7	14.58	14.59	14.2	13.4	13	12.8
韩国	7 894.75	12 185.81	11 336.62	11 921.75	13 848.5	17 325.08	19 068.68	22 185.34	27 345.7	31 301.38	34 498.05	37 928.5	43 854.83	49 890.4	55 450.1	59 300.9	63 734.1
新加坡	1.18	2.1	2.49	2.66	3.01	3.4	3.42	4.06	5.01	6.34	7.13	6.04	6.49	7.5	7.2	7.6	8.5
匈牙利	38.85	61.75	68.62	78.19	105.39	171.47	175.77	181.53	237.95	245.69	266.39	299.16	310.21	336.5	363.7	420.1	441.1
波兰	1.72	3.36	4.01	4.59	4.8	4.52	4.56	5.16	5.89	6.67	7.71	9.07	10.42	11.7	14.4	14.4	16.2
俄罗斯	5.15	24.45	25.08	48.05	76.7	135	169.86	196.04	288.81	371.08	431.07	485.83	523.38	610.4	699.9	749.8	847.5
巴西	3.23	—	—	—	10.9	14.55	16.28	17.46	23.65	28.61	32.77	37.8	—	49.9	54.3	63.7	—
印度	66.22	106.11	129.02	150.9	176.6	170.36	180.02	197.29	287.76	315.8	—	—	—	726.2	894.9	990.3	1 021.1

资料来源:历年《中国科技统计年鉴》,中国统计出版社,经过作者整理计算而得。

表 5 - 4　世界部分国家历年的研发经费占国内生产总值的比重

单位:%

研发/GDP

国家	1994年	1997年	1998年	1999年	2000年	2002年	2003年	2004年	2006年	2007年	2008年	2009年	2010年	2011年	2012年	2013年	2014年
中国	0.64	0.64	0.65	0.76	0.9	1.07	1.13	1.23	1.39	1.4	1.47	1.7	1.77	1.84	1.91	1.99	2.02
美国	2.42	2.58	2.62	2.66	2.74	2.66	2.66	2.59	2.64	2.7	2.84	2.9	—	2.77	2.7	2.74	—
日本	2.79	2.87	3	3.02	3.04	3.17	3.2	3.17	3.41	3.46	3.47	3.36	3.26	3.39	3.34	3.48	3.59
英国	2	1.8	1.79	1.86	1.85	1.82	1.78	1.71	1.75	1.78	1.79	1.86	1.76	1.78	1.62	1.66	1.7
法国	2.32	2.19	2.14	2.16	2.15	2.23	2.17	2.15	2.11	2.08	2.12	2.26	2.25	2.25	2.29	2.23	2.26
德国	2.18	2.24	2.27	2.4	2.45	2.49	2.52	2.49	2.54	2.53	2.69	2.82	2.82	2.88	2.87	2.83	2.9
澳大利亚	1.53	—	1.47	1.51	1.51	1.69	—	1.78	1.99	—	2.24	—	—	2.12	—	2.11	—
加拿大	1.73	1.66	1.76	1.8	1.92	2.04	2.03	2.05	2	1.96	1.9	1.92	1.81	1.74	1.79	1.69	1.61
意大利	1.02	1.03	1.05	1.02	1.05	1.13	1.11	1.1	1.13	1.17	1.21	1.26	1.26	1.25	1.27	1.31	1.29
瑞典	—	3.47	—	3.57	—	—	3.85	3.62	3.68	3.4	3.7	3.6	3.4	3.37	3.41	3.3	3.16
瑞士	—	—	—	—	2.53	—	—	2.9	2.9	—	2.99	—	—	—	2.97	—	—
土耳其	0.36	0.49	0.5	0.63	0.64	0.66	0.48	0.52	0.58	0.72	0.73	0.85	0.84	0.86	0.92	0.95	1.01
奥地利	1.51	1.69	1.77	1.88	1.91	2.12	2.26	2.26	2.44	2.51	2.67	2.72	2.76	2.75	2.93	2.96	3.07
比利时	1.65	1.83	1.86	1.94	1.97	1.94	1.88	1.87	1.86	1.89	1.97	2.03	1.99	2.04	2.36	2.43	2.47
捷克	1.03	1.08	1.15	1.14	1.21	1.2	1.25	1.25	1.49	1.48	1.41	1.48	1.56	1.85	1.88	1.91	2
丹麦	—	1.92	2.04	2.18	—	2.51	2.58	2.48	2.48	2.58	2.85	3.06	3.06	3.09	2.98	3.06	3.05
芬兰	2.28	2.7	2.86	3.16	3.34	3.36	3.43	3.45	3.48	3.47	3.7	3.93	3.88	3.78	3.42	3.29	3.17
希腊	—	0.45	—	0.6	—	—	0.57	0.55	0.59	0.6	—	—	—	0.67	0.7	0.81	0.84
冰岛	1.37	1.83	2.01	2.3	2.68	2.97	2.82	—	2.99	2.68	2.64	—	—	2.49	—	1.87	1.89
爱尔兰	1.25	1.27	1.24	1.18	1.12	1.1	1.17	1.24	1.24	1.28	1.45	1.77	1.77	1.7	1.56	1.54	1.49
墨西哥	0.29	0.34	0.38	0.43	0.37	0.44	0.4	0.43	0.39	0.37	—	—	—	0.43	0.43	0.5	0.54
荷兰	1.95	1.99	—	1.96	1.82	1.72	1.76	1.78	1.88	1.81	1.77	1.82	1.85	—	1.94	1.96	2
新西兰	—	1.09	—	1	—	—	1.19	—	—	1.19	—	1.3	—	1.3	—	1.15	—

续表

研发/GDP

国家	1994年	1997年	1998年	1999年	2000年	2002年	2003年	2004年	2006年	2007年	2008年	2009年	2010年	2011年	2012年	2013年	2014年
挪威	—	1.63	—	1.64	—	1.66	1.71	1.59	1.48	1.59	1.58	1.78	1.69	1.66	1.62	1.65	1.71
葡萄牙	0.56	0.59	0.65	0.71	0.76	0.76	0.74	0.77	0.99	1.17	1.5	1.64	1.59	1.5	1.38	1.33	1.29
西班牙	0.79	0.8	0.87	0.86	0.91	0.99	1.05	1.06	1.2	1.27	1.35	1.39	1.39	1.33	1.28	1.26	1.23
韩国	2.32	2.48	2.34	2.25	2.39	2.53	2.63	2.85	3.01	3.21	3.36	3.56	3.74	4.03	4.03	4.15	4.29
新加坡	1.09	1.48	1.81	1.9	1.88	2.15	2.11	2.2	2.16	2.37	2.65	2.24	2.09	2.23	2	2	2.2
匈牙利	0.87	0.7	0.66	0.67	0.78	1	0.93	0.88	1.01	0.98	1	1.17	1.16	1.21	1.27	1.4	1.37
波兰	0.7	0.65	0.67	0.69	0.64	0.56	0.54	0.56	0.56	0.57	0.6	0.68	0.74	0.77	0.88	0.87	0.94
俄罗斯	0.84	1.04	0.95	1	1.05	1.25	1.28	1.15	1.07	1.12	1.04	1.25	1.16	1.09	1.13	1.13	1.19
巴西	0.92	—	—	—	0.99	0.95	0.88	0.83	1.02	1.07	1.09	1.18	—	1.14	1.15	1.24	1.26
印度	0.73	0.77	0.81	0.82	0.86	0.82	0.8	0.78	0.88	0.76	—	—	—	0.85	0.91	0.91	0.82

资料来源:历年《中国科技统计年鉴》,中国统计出版社,经过作者整理计算而得。

2014 年的 2.01%。日本的研发强度是非常高的，20 世纪 90 年代初就已经接近 2.8%，而目前更是高达 3.59%。从国际范围来看，一般认为研发强度指标不到 1% 的国家，是缺乏创新能力的；在 1% ~ 2% 之间的，才会有所作为；大于 2% 的，则该国的创新能力比较强。

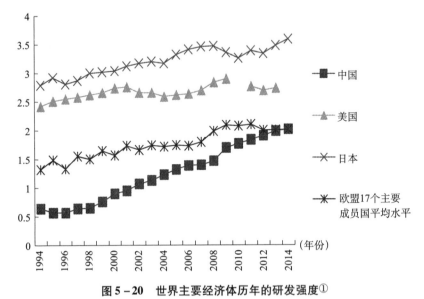

图 5 - 20　世界主要经济体历年的研发强度①

资料来源：历年《中国科技统计年鉴》，中国统计出版社，经过作者整理绘制而得。

　　研究亚洲新兴经济国家研发强度的情况对中国具有重要的意义。这里比较了韩国、新加坡历年的研发强度趋势，如图 5 - 21 所示。韩国的研发强度在 20 年前就达到了 2.25%，经过 20 年的高速增长，目前的研发强度更是高达 4.29%。新加坡的研发强度也是在 20 世纪 90 年代初就超过了 1%，此后，研发强度几乎每年都在增强，一直到 2008 年研发强度达到 2.65%，2009 ~ 2010 年虽然有所回落，但新加坡研发强度也能保持在 2% 的水平上。国际经验认为，在一个国家处于经济发展的初期阶段，研发经费占国内生产总值的比例一般为 0.5% ~ 0.7% 左右；而在经济起飞阶段，该比例应当上升到 1.5% 左右；进入稳定发展期，该比例应当保持在 2% 以上，并且在前两个阶段，政府科技投入应当占主导地位。韩国在 20 年前的研发强度就已经达到并超过了 2%，但其仍然保持对研发强度的持续增加，现在已达到甚至超过一般发达国家水平。如韩国的研发强度已经超过上述 4 个发达国家和经济体。新加坡的研发强度也与欧盟 17 个主要成员国的研发强度平均水平相当。

---

① 在《中国科技统计年鉴》中，美国 2011 年和 2014 年没有统计数据。

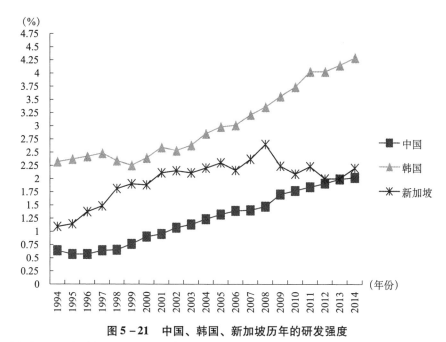

图 5 – 21　中国、韩国、新加坡历年的研发强度

资料来源：历年《中国科技统计年鉴》，中国统计出版社，经过作者整理绘制而得。

2. 各国研发经费支出的资金来源

在工业化第一阶段，大部分发达国家在全社会研发资金的投入中，政府作为投入主体的地位十分明显。在此阶段，全社会研发经费支出占 GDP 的比重普遍处于 1% 左右的水平，且来源于政府的资金一般处于 50% 以上的水平。在工业化的第二阶段，政府资金在全社会研发资金的投入比例在不同国家出现了相反的变化。总体而言，全社会研发经费支出占 GDP 的比重仍然呈不断上升的趋势，该指标多处于 1.5% 以上的水平，逐步向 3% 的目标迈进。在工业化后阶段，全社会研发经费支出占 GDP 的比重仍然不断上升。

进入 20 世纪 90 年代以后，发达国家研发经费投入中来源于政府资金的比重在进一步下降，如图 5 – 22 和图 5 – 23 所示。美国政府财政的研发资金投入所占比重从 1995 年的 36% 下降到 2013 年的 27.7%。日本政府财政的研发资金投入所占比重从 1995 年的 21.7% 下降至 2014 年的 16.0%。德国政府财政的研发资金投入所占比重从 1995 年的 37.1% 下降至 2010 年的 29.7%。英国政府财政的研发资金投入所占比重从 1994 年的 32.2% 下降至 2014 年的 28.8%。除英国政府资金的比重基本保持不变外，其他发达国家在后工业化阶段的 1995 ~ 2010 年这段时期政府资金的比重在进一步下降。

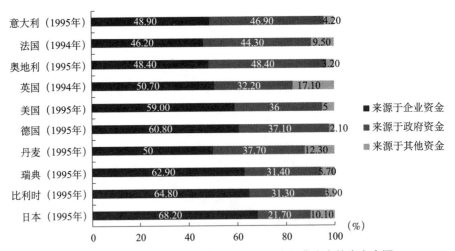

图5-22 20世纪90年代主要发达国家研发经费支出的资金来源

资料来源：历年《中国科技统计年鉴》，中国统计出版社，经过作者整理绘制而得。

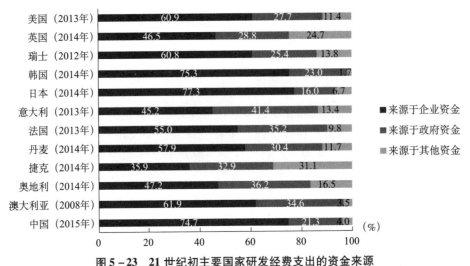

图5-23 21世纪初主要国家研发经费支出的资金来源

资料来源：历年《中国科技统计年鉴》，中国统计出版社，经过作者整理绘制而得。

3. 各国研发投入的执行部门

研发投入的主要执行部门分为企业、政府部门（基本对应中国的研究与开发机构）、高等学校，从全社会研发经费的执行部门来划分，全球主要的发达国家目前的研发经费投入是一种企业为主、高等院校和政府部门为辅的格局，各国企业部门基本上最低承担了全社会研发经费60%以上的份额，如图5-24所示。日本、韩国 2014 年企业部门执行的研发投入占到了 77% 以上，超过了全社会研发投入的 3/4。2013 年，美国全社会研发投入中企业部门执行的部分也占到了 70% 的比重。而丹麦、奥地利、法国这些欧盟主要的成员国，他们在 2014 年全社会研发投入中企业部门执行占比在 60% 以上。2014 年，英国全社会研发投入中企业部门执行占比达到 64.4%。因此，企业是世界上主要发达国家研发投入当之无愧的执行主体，并且，估计这种格局在未来一定时期内仍将保持下去。

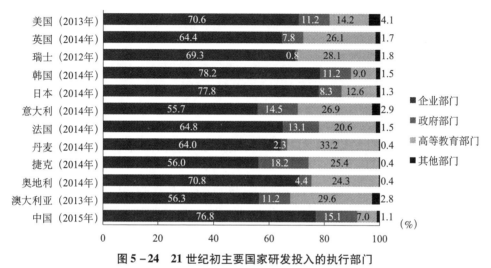

图 5 - 24　21 世纪初主要国家研发投入的执行部门

资料来源：历年《中国科技统计年鉴》，中国统计出版社，经过作者整理绘制而得。

4. 各国研发投入的研究类型

按照研究类型分为三个研发类别：基础研究、应用研究和实验发展。最近几年世界主要发达国家研发投入的研究类型，如图 5 - 25 所示。2012 年，捷克的研发投入 30% 投向了基础研究，约占到当年研发投入的 1/3。2012 年，意大利、法国的基础研究占比约占到当年研发投入的 1/4。2013 年，美国、韩国该比重约为 18%，不到当年研发投入的 1/5，奥地利 2011 年的占比也接近 20% 了。2013 年，日本的基础研究占比为 12.6%。世界上主要发达国家都比较重视对基础研究的投入，在不断提高基础研究在整个研发经费中的比重。

此外，相较于 OECD 国家基础研究多由高校承担，中国基础研究贡献几乎是由高校以及政府部门①承担，两者对基础研发的贡献高达 98.45%——从这一数字也可以看出，企业对其贡献极少，不足 3%。此外，中国政府部门对基础研究贡献度在世界上"名列前茅"，从表 5 - 5 的数值还可以得知，中国基础研究的主

---

①　这里的政府部门主要指政府部门下属的各级研发机构。

要承担者则为政府部门——高校对基础研究的贡献在高校、政府部门的总体贡献中占比仅达 56.3% 左右，本书选择了一些国家的相应数据进行对比，在按 OECD 提供的 30 个国家的数据计算后，针对高校在高校与政府承担的基础研发中的贡献这一数据而言，仅有俄罗斯、匈牙利、韩国、捷克低于中国，但需要说明的是，这些国家中企业对基础研究的贡献均高于中国。

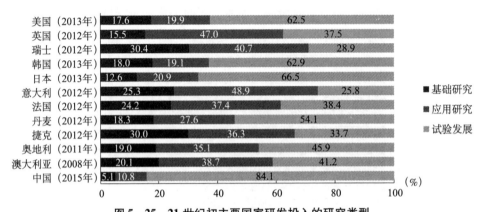

图 5-25　21 世纪初主要国家研发投入的研究类型

资料来源：历年《中国科技统计年鉴》，中国统计出版社，经过作者整理绘制而得。

表 5-5　　　　　　　　部分国家高校与政府对基础研发的贡献　　　　　　　　单位：%

国家	高校	政府	高校与政府对基础研究的贡献	高校在高校与政府承担的基础研发中的贡献
爱沙尼亚	76.9	15.8	92.73	82.91
爱尔兰（2011 年）	76.2	4.4	80.59	94.5
丹麦（2012 年）	75.4	3.1	78.43	96.1
挪威	74.8	15.4	90.2	82.91
瑞士（2012 年）	73.1	0	73.09	100
以色列	72.7	3.2	75.99	95.73
意大利（2012 年）	61.9	16.3	78.29	79.12
中国	55.4	43	98.45	56.3
斯洛伐克	53.8	38.6	92.41	58.27
斯洛文尼亚	27.6	18.1	45.69	60.35
韩国	20.5	21.5	42.05	48.78
俄罗斯	15.9	75	90.94	17.51

资料来源：经济合作与发展组织研究与发展统计数据库（OECD, Research and Development Statistics Database, www.oecd.org/sti/rds）

另外，针对 OECD 统计的研发强度来看，2013 年，中国企业以及政府研发强度与发达国家的差距不大，甚至有超越趋势，但是高校研发强度却远低于发达国家——2013 年，中国企业研发强度为 1.6%，虽低于日本（2.64%）、韩国

（3.26%）以及美国（1.92%），但与 OECD 国家（1.61%）相接近，并高于欧盟国家（1.2%）。并且，中国政府的研发强度为 0.34%，虽然低于韩国（0.45%），但高于欧盟国家（0.25%）、日本（0.32%）、OECD 国家（0.27%）以及美国（0.3%）。但是，从高校研发强度这一维度而言，中国高校研发强度为0.15%，相较于 OECD 国家、欧盟国家以及美日韩相应数额均在 0.38%～0.47%的水平，中国高校研发强度则明显落后很多，如图 5－26 所示，自 2007～2013年，中国高校的研发强度逐渐上升，但是水平仍然落后于世界发达经济体。

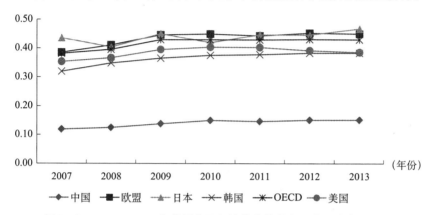

图 5－26　2007～2013 年世界主要经济体高等教育研发强度变化趋势

资料来源：经合组织主要科技指标数据库（OECD, main science and technology indicators database, www. oecd. org/sti/msti. htm）

第6章

中国政府对企业研发资助效应的实证研究[①]
——基于规模以上工业企业微观数据

本章在研究假说的基础上，阐述了样本选取与变量定义，介绍样本筛选过程和相关变量的定义，接下来进行实证检验，分析政府资助对公司研发支出行为的影响，最后部分对本章进行了总结。

6.1 研究假设

由于企业研发活动的公共物品属性、收益的外溢性、结果的不确定性以及信息的不对称性，因而企业研发活动领域存在市场失灵的问题，要提高一国的创新能力和研发水平，需要国家对企业研发活动进行资助和支持，对企业研发进行激励，从这个视角分析，政府研发资助对企业研发形成激励，产生的是互补效应。但是，从另一个视角分析，政府研发资助也可能使企业在保持研发支出总量不变的情况下，由于政府研发资助而减少自身的研发支出；或者企业本来即使在没有政府研发资助的情况下，也计划追加研发投资，此时政府研发资助正好替代了企业研发支出；政府研发资助也可能会导致研发市场要素价格的上涨，从而增加企业研发活动的成本，导致企业研发的减少，这些都表现出另外一个方面，即政府对企业研发资助可能产生替代效应，挤占企业研发。由此可能形成如下假设。

假设 1： 政府研发资助对企业研发投入产生激励的"互补"效应；

假设 1a： 政府研发资助对企业研发投入产生"替代"效应。

在中国现行的体制和政治环境下，国有企业还是占有非常重要的地位，而国有企业和政府之间天然的联系，使得国有企业在获得国家政策支持方面也有着天然的优势，在获得政府研发资助方面也不例外，一般认为国有企业在获得政府研

---

① 本章的部分内容已发表在《税务研究》2016 年第 10 期，题目为《财政补贴、税收优惠与企业研发投入——基于非上市公司 20 万户企业的实证分析》，作者为陈远燕。

发资助方面更多的是凭借其与政府密切的联系，因此，政府在给予国有企业研发资助时，更多的是考虑国有企业与政府和政府官员密切的联系，因而对国有企业本身的经营绩效和研发能力关注度可能不会那么高。与国有企业相对应的是民营企业，民营企业由于先天的在联系上不如国有企业，民营的企业性质也内在决定了其更加有效的企业治理机制，民营企业由于没有天然优越感，在激烈的市场竞争中所形成的可能是一套更有效率的运行机制。在这样的运行机制作用下，再加上和政府联系方面与国有企业相比的天然弱势，使得民营企业为了争取到政府研发资助，可能会在自身研发实力和经营绩效上作出更多的努力，以部分弥补与政府的"政治联系"上的天然弱势。这样两种不同的企业争取政府研发资助的作用机制，可能表现出两种不同的结果：政府研发资助对国有企业研发投入的激励效应可能与民营企业相比会更不显著，而民营企业可能会更有效率地利用政府研发资助，以期提高研发实力，从而在今后进一步凭借实力获得更多的政府研发资助。基于上述分析，提出如下假设。

假设2：相对于民营企业而言，政府研发资助对国有企业研发投入的激励效应会更不显著。

6.2　研究设计

6.2.1　资料来源与样本选取

本章研究的样本企业数据来源于2005～2007年国泰安非上市公司数据库的数据，该数据库统计了1998～2009年中国全部国有和规模以上（年主营业务收入大于500万元）的非国有企业数据。涵盖38个2分位的工业行业的上述非上市公司的基本情况和财务信息。只选择2005～2007年这段时间的原因是，2005年之前和2007年之后的该数据库中的数据没有统计企业的研究开发费这项本章研究需要的核心指标，故而在本章的研究中只选取了2005～2007年的数据。

2005年有271 883户企业的数据，2006年有302 025户企业的数据，2007年有336 840户企业的数据，三年企业合计数为910 750户。我们通过法人代码识别在2005～2007年这3年中都存在于数据库中的企业，初步形成一个均衡面板数据。接下来，我们主要对数据做了以下的处理：首先，我们删除了实收资本中集体资本、法人资本、外商、个人资本、国家资本为负数的数据，因为实收资本不可能为负；其次，我们删除了负债合计、全部职工数、年末从业人员合计、工业总产值、固定资产原值、累计折旧、资产合计、主营业务收入、职工教育经费、补贴收入、研究开发费用等项目为负数的数据，因为这些项目如果为负数是不符合会计准则规定的，同时，这些也是影响我们分析处理数据所需的比较重要的事项；最后，我们剔除了经过计算的固定资产净额为负数的企业数据，因为这不符合会计准则的规定；同时，我们还剔除了资产负债率大于1的数据，以及企业利润率大于1或者企业利润率小于−2的数据，企业利润率虽然允许为负，但是一般认为，企业利润率低于−200%，则企业处于非正常经营状态，我们认为这样的样本不能代表企业的正常经营状态，因而将这部分极端样本剔除。

经过上述数据处理，我们最终用于实证分析的数据是2005～2007年每年包含204 092户企业数据的均衡面板数据，2005～2007年企业合计数为612 276户，包含了数据库3年数据总量的近70%，我们认为这样的处理和选择是基本合理的。

6.2.2 变量定义

在模型设定之前，我们先对因变量、核心解释变量、控制变量进行定义，如表6－1所示。

表6－1　　　　　　　　　　　　　　　　变量定义

变量		变量名称	变量符号	变量定义
因变量		企业研发投入强度	rd	企业研发投入强度＝研究开发费/主营业务收入
核心解释变量		政府对企业研发直接资助强度	sub	政府对企业研发直接资助强度＝补贴收入/总资产
		政府对企业研发税收激励	taxincentive	政府对企业研发税收激励＝1－B
控制变量	内部因素变量	规模	lnassettotal	规模＝LN（总资产）
		企业年龄	cpage	企业年龄＝统计年度－开业年+1
		企业利润率	ratioprofit	企业利润率＝利润总额/主营业务收入
		资产负债率	ratiodebtasset	资产负债率＝负债合计/资产合计
		市场集中度	hhi	市场集中度：赫芬达尔指数计算
		企业人力资本投资	humank	企业人力资本投资＝职工教育经费/全部职工数
		企业所有制性质	ownership	虚拟变量，分4类：国有企业（ownershipstate），民营企业（ownershippeople），外商企业（capitalforeign），港台企业（ownershiphkmactw），是该类企业则为1，否则为0
		出口交货值	exportdummy	虚拟变量，大于0为1，等于0为0

续表

变量		变量名称	变量符号	变量定义
控制变量	外部制度环境变量	利息支出	interestdummy	虚拟变量，大于 0 为 1，否则为 0
		市场化程度	mktindex	采用樊纲的市场化进程指数
		企业所在城市	dummycapital	虚拟变量，所在城市是省会级城市为 1，否则为 0
		高新技术产业	advinddummy	虚拟变量，是为 1，否则为 0
		年度	year	年度效应虚拟变量
		行业	indcode2	2 分位行业效应虚拟变量，共计 38 个

1. 因变量

我们使用研究开发费用除以企业主营业务收入，作为衡量企业研发投入强度（rd）的指标。

2. 核心解释变量

使用补贴收入除以资产合计，作为衡量政府对企业研发直接资助强度（sub）的指标。

采用 OECD 的国家通用的 B 指数，使用 1 – B 表示政府对企业研发的税收激励程度。中国 B 指数的计算过程详见第 4 章。需要特别说明的是，数据库并没有企业所得税税率的数据，因而采用逆推法大致估测每户企业适用的税率。对内资企业按照其应交所得税，根据 2008 年之前的旧企业所得税法的规定，应纳税所得额 >10 万元，税率 33%；3 万元 < 应纳税所得额 ≤10 万元，税率为 27%；应纳税所得额 ≤3 万元，税率为 18%；对于在国家级的高新技术产业开发区内设立的企业，税率为 15%。根据企业所得税法的规定，已知企业应交所得税，倒推大致估算企业该年度的应纳税所得额，估算结果如下：应交所得税 >2.7 万元，税率 33%；0.54 万元 < 应交所得税 ≤2.7 万元，税率为 27%；应交所得税 ≤0.54 万元，税率为 18%；此外，按照企业地址，根据 2005~2007 年国家级的高新技术产业开发区的目录名单，2005 年和 2006 年共计有 53 个高新区，而 2007 年新增了宁波，变成了 54 个高新区，按照企业地址进行识别，凡在高新区内的企业适用税率为 15%。外资和港台资企业按照注册类型识别，税率为 15%。结合每户企业所估算的税率，对应不同税率企业对应的 B 指数。

3. 控制变量

根据制度经济学的原理，对影响企业研发活动因素的研究，主要有内外部两方面。内部因素即企业自身的特征原因，如规模、企业所有制性质、企业年龄、企业利润率、资本密集度、资产负债率等。外部制度环境的影响，主要包括所在地区市场化程度等。因此，控制变量的选取也从内外部因素两方面考虑。

（1）规模（lnassettotal）。运用企业年末资产合计的对数来表示企业的规模。对于规模与企业研发投入之间的关系，可谓众说纷纭。熊彼特（1942）认为，规模大的企业比小企业更注重也具有更加有利的条件进行研发。而舍雷尔（Scherer，1965）却发现，企业规模与企业研发投入之间是一种"倒U型"的函数关系，而白俊红（2011）又提出规模小的企业和规模大的企业在研发活动中具有不同的优势，规模小的企业主要具有灵活性优势，而规模大的企业主要拥有资源优势。周黎安和罗凯（2005）采用中国1985～1997年的省级面板数据，发现企业规模与创新的正相关关系主要表现在非国有企业，并不是国有企业。这表明，企业规模和创新的关系，需以企业的内部因素为条件。

（2）企业年龄（cpage）。用企业开业年至统计当年的时间间距表示。汉斯格（Hussinger，2003）认为，年轻企业还未具备明显的知识储配和研发基础，因而，年轻企业迫于竞争压力会对研发投入更大。

（3）企业利润率（ratioprofit）。企业利润率实际采用的是销售利润率，为利润总额除以主营业务收入，主要衡量企业主营业务收入的盈利能力，是判断企业盈利能力的重要指标。企业研发需要大量资金投入，从这一角度分析，盈利能力强的企业有更充足的资金进行研发。然而，另一种观点则认为，利润率高的企业的研发动力是不足的，因为如果他们即使不进行研发投入也能获得高盈利，那么，他们的研发投入动力可能会不足。

（4）资产负债率（ratiodebtasset）。资产负债率为企业负债合计除以企业资产合计，是衡量企业偿债能力的核心指标。企业研发投入需要大量资金，而企业自有资金与企业借入资金的资金成本是不同的，通常负债有偿还期限，资金成本相对较高，这就意味着，如果企业资产负债率较高，负债较多，而自有资金相对不足的话，可能会不利于企业研发。

（5）资本密集度（ratiokl）。这主要是衡量企业是劳动密集型企业还是资本密集型企业，通常认为资本密集型企业更倾向于多进行研发投入。

（6）市场集中度（hhi）。采用赫芬达尔指数（hhi）来测度企业市场集中度，具体的计算过程我们参考的是张杰和周晓艳等（2011）的计算方法，所不同的是，计算采用的是2分位的行业进行的递推估算。

（7）企业人力资本投资（humank）。参考巴洛特等（Ballot. et al.，2001）的方法，运用到数据库中，选用职工教育经费除以全部职工数，即人均职工教育经费支出作为企业人力资本投资的替代指标，通常认为企业人力资本投资与企业研发投入是正相关关系。

（8）企业所有制性质。我们将企业所有制性质分为 4 类：国有企业（ownershipstate）、民营企业（ownershippeople）、外资企业（ownershipforeign）、港台资企业（ownershiphkmactw）。不同的企业所有制性质对研发有不同的影响，国有企业在"政治联系"上天然的优势和公司治理方面的激励约束机制的缺位，使得国有企业可能并没有非常强烈的意愿进行研发投入。划分企业所有制性质的具体步骤为：国有企业（注册类型 110）、国有联营企业（注册类型 141）、国有独资公司（注册类型 151）这三类企业：首先，被确定为企业所有制性质是国有；其次，根据企业控股情况，将控股为国有绝对控股和国有相对控股的情况划为国有性质，将控股为集体绝对控股和集体相对控股的情况划分为民营性质；最后，是进一步分析所有制性质并不明晰的其他有限责任公司（注册类型 159）和股份有限公司（注册类型 160），看这两类企业的实收资本构成，实收资本构成包括：国家、集体、个人、法人、外商资本等，比较哪种资本在实收资本中所占比重最大，若是国有资本，则划分为国有性质。其他注册类型，如外商等区分比较明晰，在此不再赘述。考虑到这 4 种企业所有制性质企业的数量和占比，在模型设定中把外商企业（ownershipforeign）作为对照组。

（9）出口交货值（exportdummy）设置虚拟变量，主要是以此衡量企业是否有出口。通常认为，只有在激烈的市场竞争中不断研发和创新，以保持产品市场、质量、功能、符合国际标准等各项严苛规定的企业才可能具有出口的能力。

（10）利息支出（interestdummy）、市场化程度（mktindex）等外部制度环境因素。利息支出虚拟变量主要是用于观察企业是否获得金融支持。市场化程度的计算，本章选用的是樊纲的市场化进程指数进行测算。

6.2.3　模型设定

本章采用的是非上市公司数据，而中国并未强制规定非上市公司披露其研究开发费，因此，有理由相信，部分企业为了向竞争对手隐瞒自身正在进行的研发，谋求成为下一个新技术的所有者，从而取代现阶段的垄断者的地位，有动机选择不披露研究开发费用。这就形成了企业研发费用披露的"自选择"问题，即我们所看到的该企业数据中没有研发费用，这并不意味着在该年度企业真的没有研发，还有一种可能的情况是，企业在该年度实际上发生了研发费用，但由于种种其他原因，企业选择不对外披露研究开发费。为了纠正这种企业研发费用披露的"自选择"问题，本章运用赫克曼（Heckman，1979）两步法对其进行控制。

第一步是研发费用披露选择模型，运用第一步选择模型计算得出逆米尔斯比（inverse mills ratio）作为第二步回归模型中的控制变量；第二步是企业研发投入强度影响因素模型。为验证政府对企业研发直接资助、政府对企业研发税收激励对企业研发投入强度的影响，构建以下模型：

$$rddummy_i = \alpha_0 + \alpha_1 ratioprofit_i + \alpha_2 advinddummy_i + \alpha_3 lnassettotal_i$$
$$+ \alpha_4 cpage_i + \alpha_5 ratiodebtasset_i + \alpha_6 year\_2006 + \alpha_7 year\_2007$$
$$+ \sum_{i=1}^{38} \alpha_{7+i} \times indcode2 + \xi_i \qquad (6-1)$$

$$rd_i = \beta_0 + \beta_1 sub_i + \beta_2 taxincentive_i + \beta_3 lnassettotal_i + \beta_4 cpage_i + \beta_5 ratioprofit_i$$
$$+ \beta_6 ratiodebtasset_i + \beta_7 hhi_i + \beta_8 humank_i + \beta_9 ownershipstate_i + \beta_{10} ownershippeople_i$$
$$+ \beta_{11} ownershiphkmactw_i + \beta_{12} exportdummy_i + \beta_{13} interestdummy_i + \beta_{14} mktindex_i$$
$$+ \beta_{15} dummycapital_i + \beta_{16} year\_2006 + \beta_{17} year\_2007 + \beta_{18} \lambda_i + \sum_{i=1}^{38} \beta_{18+i}$$
$$\times indcode2 + \varepsilon_i \qquad (6-2)$$

在模型（6-1）中，$rddummy$ 为是否披露研发费用的虚拟变量，当企业披露研发费用时取值为 1，否则为 0。$Advinddummy$ 为高新技术产业虚拟变量，企业所在行业属于高新技术产业时取值为 1，否则为 0。模型（6-2）中，$Dummycapital$ 为企业所在城市虚拟变量，当企业所在城市为省会级城市时取值为 1，否则为 0。λ 是由模型（6-1）得到的逆米尔斯比，用来控制企业研发费用信息披露的选择性偏误。

6.3 实证检验结果及解析

6.3.1 描述性统计分析

变量的描述性统计分析结果，如表 6-2 和表 6-3 所示。从表中可以发现，企业研发投入强度均值仅为 0.1872%，这样的研发投入水平是非常低的，反映出中国企业研发投入的不足，自主创新投入非常低。而赫芬达尔指数表明，样本企业的市场集中度差异较大。各省区市市场化指数表明，中国各省区市的外部制度环境差异非常大，市场化指数最高的为 11.71，而最低的为 2.64，见表 6-2、表 6-3。

表 6-2 变量的描述性统计分析结果

变量	样本数	均值	标准差	最小值	最大值
$rddummy$	612 276	0.114 965	0.318 979	0	1
$ratioprofit$	612 276	0.043 147	0.093 693	-1.997 36	0.999 515
$advinddummy$	612 276	0.067 788	0.251 382	0	1
$lnassettotal$	612 276	9.961 008	1.419 41	4.564 348	19.083 37

续表

变量	样本数	均值	标准差	最小值	最大值
cpage	612 276	10. 061 09	8. 823 209	1	59
ratiodebtasset	612 276	0. 532 913	0. 251 816	0	0. 999 992
rd	612 276	0. 001 872	0. 014 255	0	2. 360 123
sub	612 276	0. 003 457	0. 028 783	0	3. 676 466
taxincentive	612 276	0. 371 104	0. 398 85	− 0. 015 5	1
hhi	612 276	0. 002 357	0. 003 417	0. 000 164	0. 085 37
humank	612 276	0. 152 186	0. 810 768	0	211. 679 2
ownershipstate	612 276	0. 149 263	0. 356 348	0	1
ownershippeople	612 276	0. 757 921	0. 428 342	0	1
ownershiphkmactw	612 276	0. 001 984	0. 044 502	0	1
exportdummy	612 276	0. 292 672	0. 454 99	0	1
interestdummy	612 276	0. 618 089	0. 485 855	0	1
mktindex	612 276	8. 989 424	1. 747 117	2. 64	11. 71
dummycapital	612 276	0. 235 843	0. 424 525	0	1

资料来源：作者计算整理。

6.3.2　政府对企业研发资助与企业研发投入强度：回归分析

表 6 − 4 是检验模型的回归结果分析。回归（1）是只考虑政府对企业研发直接资助，未考虑政府对企业研发税收激励的回归结果，但在模型（2）中未对年份和行业效应进行控制。回归（2）是只考虑政府对企业研发税收激励，未考虑政府对企业研发直接资助的回归结果，同时，在模型（2）中也未控制年份和行业效应。回归（3）是既考虑政府对企业研发直接资助又考虑政府对企业研发税收激励的回归结果，但在模型（2）中也未控制年份和行业效应。回归（4）是既考虑政府对企业研发直接资助又考虑政府对企业研发税收激励的回归结果，同时，在模型（2）中控制了年份和行业效应。主要看核心解释变量的回归结果，可以发现在 4 组回归中，政府对企业研发直接资助以及政府对企业研发税收激励对企业研发投入强度的回归系数均显著为正，同时，在各组回归中的回归系数均差异不大，说明中国政府对企业研发直接资助以及政府对于企业研发税收激励对企业研发投入产生的是"互补"效应，激励了企业研发投入，回归结果是稳健的。因而，通过研究假设 1 得证。我们主要关注回归（4），对比回归系数，我们可以发现，政府研发直接资助的激励效果要比政府研发税收激励的效果要好很多，政府研发直接资助投入每增加 1 个单位，企业研发投入增加 0. 062 2；与之相比较，政府研发税收激励每增加 1 个单位，企业研发投入增加 0. 002 54。

变量的相关系数

表6-3

	rd	sub	tax2	taxincentive	lnasse~l	cpage	ratiop~t	ratiod~t	hhi	humank	owner~te	owner~le	owners~w	export~y	intere~y	mktin-dex	dumm-yc~l	advind~y
rd	1.000	—	—	—	—	—	—	—	—	—	—	—	—	—	—	—	—	—
sub	0.013	1.000	—	—	—	—	—	—	—	—	—	—	—	—	—	—	—	—
taxincentive	-0.019	0.027	0.007	1.000	—	—	—	—	—	—	—	—	—	—	—	—	—	—
lnassettotal	0.097	0.001	0.080	-0.097	1.000	—	—	—	—	—	—	—	—	—	—	—	—	—
cpage	0.031	0.016	0.025	0.048	0.196	1.000	—	—	—	—	—	—	—	—	—	—	—	—
ratioprofit	0.018	0.025	0.007	-0.116	0.063	-0.034	1.000	—	—	—	—	—	—	—	—	—	—	—
ratiodebta~t	-0.014	-0.005	0.004	0.022	0.072	0.043	-0.217	1.000	—	—	—	—	—	—	—	—	—	—
hhi	0.027	0.005	0.038	0.017	0.210	0.068	0.043	0.010	1.000	—	—	—	—	—	—	—	—	—
humank	0.036	0.005	0.009	-0.017	0.068	0.020	0.037	-0.010	0.037	1.000	—	—	—	—	—	—	—	—
ownerships~e	0.039	0.052	0.032	0.109	0.181	0.359	-0.001	0.017	0.184	0.037	1.000	—	—	—	—	—	—	—
ownershipp~e	-0.038	-0.028	-0.024	0.075	-0.264	-0.255	-0.007	0.039	-0.150	-0.037	-0.741	1.000	—	—	—	—	—	—
ownershiph~w	-0.001	-0.001	-0.001	-0.038	0.021	-0.007	-0.001	-0.008	0.000	-0.004	-0.019	-0.079	1.000	—	—	—	—	—
exportdummy	0.026	-0.032	0.021	-0.231	0.160	-0.001	-0.029	0.004	-0.082	-0.013	-0.115	-0.084	0.029	1.000	—	—	—	—
interestdu~y	0.007	0.001	0.010	0.032	0.179	0.048	-0.001	0.099	0.005	0.029	-0.001	0.054	-0.014	-0.013	1.000	—	—	—
mktindex	0.009	-0.028	-0.002	-0.228	-0.015	-0.057	-0.035	0.103	-0.136	-0.009	-0.183	0.076	0.014	0.240	-0.086	1.000	—	—
dummycapital	0.067	0.014	0.008	-0.042	0.054	0.039	-0.012	0.007	-0.006	0.021	0.104	-0.141	0.003	-0.021	-0.117	0.065	1.000	—
advinddummy	0.156	-0.004	0.023	-0.048	0.127	0.008	0.005	-0.013	0.187	0.020	0.003	-0.068	0.013	0.074	-0.034	0.034	0.064	1.000

资料来源：作者计算整理。

表 6 - 4　　　　政府对企业研发资助与企业研发投入强度的回归结果分析

解释变量	(1)	(2)	(3)	(4)
	rd（企业研发投入强度）			
sub（政府对企业研发财政补贴强度）	0.064 8 *** (10.23)	—	0.063 9 *** (10.09)	0.0622 *** (9.93)
taxincentive（政府对企业研发税收激励）	—	0.002 73 *** (6.07)	0.002 63 *** (5.83)	0.002 54 *** (5.46)
lnassettotal（企业规模）	− 0.005 10 *** (− 31.89)	− 0.005 10 *** (− 31.92)	− 0.005 06 *** (− 31.68)	− 0.006 96 *** (− 12.29)
cpage（企业年龄）	− 0.000 177 *** (− 11.91)	− 0.000 179 *** (− 12.08)	− 0.000 179 *** (− 12.10)	− 0.000 229 *** (− 10.88)
ratioprofit（企业利润率）	− 0.018 8 *** (− 12.99)	− 0.016 8 *** (− 11.48)	− 0.017 5 *** (− 11.99)	− 0.021 7 *** (− 12.00)
ratiodebtasset（资产负债率）	− 0.006 75 *** (− 9.56)	− 0.006 87 *** (− 9.71)	− 0.006 83 *** (− 9.67)	− 0.006 66 *** (− 9.01)
hhi（市场集中度）	0.342 *** (8.61)	0.344 *** (8.65)	0.344 *** (8.66)	0.023 9 (0.05)
humank（企业人力资本投资）	0.000 499 *** (3.96)	0.000 505 *** (4.00)	0.000 506 *** (4.01)	0.000 526 *** (4.17)
ownershipstate（国有企业）	0.005 33 *** (9.24)	0.004 86 *** (8.28)	0.004 69 *** (7.99)	0.004 52 *** (7.66)
ownershippeople（民营企业）	0.002 26 *** (4.56)	0.001 87 *** (3.71)	0.001 79 *** (3.56)	0.002 19 *** (4.36)
ownershiphkmactw（港台资企业）	− 0.003 47 (− 1.06)	− 0.003 43 (− 1.05)	− 0.003 36 (− 1.03)	− 0.004 07 (− 1.25)
exportdummy（出口交货值）	− 0.001 27 *** (− 3.98)	− 0.001 09 *** (− 3.41)	− 0.001 07 *** (− 3.34)	− 0.001 34 *** (− 4.13)
interestdummy（利息支出）	− 0.004 65 *** (− 13.45)	− 0.004 66 *** (− 13.48)	− 0.004 66 *** (− 13.49)	− 0.003 89 *** (− 11.26)
mktindex（市场化程度）	0.000 475 *** (5.52)	0.000 518 *** (5.99)	0.000 518 *** (6.00)	0.000 177 * (1.94)
dummycapital（企业所在城市）	0.007 73 *** (23.46)	0.007 78v (23.61)	0.007 75 *** (23.53)	0.007 78 *** (23.67)
year（是否控制年份效应）	no	no	no	yes

续表

解释变量	(1)	(2)	(3)	(4)
	rd（企业研发投入强度）			
Indcode2（是否控制行业效应）	no	no	no	yes
常数项	0.103 *** (39.66)	0.102 *** (39.30)	0.102 *** (39.07)	0.157 *** (12.81)
	rddummy（企业是否披露研发费用）			
ratioprofit（企业利润率）	0.556 *** (22.83)	0.556 *** (22.83)	0.556 *** (22.83)	0.556 *** (22.83)
advinddummy（高新技术产业）	0.560 *** (25.57)	0.560 *** (25.57)	0.560 *** (25.57)	0.560 *** (25.57)
lnassettotal（企业规模）	0.301 *** (181.45)	0.301 *** (181.45)	0.301 *** (181.45)	0.301 *** (181.45)
cpage（企业年龄）	0.008 50 *** (34.57)	0.008 50 *** (34.57)	0.008 50 *** (34.57)	0.008 50 *** (34.57)
ratiodebtasset（资产负债率）	−0.073 4 *** (−7.44)	−0.073 4 *** (−7.44)	−0.073 4 *** (−7.44)	−0.073 4 *** (−7.44)
year（是否控制年份效应）	yes	yes	yes	yes
Indcode2（是否控制行业效应）	yes	yes	yes	yes
常数项	−5.243 *** (−162.99)	−5.243 *** (−162.99)	−5.243 *** (−162.99)	−5.243 *** (−162.99)
mills lambda（逆米尔斯比）	−0.021 3 *** (−39.83)	−0.021 3 *** (−39.80)	−0.021 3 *** (−39.73)	−0.029 2 *** (−12.00)
样本数	612 276	612 276	612 276	612 276

注：表中 * 、** 、*** 和 **** 分别表示在10%、5%、1%和0.1%的置信度上显著，小括号中的数值为 t 值。

资料来源：作者计算整理。

企业规模与企业研发投入的回归系数显著为负，即规模越大，对研发投入反而越少；企业年龄系数显著为正，即企业年龄越大，越不愿意对研发多投入；企业利润率系数显著为负，利润率高的企业的研发动力是不足的，因为如果它们即使不进行研发投入也能获得高盈利，那么，他们的研发投入动力可能会不足。资产负债率系数显著为负，即企业资产负债率较高，负债就较多，而自有资金相对不足，不利于企业研发。赫芬达尔指数在回归（4）中系数为正，但不显著，而在前三组回归中是显著为正的，基本可以判断赫芬达尔指数系数为正，我们的结论与张杰（2011）的结论一致，即在中国企业中并不存在企业创新动力与产业间的企业过度竞争之间的密切关系。企业人力资本投资的系数显著为正，企业人力资本投资与企业研发投入是正相关关系。国有企业和民营性质企业的系数均显著为正，有待进一步分析。企业出口的系数显著为负，即与通常的结论并不一致，我们得出的结论为企业有出口反而不利于企业研发投入，我们认为这其实是更符合中国企业在 2005~2007 年的情况的，因为中国的出口产品中主要是初级产品和劳动密集型产品居多，也就意味着，这样的出口产品结构其实并未有助于企业增加研发投入。市场化指数的系数显著为正，市场化程度越高的省区市，"寻租"的动力和空间越小，越有利于为企业研发创造良好的外部制度环境。我们发现非常有意思的现象，即企业所在城市如果是省会级城市，则更有利于企业增加 R&D 投入，一般设在省会级城市的企业由于地缘优势，能够更有利于企业争取到政府研发资助，而这也有利于企业增加 R&D 投入。除了水的生产与供应业以外，其他行业效应均显著为负或不显著，这也从另一方面说明中国企业的自主创新能力和投入不足。

对模型（1）的回归结果我们也可以发现，企业是否披露研发费用信息与企业利润率、属于高新技术产业、规模、年龄显著正相关，而与企业资产负债率显著负相关，这符合我们的一般认识。因为一般企业利润率高、规模越大则企业越倾向于披露研发费用信息，而企业年龄越大，信息披露的机制可能越完善，越倾向于披露研发费用信息，而属于高新技术产业的企业，由于研发费用的高低是衡量企业发展可持续性的重要信息，因此基于信号传递理论，高新技术企业一般对研发费用予以披露。而资产负债率较高的企业，自有资金一般不足，对研发投入可能并不会太多，本着趋利避害原则，通常这些企业倾向于不披露研究开发费用。

6.3.3　进一步分析

接下来，进一步分析政府对国有企业和民营企业研发资助的效果，如表6－5所示，采用添加交叉项的方法来进行考察，我们可以发现，在不考虑企业所有制性质的情况下，政府对企业研发直接资助和税收激励对企业研发投入产生的都是激励效应。而无论是政府研发直接资助还是政府研发税收激励对于国有性质的企业研发投入的效应都显著低于非国有性质的企业，究其原因是中国国有企业由于其与政府在"政治联系"上天然的优势，并不需要凭借自身的经营业绩和研发实力就可以获得政府研发资助，因此，相对于非国有企业而言，政府研发资助对国有企业并不能形成有效的激励。此外，国有企业自身运行机制和治理结构的无效率可能也是政府研发资助不能起到很好激励作用的原因之一。至此，研究假设2得证。

表6-5 政府对国有企业研发资助效果回归结果分析

解释变量	rd（企业研发投入强度）
sub（政府对企业研发直接资助强度）	0.069 7 *** (9.73)
sub * ownershipstate（直接资助与国有企业交叉项）	-0.030 5 ** (-2.08)
taxincentive（政府对企业研发税收激励）	0.003 12 *** (5.77)
taxincentive * ownershipstate（税收激励与国有企业交叉项）	-0.001 94 ** (-2.01)
ownershipstate（国有企业）	0.005 21 *** (7.95)
ownershippeople（民营企业）	0.002 04 *** (4.02)
样本数	612 276

注：①由于该回归分析的目的是考量政府对国有企业和民营企业研发资助的效果，此处只保留了能够说明该问题的解释变量，省略了表6-4所列示的其他解释变量的回归系数。②*、**、***和****分别表示在10%、5%、1%和0.1%的置信度上显著，小括号中的数值为t值。

资料来源：作者计算整理。

6.4 小结

本章先提出政府研发资助和企业研发投入的关系，政府研发资助对国有企业与民营企业研发的不同影响效果的研究假设，运用中国2005～2007年非上市公司数据为样本，实证检验了政府研发直接资助和税收激励对企业研发投入强度的影响。本章对政府研发资助和企业研发投入强度之间的关系进行了描述性的相关性分析，结果发现政府研发资助和企业研发投入强度之间存在正相关关系，这初步说明了政府研发资助能够促进企业的研发投入。在描述性分析的基础上，对政府研发资助和企业研发投入强度之间的关系进行了回归分析，回归结果发现，在控制了其他的相关变量的影响后，政府研发资助和企业研发投入强度之间存在显著的正相关关系，这进一步说明政府研发资助能够推动企业研发投入。在进一步的实证分析中还发现，无论是政府研发直接资助还是政府研发税收激励对于国有性质的企业研发投入的效应都显著低于非国有性质的企业。本章也对研发信息披露的自选择问题进行了纠正，赫克曼模型纠正后的回归结果说明本章关于政府研发资助和企业研发投入关系的结论是稳健的。

第 7 章

政府资助政策对企业研发投入的效应评估
——以创业板上市公司为例

本章以 380 家创业板上市公司 2009～2015 年的年度报表数据为研究样本，通过实证方法评估和比较了政府补助和税收优惠对企业研发投入的效应。研究发现，相比于税收优惠，政府补助与企业研发投入强度之间有着更为显著的正向效应。

7.1 引言

创业板是未来中国经济发展的支柱力量和新的增长点，其自主创新能力备受关注。通常情况下，企业创新行为效应与其研发投入存在紧密的关系。为促进创业板公司的发展，中国出台了包括政府补助、税收优惠、专项贷款、政府采购、信息供给、教育和培训等一系列财税激励政策。创业板公司中的高新技术企业规模普遍不大，而其研发项目往往投入高、风险大，研发资金普遍紧张，如果能够获得政府补助，一般会增加研发投入强度。相较于政府补助，中国对高新技术企业采取 15% 的税率征收企业所得税、对研发费用采取加计扣除的政策，这在一定程度上减轻了企业税收负担。本章从创业板公司的角度出发，比较与评估政府补助与税收优惠对企业研发投入的激励效果，以期为政府部门制定实施政策提供决策参考。

7.2 研究设计

7.2.1 数据来源与样本选取

本章研究的公司数据全部来源于巨潮资讯网对创业板公司的信息披露，通过筛选出在研发投入、政府补助及税收优惠情况等方面具有完整数据记录的公司，最终确定了 380 家样本企业，时间跨度为 2009～2015 年。选择这些公司为样本，主要是考虑到它们以非国有企业以及高新技术企业为主，而高新技术企业是研发创新的主体，在研发补贴和创新投入方面具有一定的典型性，且具有比较规范的信息披露，因此适合作为本章的研究样本。本章对所收集的数据主要处理如下：首先，由于企业注册年度的差异，本章涵盖了 2009～2015 年 7 个年度的数据，初步形成非均衡面板数据。其中，完整涵盖了 7 年（2009～2015 年）的企业有 56 家，6年（2010～2015 年）的企业有 23 家，5 年（2011～2015 年）的有 24 家，4 年（2012～2015 年）的有 69 家，3 年（2013～2015 年）的有 109 家，两年（2014～2015 年）的有 74 家，一年即 2015 年的有 25 家，共计 380 家企业。其次，删除样本企业中某一年度因部分数据缺失造成整体样本不完整的数据。最后，剔除资产负债率大于 1 的数据，以及负债合计、固定资产原值、资产合计、营业收入、研发费用等项目为负数的数据。经过上述数据处理，我们形成了来自 39 个不同行业的包含 380 家创业板上市公司数据的非均衡面板数据，以此进行实证分析。

7.2.2　变量定义

对研究的因变量、核心解释变量、控制变量等进行定义，如表 7-1 所示。

表 7-1　　　　　　　　　　　　变量定义

变量		变量名称（符号）	变量定义
因变量		企业研发投入强度（RD）	企业研发投入强度 = LN（本年研发费用）
核心解释变量		政府对企业研发财政补贴强度（zfbz）	政府对企业研发财政补贴强度 = 补贴收入/总资产
		实际所得税税负（sdsf）	实际所得税税负 = 所得税费用/税前利润总额
控制变量	内部因素变量	公司规模（lnzzc）	公司规模 = LN（总资产）
		企业年龄（qynl）	企业年龄 = 统计年度 - 开业年 +1
		盈利能力（ylnl）	盈利能力 = 净利润/净资产
		资产负债率（zcfzl）	资产负债率 = 负债合计/资产合计
		产权性质（cqxz）	国企为 1，其余为 0
		资本密度（zbmd）	资本密度 = 固定资产/年末净资产
		流动性约束（ldyxs）	经营性现金流量/总资产
	外部制度环境变量	高新技术产业（gx）	高新为 1，非高新为 0
		年度（year）	年度效应虚拟变量
		行业（hy）	二分位行业效应虚拟变量

资料来源：作者设计整理。

因变量：以研究统计年度研发费用的对数作为衡量企业研发投入强度的指

标。核心解释变量：①使用政府补贴收入除以总资产作为衡量政府对企业研发财政补贴强度的指标；②运用该企业全年所得税费用除以税前利润总额作为衡量实际所得税税负即税收优惠的指标。

为使数据分析更加可靠稳健，除了各项因变量和核心解释变量指标外，本章还选取了各项控制变量指标。控制变量指标又可以分为内部因素变量和外部因素变量，其中，内部因素变量包括：①公司规模，本章运用企业年末资产合计的对数来表示企业的规模；②企业年龄，用企业开业年至统计当年的时间间距表示；③盈利能力，用企业统计年度的净利润除以净资产来表示；④资产负债率，为企业负债合计除以企业资产合计，它是衡量企业偿债能力的核心指标；⑤产权性质，分为国企和非国企两类，分类的原因在于不同的企业产权性质对研发会有不同的影响；⑥资本密度，用企业统计年度固定资产除以年末净资产得到；⑦流动性约束，用企业统计年度经营性现金流量除以总资产来表示。

外部制度环境因素包括：高新技术产业、年度、所属行业等，它们主要针对高新企业与非高新企业、不同统计年度与不同行业进行分类，分类的原因是不同的性质对企业的研发投入强度的影响效果不同。

7.2.3　模型设定

为了检验两种财税激励政策对企业研发投入强度的影响，本章构造出以下分析模型：

$$RD = \beta_0 + \beta_1 zfbz + \beta_2 sdsf + \beta_3 \ln zzc + \beta_4 qynl + \beta_5 ylnl$$
$$+ \beta_6 zcfzl + \beta_7 cqxz + \beta_8 zbmd + \beta_9 ldxys + \beta_{10} gx + \beta_{11} year + e \quad (7-1)$$

其中，β_0 为常数项，β_i 是解释变量和控制变量的回归系数，e 为随机误差。

7.3　实证检验结果及解析

7.3.1　描述性统计分析

如表 7 - 2 所示为变量的描述性统计分析结果。从统计数据中可以发现，在 380 个样本观测值中没有获得政府资助的企业几乎为零，由此可见，政府资助在创业板上市公司中非常普遍。从描述性统计分析结果可知，政府补贴强度的最大值达到 24%，而均值只有 0.7%，说明政府资助虽然普遍，但资助力度却有显著的差异。再从企业研发投入强度的角度来看，最大值与均值有较大差异，说明企业之间研发投入力度也是参差不齐的,推测政府补贴强度可能是影响其效应的因素之一。实际所得税税负在一定程度上可以体现出企业享受到的税收优惠,该变量的统计结果显示标准差较大,表明不同企业承担的税负有明显差异,从中享受到的税收优惠也不尽相同。为了消除异方差,对公司规模进行了对数化处理。另外,从企业年龄和注册年度来说,创业板上市公司普遍规模不大,成立时间较短。

表 7 – 2 　　　　　　　　　　　　　变量的描述性统计分析

变量	样本数	均值	标准差	最小值	最大值
企业研发投入强度	1 397	17. 129 94	0. 921 126 4	11. 877 53	20. 925 49
政府补贴强度	1 244	0. 007 493	0. 010 781	0	0. 247 375
实际所得税税负	1 244	0. 136 028	0. 155 554	− 3. 085 82	0. 882 003
公司规模	1 244	20. 933 58	0. 744 018	18. 721 45	24. 211 71
企业年龄	1 244	12. 955 79	5. 274 185	1	43
盈利能力	1 244	0. 081 221	0. 087 694	− 1. 508 33	0. 562 143
资产负债率	1 244	0. 252 98	0. 159 075	0. 011 034	0. 826 268
产权性质	1 238	0. 027 464	0. 163 496	0	1
资本密度	1 244	0. 217 141	0. 186 666	0	0. 979 263
流动性约束	1 243	0. 039 833	0. 081 289	− 0. 354 44	0. 971 282
高新技术企业	1 237	0. 967 664	0. 176 963	0	1
注册年度	1 244	2 001. 256	4. 989 346	1 973	2 012

资料来源:作者计算整理。

7.3.2 相关性分析

如表 7 – 3 所示为变量的相关性分析结果,由表 7 – 3 可见,政府补助强度与盈利能力和流动性约束正相关;而实际所得税负与企业研发投入负相关等。通过各项分析可以看出,各控制变量间相关性程度也比较小,从而降低了模型多重线性的影响。

表 7 – 3 　　　　　　　　　　　　　相关性分析

	研发投入	政府补助	实际所得税负	公司规模	盈利能力	资产负债率	资本密度	流动性约束	企业年龄
研发投入	1. 000 0	—	—	—	—	—	—	—	—
政府补助	(0. 006 6)	1. 000 0	—	—	—	—	—	—	—

续表

	研发投入	政府补助	实际所得税负	公司规模	盈利能力	资产负债率	资本密度	流动性约束	企业年龄
实际所得税负	(0.171 0)	(0.014 0)	1.000 0	—	—	—	—	—	—
公司规模	0.608 0	(0.197 3)	(0.063 4)	1.000 0	—	—	—	—	—
盈利能力	0.096 5	0.132 4	0.042 9	(0.079 4)	1.000 0	—	—	—	—
资产负债率	0.168 5	(0.084 2)	(0.038 9)	0.359 1	0.036 4	1.000 0	—	—	—
资本密度	(0.082 9)	(0.061 5)	0.022 8	0.042 1	(0.126 6)	0.343 5	1.000 0	—	—
流动性约束	0.083 0	0.056 8	(0.006 7)	(0.090 7)	0.334 5	(0.173 9)	0.052 0	1.000 0	—
企业年龄	0.153 3	(0.079 4)	0.002 0	0.199 0	(0.095 1)	0.082 8	0.153 6	(0.061 2)	1.000 0

资料来源：作者计算整理。

7.3.3 回归分析

如表 7-4 所示，为非均衡面板回归分析的结果，为了便于分析数据结果，对本年的研发投入作了对数化处理。回归（1）是只考虑政府对企业研发的财政补助强度，未考虑税收优惠的回归结果；回归（2）是只考虑政府对企业研发的税收优惠，未考虑财政补助强度的回归结果；回归（3）是既考虑财政补贴强度，又考虑税收优惠的回归结果。政府补助强度和税收优惠是本章所选取的核心解释变量，通过观察核心解释变量的回归结果可知，在回归（1）和回归（3）中，财政补助强度对企业本年研发投入的回归系数显著为正，且两组中的回归系数差异不大，说明政府补助强度对企业的研发投入有十分显著的正向效应；而在回归（2）和回归（3）中，实际所得税负对企业本年研发投入的回归系数为 -0.193 和 -0.129，说明企业享受到的税收优惠对企业的研发投入有正向效应，但是回归（3）中的结果显示正向效应并不显著。综合以上结论，可以初步得出政府补助激励企业研发投入，与此同时，税收优惠对企业研发投入的激励作用并不比政府补助更显著。三组回归中的核心解释变量的回归系数基本一致，可以说明回归结果是稳健的。

表 7 - 4　　　　　　　　　　非均衡面板回归结果分析

解释变量	回归 (1)	回归 (2)	回归 (3)
	研发投入		
政府补助	6.875 *** (3.96)	—	6.842 *** (3.94)
公司规模	0.585 *** (16.04)	0.700 *** (24.65)	0.585 *** (16.06)
盈利能力	0.520 *** (3.31)	0.612 *** (3.88)	0.536 *** (3.41)
资产负债率	0.182 (1.32)	0.254 * (1.99)	0.185 (1.34)
资本密度	0.133 (1.27)	0.039 2 (0.40)	0.138 (1.32)
流动性约束	0.362 * (2.17)	0.635 *** (3.77)	0.359 * (2.15)
企业年龄	0.869 *** (9.85)	0.375 *** (6.51)	0.867 *** (9.83)
实际所得税负	—	- 0.193 * (- 2.47)	- 0.129 (- 1.68)
常数项	2.555 *** (3.95)	1.417 ** (2.61)	2.576 *** (3.99)
样本数	1 232	1 232	1 232

注：表中 * 表示 $p < 0.05$，** 表示 $p < 0.01$，*** 表示 $p < 0.001$。
资料来源：作者计算整理。

重点分析回归（3）中的回归系数可知，政府对企业的补助每增加 1%，企业研发投入提高 6.875%，政府对企业研发投入的直接资助政策效果显著，很大程度上促进了企业的研发；实际所得税负每减少 1%，企业的研发投入则会增加 0.129%，说明实际所得税负越低，企业研发投入越会增加，但激励效应较政府补助而言不是特别显著；除此之外，企业的规模、企业年龄、盈利能力与研发投入的回归系数显著为正，说明企业的规模越大，企业年龄越长，盈利能力越强，资本积累越多，就越容易占领市场，因此，企业会更愿意增加对自身的研发与投入；资产负债率、资本密度、流动性约束对企业研发投入的回归系数均为正，说明一个企业如果有较强的融资能力、较大的资本密度以及经营性现金净流量，那么，这个企业就很难受到资金约束的影响，从而会增加该企业的研发投入强度。

7.3.4 稳健性检验

通过以上 3 组运用非均衡面板数据的回归分析数据，可以初步判断回归结果是稳健的，但是仍然需要进一步检验。为了进一步对回归的结果进行稳健性检验，本章重新构建了两组回归，回归（1）解释变量与原回归一致，被解释变量为研发费用/营业收入；回归（2）解释变量与回归（1）一致，被解释变量为研发费用/总资产。

回归结果如表 7 - 5 所示，利用非均衡面板数据分析结果可以看出：政府补助与企业的研发投入的回归系数仍然显著为正；实际所得税负与企业的研发投入的回归系数仍然为负。说明政府补助和税收优惠对企业研发投入均有正向的激励作用，只是相比于税收优惠，政府补助的正向效应更显著。即政府补助强度对创业板高新技术企业研发投入有着显著的正向效应。同样地，公司规模与企业研发投入的回归系数也是显著为正，流动性约束与企业的研发投入的回归系数显著为正，都与上述的回归性分析结果一致。综上所述，重新构建的两组回归的结果可以进一步证明非均衡面板回归结果是稳健的。

表 7 - 5　　　　　　　　　　　稳健性分析

解释变量	研发费用/营业收入	研发费用/总资产
	（1）	（2）
政府补助	0.502 **	0.309 ***
	- 3.25	- 6.71
实际所得税负	- 0.011 2	- 0.005 74 *
	（ - 1.40）	（ - 2.51）
公司规模	0.001 24	- 0.006 79 ***
	- 0.45	（ - 8.16）
企业年龄	0.009 86	0.009 08 ***
	- 1.91	- 5.5
盈利能力	- 0.112 ***	0.023 3 ***
	（ - 6.91）	- 5.03
资产负债率	- 0.064 6 ***	0.013 4 ***
	（ - 5.14）	- 3.61
资本密度	- 0.016 7	- 0.001 02
	（ - 1.75）	（ - 0.36）
流动性约束	0.028	0.025 4 ***
	- 1.63	- 5.15
高新企业	- 0.001 07	- 0.001 73
	（ - 0.14）	（ - 0.79）

续表

解释变量	研发费用/营业收入 （1）	研发费用/总资产 （2）
常数项	0.048 5	0.142 ***
	− 0.91	− 8.82
样本数	1 232	1 232

资料来源：作者计算整理，表中 * 表示 p<0.05， ** 表示 p<0.01， *** 表示 p<0.001。

7.4　结论

通过以上回归分析和稳健性检验，本章得出的结论如下：其一，政府补助对企业的研发投入有着十分显著的正向促进效应，补助强度每增加1%，企业研发投入提高 6.875%，可见，其正向激励作用十分显著；其二，实际所得税负每减少1%，企业的研发投入则会增加 0.129%，说明实际所得税负越低，企业越会增加研发和投入，但取得的效果却不是特别显著；其三，公司规模、盈利能力、企业年龄均与研发投入正相关。说明企业的规模越大，企业年龄越长，盈利能力越强，就更愿意增加对本企业的研发与投入。此外，从资产负债率、资本密度、流动性约束对企业研发投入的正向回归系数可以看出，如果一个企业有较强的融资能力、较大的资本密度以及经营性现金净流量，那么，这个企业就不易受到资金约束的影响，从而会增加企业的研发投入强度。

第 8 章

加计扣除政策激励了企业研发投入吗?[①]
——基于北京市十万户企业面板数据的实证分析

本章的贡献在于，采用北京市税务局综合征管系统中的企业所得税申报数据，企业研发费用加计扣除数据详细准确；样本量涵盖 2010 ~ 2013 年合计近 35 万户（次）的面板数据。本章通过实证分析得出结论，政府补贴对企业研发投入产生了抑制效应；研发费用加计扣除政策对企业研发投入的激励效果显著；规模越大、盈利能力越强的企业，研发投入越多。

8.1 引言

获取详细准确的企业研发费用加计扣除数据是非常困难的，因此，已有的研究往往采用发放调查问卷或者收集整理创业板上市公司年报的方法来获取数据，也有的采取粗略估算税收优惠程度的方式（如用 B 指数衡量或简单两分法——享有税收优惠与不享有税收优惠）。粗略估算税收优惠程度的方式，其研究结论的科学性有待于检验；即使是采用相对比较准确的调查问卷与创业板公司数据，其样本量也非常有限，导致实证结果的代表性不足。本章的贡献在于，采用北京市税务局综合征管系统中的企业所得税申报数据，企业研发费用加计扣除数据是详细准确的，同时，样本量涵盖 2010 ~ 2013 年合计近 35 万户（次）的海量数据。因此，有理由相信，本章无论是在样本数量方面，还是在研发费用加计扣除的数据准确性方面，都对已有研究是非常好的补充，具有较强的创新性。

---

① 本章的部分内容已发表在《税务研究》2015 年第 11 期，题目为：《加计扣除政策对企业研发投入的影响——基于某市企业面板数据的实证分析》，作者为陈远燕。

8.2 研究设计

8.2.1 数据来源与样本选取

本章的样本企业数据来源于北京市税务局综合征管系统 2010 ~ 2013 年的数据，数据集涵盖了 2010 ~ 2013 年向北京市税务局缴纳企业所得税的企业的所得税申报数据。

如表 8 - 1 所示，2010 年有 54 497 户企业的数据，2011 年有 74 950 户企业数据，2012 年有 96 410 户企业数据，2013 年有 117 075 户企业数据，4 年企业合计数为 342 932 户。接下来，主要对数据做了以下处理：首先，删除了营业收入小于等于零以及营业收入为空值的数据，因为营业收入为负数不符合会计准则的规定，而通常认为营业收入为零及为空值的企业并不是处于正常经营状态的企业。其次，删除了政府补助收入、加计扣除这两项申报为负数的数据，因为这两项如果为负数是不符合税法和会计准则规定的，同时这两项数据也是分析的重要事项。最后，删除了企业营业利润率大于 1 或者小于 - 3 或者为空值的数据，因为企业营业利润率大于 1 不符合会计准则的规定，虽然营业利润率允许为负数，但通常认为如果营业利润率小于 - 3 或者为空值则企业是处于非正常经营状态，因而把这部分企业剔除。

表 8 - 1 企业所得税申报数据基本情况

项目	2010 年	2011 年	2012 年	2013 年
企业户数	54 497	74 950	96 410	117 075
企业户数（剔除异常值）	51 474 (94.45%)	68 950 (91.99%)	86 290 (89.50%)	104 442 (89.21%)
企业户数（均衡面板）	32 398 (59.45%)	32 398 (43.23%)	32 398 (33.60%)	32 398 (27.67%)
有研发支出的企业	899 (1.65%)	971 (1.30%)	992 (1.03%)	1110 (0.95%)
有研发支出的企业（剔除异常值）	898 (99.89%)	969 (99.79%)	985 (99.29%)	1 105 (99.55%)
有研发支出的企业（均衡面板）	674 (74.97%)	717 (73.84%)	746 (75.20%)	791 (71.26%)

项目	2010 年	2011 年	2012 年	2013 年
接受政府补助的企业户数	2 146 (3.94%)	2 370 (3.16%)	3 188 (3.31%)	10 316 (8.81%)
接受政府补助的企业户数 (剔除异常值)	2 085 (97.16%)	2 295 (96.84%)	3 086 (96.80%)	10 006 (96.99%)
接受政府补助的企业户数 (均衡面板)	1 437 (66.96%)	1 541 (65.02%)	1919 (60.19%)	3014 (29.22%)

注：对企业户数后面括号中的百分比说明如下："企业户数（剔除异常值）"项目中，百分比表示经过剔除异常值处理后的样本占企业总户数的比重；"企业户数（均衡面板）""有研发支出的企业""接受政府补助的企业户数"项目中百分比的含义类似，分别表示实现均衡面板后的企业户数占企业总户数的比重、有研发支出的企业占企业总户数的比重、接受政府补助的企业占企业总户数的比重。"有研发支出的企业（剔除异常值）"项目中，百分比表示经过剔除异常值处理后的有研发支出的企业户数占有研发支出的企业总户数的比重；"有研发支出的企业（均衡面板）""接受政府补助的企业户数（剔除异常值）""接受政府补助的企业户数（均衡面板）"项目中百分比的含义类似，分别表示实现均衡面板后有研发支出的企业户数占有研发支出的企业总户数的比重、经过剔除异常值处理后的接受政府补助的企业户数占接受政府补助的企业总户数的比重、实现均衡面板后接受政府补助的企业户数占接受政府补助的企业总户数的比重。

资料来源：作者计算整理。

如表 8 - 1 所示，经过上述 3 步数据处理后，2010 年有 51 474 户企业的数据，占 2010 年总样本的 94.45%；2011 年有 68 950 户企业数据，占 2011 年总样本的 91.99%；2012 年数据中有 86 290 户企业的数据，占 2012 年总样本的 89.50%；2013 年有 104 442 户企业数据，占 2013 年总样本的 89.21%。4 年企业合计数为 311 156 户，占 4 年样本总体的 90.73%。同时，从表 8 - 1 中可以看出，经过数据处理后，有研发支出的企业、接受政府补助的企业户数基本没有什么变化，仅有少量减少。通过上述两个方面的分析，可以得出这样的数据处理是合适和恰当的。

通过计算机代码识别在 2010 ~ 2013 年这 4 年中都有申报数据的企业，初步形成一个均衡面板数据。如表 7 - 1 所示，形成均衡面板，2010 ~ 2014 年每年的企业户数为 32 398 户，分别占各年样本总体的 59.45%、43.23%、33.60%、27.67%；有研发支出的企业也有一定程度地减少，平均仅占样本总体有研发支出企业的 70%；接受政府补助的企业户数也存在相同的情况。通过上述分析可以发现，为了形成均衡面板所丢弃的数据量比较大，这样的处理并不是恰当的。因此，在后续分析中，先选用的是三步数据处理后的非均衡面板数据。

同时，从表 8 - 1 中也可以发现，2010 ~ 2013 年该市企业有研发支出的仅占其样本总数的 1% 左右，这样的研发投入水平是非常低的，一定程度上反映出企业研发投入的不足。

8.2.2　变量定义与模型设定

在模型设定之前，先对因变量、核心解释变量、控制变量进行定义，如表 8 - 2所示。

表 8 - 2　　　　　　　　　　　　　变量定义

变量	变量名称	变量符号	变量定义
因变量	企业研发	rd	企业该年度有研发支出则为 1，否则为 0
核心解释变量	政府对企业研发直接资助强度	zfbzl	政府对企业研发直接资助强度 = 政府补贴收入/营业收入
	政府对企业研发税收激励	jjkcl	政府对企业研发税收激励 = 加计扣除/营业收入
控制变量	规模	lnyysr	规模 = LN（营业收入）
	企业营业利润率	qyyylrl	企业营业利润率 = 营业利润/营业收入
	年度	year	年度控制变量

资料来源：作者设计整理。

因变量采用虚拟变量 rd 作为因变量，当年度企业有研发支出则设为 1，否则为 0。核心解释变量：①使用政府补贴收入除以营业收入作为政府对企业研发直接资助强度（zfbzl）的衡量指标；②采用加计扣除除以营业收入，作为政府对企业研发税收激励（jjkcl）的衡量指标。控制变量：①取营业收入的对数（lnyysr）衡量企业规模；②采用企业营业利润率（qyyylrl）衡量企业的盈利能力；③年度（year）。在定义了因变量、核心解释变量和控制变量的基础上，设定如下固定效应模型：

$$rd_{it} = \beta_0 + \beta_1 zfbzl_{it} + \beta_2 jjkcl_{it} + \beta_3 lnyysr_{it} + \beta_4 qyyylrl_{it} + \beta_5 year + \varepsilon_{it} \qquad (8-1)$$

8.3　实证检验结果及解析

8.3.1　描述性统计分析

变量的描述性统计分析结果，如表 8 - 3 所示。政府对企业研发直接资助强度差异特别大，政府补贴收入最多的企业是企业营业收入的 25.54 倍，而政府补贴收入最少的企业没有政府补贴收入；政府对企业研发税收激励也是如此，大部分企业由于没有研发支出，并不能享受加计扣除的税收激励，与此同时，有些企业享受的加计扣除等于其营业收入。从企业营业收入、营业利润率指标等都反映出企业间差异显著。

表 8 – 3 变量的描述性统计分析结果

变量	样本数	均值	标准差	最小值	最大值
加计扣除（jjkc）	311 156	37 321.81	1 434 425	0	2.63E + 08
政府对企业研发税收激励（jjkcl）	311 156	0.000 349	0.005 744	0	1
政府对企业研发直接资助强度（zfbzl）	311 156	0.002 746	0.089 196	0	25.539 62
营业收入（yysr）	311 156	1.94E + 07	2.50E + 08	0.01	5.27E + 10
经过截尾处理的营业收入（yysrnew）	31 1156	1.09E + 07	3.79E + 07	598.29	2.97E + 08
规模（lnyysr）	311 156	13.571 23	2.753 598	– 4.605 17	24.688 46
经过截尾处理的规模（lnyysrnew）	311 156	13.570 59	2.705 281	6.394 076	19.507 73
企业营业利润率（qyyylrl）	311 156	– 0.036 81	0.303 132	– 3	1

资料来源：作者计算整理。

8.3.2 政府对企业研发资助与企业研发投入：回归分析

表 8 – 4 是回归结果分析，回归（1）是只考虑政府对企业研发直接资助，未考虑政府对企业研发税收激励的回归结果；回归（2）是只考虑政府对企业研发税收激励，未考虑政府对企业研发直接资助的回归结果；回归（3）是既考虑政府对企业研发直接资助，又考虑政府对企业研发税收激励的回归结果；回归（4）是考虑到企业营业收入的标准差非常大，为避免极少数极端值对回归结果造成影响，对营业收入进行了两端各1%的截尾处理之后，用截尾后形成的营业收入（yysrnew），生成企业规模控制变量（lnyysrnew），在此基础上，既考虑政府对企业研发直接资助，又考虑政府对企业研发税收激励的回归结果。主要看核心解释变量，在第三、第四两组回归中，政府对企业研发直接资助对于企业研发投入的回归系数均显著为负，且在这两组回归中的回归系数完全一致；在第三、第四两组回归中，政府对企业研发税收激励对于企业研发投入的回归系数均显著为正，且在这两组回归中的回归系数完全一致。通过核心解释变量在各组中的回归系数，可以说明，一是政府对企业研发直接资助对企业研发投入产生的是负向效应，抑制了企业的研发投入；二是政府对企业研发税收激励对企业研发投入产生的是正向效应，促进了企业的研发投入，达到了税收激励的政策效果；三是核心解释变量在第三、第四两组回归中的回归系数完全一致且与前两组回归中的回归系数基本一致，可以认为回归结果是稳健的。

表 8 - 4　　　　　　　　　　　　非均衡面板回归结果分析

解释变量	(1)	(2)	(3)	(4)
	rd			
zfbzl（政府对企业研发直接资助强度）	− 0.002 52 （− 1.17）	—	− 0.006 79 *** （− 3.37）	− 0.006 79 *** （− 3.37）
lnyysr（规模）	0.001 05 *** （6.47）	0.001 11 *** （7.28）	0.001 11 *** （7.28）	—
qyyylrl（企业营业利润率）	0.001 08 * （1.66）	0.001 52 ** （2.49）	0.001 42 ** （2.32）	0.001 40 ** （2.29）
year（年度）	0.000 815 *** （7.06）	0.000 412 *** （3.80）	0.000 414 *** （3.81）	0.000 415 *** （3.82）
jjkcl（政府对企业研发税收激励）	—	4.763 *** （152.02）	4.765 *** （152.05）	4.765 *** （152.05）
lnyysrnew（经过截尾处理的规模）	—	—	—	0.001 10 *** （7.08）
常数项	− 1.641 *** （− 7.07）	− 0.834 *** （− 3.82）	− 0.837 *** （− 3.84）	− 0.839 *** （− 3.84）
样本数	311 156	311 156	311 156	311 156
R^2	0.000 616	0.117	0.117	0.117

资料来源：作者计算整理，表中 * 、** 、*** 和 **** 分别表示在 10% 、5% 、1% 和 0.1% 的置信度上显著，括号内为 t 值。

　　重点分析回归（3）中的回归系数，从中得出：政府对企业研发直接资助每增加一个单位，则企业的研发投入的概率反而降低 0.679% ，政府对企业研发直接资助并没有激励企业研发，反而起到了抑制企业研发投入的政策效果；与此相对应，政府对企业研发税收激励每增加 1% ，企业的研发投入的概率增加 4.765% ，政府对企业研发税收激励政策效果显著，起到了非常好的正向激励效应，促进了企业研发；企业的规模与企业研发投入的回归系数显著为正，说明企业规模越大，越愿意多增加研发投入；企业营业利润率与企业研发投入的回归系数显著为正，说明企业盈利能力越强，越愿意增加研发投入。

8.3.3 稳健性检验

由于形成均衡面板的过程剔除的数据量太大，因此，上面先用非均衡面板作了4组回归并初步判断回归结果是稳健的，为了进一步对回归结果进行稳健性检验，对均衡面板依照与上述回归分析一致的顺序进行了4组回归，回归结果如表8-5所示。利用均衡面板的回归结果可以看出：政府对企业研发直接资助与企业研发投入的回归系数依然显著为负，虽然系数略低于非均衡面板的回归，但并不影响政府对企业研发直接资助对于企业研发投入产生抑制效应的结论；政府对企业研发税收激励与企业研发投入的回归系数仍然显著为正，且回归系数与非均衡面板的回归系数几乎完全相同，也说明政府对企业研发税收激励对于企业研发投入产生激励效应；企业规模与企业研发投入的回归系数也是显著为正；企业营业利润率与企业研发投入的回归系数显著为正。总之，这4组均衡面板的回归结果进一步证明非均衡面板的回归结果是稳健的。

表8-5　　　　　　　　　　均衡面板回归结果分析

解释变量	(1)	(2)	(3)	(4)
	rd			
zfbzl（政府对企业研发直接资助强度）	$-0.003\ 82$ (-1.07)	—	$-0.012\ 3^{***}$ (-3.61)	$-0.012\ 3^{***}$ (-3.62)
lnyysr（规模）	$0.001\ 83^{***}$ (5.85)	$0.001\ 94^{***}$ (6.51)	$0.001\ 95^{***}$ (6.54)	—
qyyylrl（企业营业利润率）	$0.001\ 67$ (1.06)	$0.003\ 50^{**}$ (2.35)	$0.003\ 08^{**}$ (2.06)	$0.002\ 93^{*}$ (1.95)
year（年度）	$0.001\ 10^{***}$ (6.68)	$0.000\ 675^{***}$ (4.31)	$0.000\ 673^{***}$ (4.30)	$0.000\ 668^{***}$ (4.26)
jjkcl（政府对企业研发税收激励）	—	4.697^{***} (102.12)	4.701^{***} (102.19)	4.701^{***} (102.19)
lnyysrnew（经过截尾处理的规模）	—	—	—	$0.002\ 04^{***}$ (6.58)
常数项	-2.219^{***} (-6.70)	-1.366^{***} (-4.34)	-1.362^{***} (-4.33)	-1.354^{***} (-4.30)
样本数	129 592	129 592	129 592	129 592
R^2	0.000 934	0.097 7	0.097 9	0.097 9

资料来源：作者计算整理，表中 *、**、*** 和 **** 分别表示在10%、5%、1% 和0.1% 的置信度上显著，括号内为 t 值。

8.4　结论与政策建议

通过上述回归分析和稳健性检验，得出以下结论：一是政府对企业的政府补贴并没有如政府所愿地激励企业研发投入，而是对企业研发投入产生了抑制效应，政策效果并不理想；二是政府对企业研发支出加计扣除的税收激励对企业研发投入的激励效果是显著的，加计扣除税收激励每增加1%，企业的研发投入的概率增加4.765%，税收激励对企业研发投入产生激励效应；三是企业规模和企业盈利能力与企业研发投入均呈现同方向变化的关系，企业规模越大、盈利能力越强，则企业越愿意进行研发投入。

第 9 章

中关村鼓励创新税收政策实施效果评估[①]
——基于双重差分模型的实证分析

在国家鼓励创新的一系列支持政策中，中关村先行先试税收优惠政策被寄予厚望。本章利用 2006 ~ 2014 年的北京、天津、深圳和广州 4 地高新上市公司的年度财务报表数据，使用双重差分（difference-in-difference，DID）模型，从企业微观层面实证分析了 2010 年颁布的中关村先行先试税收优惠政策对企业在研发投入方面的影响。研究发现，中关村鼓励创新的税收优惠政策对企业在研发方面有显著的促进作用，享受该政策的企业研发投入平均增加 34%，但股权激励的税收优惠政策对研发创新的激励效果并不明显。同时，规模越大、盈利能力越强、研发人力资源越充足的企业，研发投入越多。

9.1 引言

为了鼓励创新，国家出台了一系列支持政策，其中包括重要的税收优惠政策。北京市中关村国家自主创新示范区作为中国第一个国家级高新技术产业开发区和第一个国家自主创新示范区，自 2010 年起开始先行先试鼓励创新的税收优惠政策，企业层面主要包括对加计扣除范围的扩大与准予职工教育经费税前扣除，个人层面则主要包括有关股权奖励个人所得税的递延缴纳。这些税收优惠政策是否能够促使企业增加研发的投入呢？本章采用双重差分法对中关村先行先试税收优惠政策对于企业研发投入的影响进行了实证研究。

9.1.1 研究背景与意义

自主示范区一直作为先行先试政策的"试验田"，而中关村自主创新示范区

[①] 本章的部分内容已发表在《税务研究》2017 年第 10 期，题目为《中关村鼓励创新税收优惠政策效果评估——基于双重差分模型的实证分析》，作者为陈远燕，何明俊，冯文芸。

是世界上少有的科技智力资源的聚集区，蕴藏着巨大的知识智力优势。国务院在批复建设中关村国家自主创新示范区之初，就要求把中关村建设成为具有全球影响力的科技创新中心。所以，其在中国自主创新发展建设进程中具有典型意义，相关试点税收政策尤其值得深入调查分析。

作为众多鼓励企业自主创新、积极开展研发活动的政策中，税收优惠政策占据着至关重要的地位，中关村先行先试税收政策就是其中之一。但由于税收优惠具有间接性与长期性的特征，所以其效果是否显著并不容易衡量，而且，地域宏观环境与企业微观环境的不同也会直接影响税收优惠政策的效果。加之目前学界关于中关村鼓励研发税收优惠政策的探究主要以理论分析为主，鲜有文献定量测算中关村先行先试税收政策的实施效果，所以，本章理论意义在于能通过理论和实证分析来有效地衡量中关村先行先试税收政策的实施效果，弥补相关研究的不足。同时，本章还有着现实指导意义。把实证分析与理论分析相结合能够更全面地暴露税收政策中的缺陷与局限性，能相应地提出改善税收优惠政策的建议，使税收政策能更好地发挥其效果来促进研发创新。

一方面，对于税收优惠政策能否对企业研发有促进作用，受到多方面因素的影响，如：企业规模、企业性质、企业研发水平、企业财务管理水平，等等，所以，控制变量的选择将直接影响实证研究的结果；另一方面，数据来源涉及对研究对象的统计口径一致性，特别是一些个人独资企业或合伙企业，对于研发投入的界定未必一致，粗略估算研发投入将对实验结果产生一定误差，其研究结论的科学性有待检验。

本章的贡献在于，运用定性分析和定量分析的方式来评估中关村先行先试税收优惠政策的效应。弥补了当前对于示范区先行先试税收政策定量分析的不足。通过对比北京市中关村地区与天津、深圳、广州的上市公司的研发投入情况而恰当地采用双重差分模型来研究税收优惠政策的作用，由于 DID 模型分别测量出实验组和控制组在影响事件发生前后的 4 组变量，所以，能较为客观地分析政策带来的影响。本次研究的样本全为上市公司，其数据来源全为企业年度财务数据。这样保证了统计口径的一致性和精确性，弥补了之前研究中出现的由于统计口径不一致导致误差的缺陷。

9.1.2　政策解读

2010 年，中关村自主创新示范区开始实施"1 + 6"系列先行先试新政策，进一步整合高等院校、科研院所、中央企业、高科技企业等创新资源，增强自主示范区自主创新能力。其中，税收优惠政策则在促进企业自主创新上起到了举足轻重的作用，其具体的突破点与推广过程，如表 9 - 1 所示。

表 9 –1　　　　　　　中关村鼓励创新税收政策的具体内容及推广过程

政策文件	突破点	推广过程
《对中关村科技园区建设国家自主创新示范区有关研究开发费用加计扣除试点政策的通知》	可加计扣除的研发费用的研发活动范围与研发费用的范围有所扩大 先行先试政策将示范区当前重点发展的高新技术领域规定项目的研究开发活动纳入了可抵扣范围。同时，符合规定的"五险一金"费用；专门用于研发活动的仪器、设备的运行维护、维修等费用；不构成固定资产的样品、样机及一般测试手段购置费；新药研制的临床试验费等都可视为研发费用进行加计扣除	中关村自主创新示范区 （2010 年开始实施）
《对中关村科技园区建设国家自主创新示范区有关职工教育经费税前扣除试点政策的通知》	提高了职工教育经费支出在所得税额中扣除的比例 企业发生的职工教育经费支出，不超过工资薪金总额的比例由 2.5% 提高为 8%，准予在计算应纳税所得额时扣除，且超过部分准予在以后纳税年度结转	中关村、东湖、张江自主创新示范区与合芜蚌综合试验区 （2012 年开始实施）
《对中关村科技园区建设国家自主创新示范区有关股权奖励个人所得税试点政策的通知》	对给予本企业相关技术人员股权激励形式的奖励，可延长技术人员缴纳个人所得税的期限 对示范区内科技创新创业企业转化科技成果，以股份或出资比例等股权形式给予本企业相关技术人员的奖励，可分期缴纳个人所得税，最长不得超过 5 年	全国 （2015 年开始实施）

资料来源：国家税务总局网站，经过作者整理。

9.2　实证研究设计

9.2.1　数据来源与样本选取

1. 研究数据来源与相关处理

　　数据主要来源于上市公司年度财务报告数据与国泰安数据库中的数据，基本财务数据来自于国泰安数据库，研发费用与研发人员等数据通过对报表进行手动收集。对收集的数据做如下处理，删除了研发人员与学历比例大于等于 1 数据，因为其现象不符合实际；删除了研发投入为空值和小于 1 的数据，认为研发投入小于 1 的数据是异常值；删除了所得税税负与财务杠杆大于 1 的数据，因为通常认为所得税税负大于1则企业是处于非正常经营状态，资产负债比大于1不符合会计准则，因而把这部分企业剔除。本次研究一共查阅了1 503份报表，收集了1 486个样本，按照要求筛选出1 252个有效样本。

2. 实验样本的选取

本章以2006～2014年为主要研究期间，研究对象均为国内上市公司，并且按中关村先行先试的政策要求，其母公司为高新企业。以注册地为中关村试点地区（即上市公司母公司在中关村国家自主创新示范区内）的母公司拥有高新认证的上市公司为实验组样本，共有117家。

DID模型中，有一个重要的前提条件是组别间有相同的变化趋势，否则评估结果会有高估的风险。基于共同趋势假说下，对照组的观察对象选取标准为，除了我们要测量的影响事件，其他因素基本上与实验组相同的观察对象。所以通过对其他城市国内生产总值、人口密度（进行了对数处理）的统计并观察其近5年的趋势，与北京市的该数据进行对比，筛选出相似的样本（即深圳、天津、广州）作为对照组的范围，注册地在上述3个城市、母公司拥有高新认证的上市公司组成对照组，共143家，如图9-1、图9-2所示。

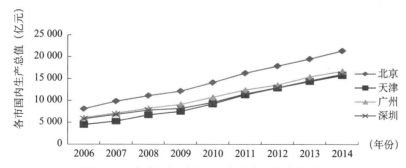

图9-1　实验组与对照组国内生产总值趋势对比

资料来源：国泰安数据库。

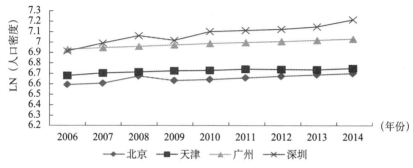

图9-2　实验组与对照组人口密度趋势对比

资料来源：国泰安数据库。

9.2.2 变量定义与模型设定

中关村先行先试政策于 2010 年在中关村自主创新示范区推行，这一事件相当于一个"自然实验"。对于非中关村的其他地区的企业来说，中关村先行先试政策是完全外生的事件。因此，我们不仅要将中关村地区和全国其他地区的企业进行对比，而且要将 2010 年之前的所有企业和 2010 年之后的所有企业进行对比。这样既没有忽视政策变化期间一些特殊事件或宏观因素的影响，也考虑了这两类企业自身的因素。而综合考虑这两种差异，同时基于模型内生性考虑，采用计量经济学中的双重差分模型（difference-in-difference model）。

$$T（时间）= \begin{cases} 1 & 2010\ 年以后，包括\ 2010\ 年 \\ 0 & 2010\ 年以前 \end{cases} \tag{9-1}$$

$$P（地点）= \begin{cases} 1 & 注册地在北京 \\ 0 & 注册地在天津、广州、深圳 \end{cases} \tag{9-2}$$

$$yftr_{it} = \beta_1(T \times P) + \beta_2 sdssf + \beta_3 xlbl + \beta_4 yfrybl + \beta_5 ylnl + \beta_6 zbmd + \beta_7 cwgg$$
$$+ \beta_8 ldxys + \beta_9 gsgm + \beta_9 cq + \beta_{11} ygjl + \beta_{12} qynl + \varphi_i + \delta_t + \varepsilon \tag{9-3}$$

被解释变量采用企业研发投入绝对值的对数，可直接反映企业的研发投入强度，其数据可以从年度财务报表中获得。

核心解释变量为 P 与 T 的交互项，其中，用变量"P"反映是否为实验组样本。取值为 1，代表 2010 年实施中关村先行先试政策地区（即注册地为中关村试点地区且母公司拥有高新认证）的公司；取值为 0，代表 2010 年实施先行先试政策后不发生变化的地区的公司。用变量"T"反映改革的进程，2010 年中关村先行先试政策实施的当年和此后取值 1，否则为 0。我们设立交互项（DID），它是 P 和 T 的交互项。当 P 和 T 同时为 1 时，交互项取 1，其他情况为 0。

通过这种形式，我们将样本划分为 4 组：改革前的实验组（P=1，T=0）、改革后的实验组（P=1，T=1）、改革前的对照组（P=0，T=0）和改革后的对照组（P=0，T=1）。P 与 T 的交互项系数为我们所关心的中关村先行先试政策所带来的对研发投入的效果，β_1 是我们最关注的系数，若 β_1 显著且为正，这意味着，在控制其他影响因素的情况下，中关村先行先试政策有助于促进企业研发投入。

本章根据已有研究文献，在模型中引入了必要的控制变量。大企业或者国有企业在规模经济、风险分担和融资渠道等方面拥有相对优势，可能会比小企业有更高的创新投入。研发投入与财务杠杆具有一定关系，财务杠杆越大，企业风险越高，从而越影响研发这种高风险投资行为的选择。固定资产与总资产的比值代表企业债务融资过程中的担保能力，会影响企业外部融资，从而影响研发。盈利能力强的企业，内部融资能力也越强，相对亏损企业有更高的能力和充足的资金去进行研发投入。企业年龄与企业生命周期有关，在不同阶段的企业，管理者会对研发工作有不同的安排。研发人力资本是研发活动的基本条件，往往与研发投入强度呈现正相关。此外，企业的流动性约束也将影响研发投入的强度。

因此，在模型中引入所得税税负（sdssf）、财务杠杆（cwgg）、资本密度（zbmd）、盈利能力（ylnl）、公司规模（gsgm）、企业年龄（qynl）、学历比例（xlbl）、研发技术人员比例（yfrybl）、流动性约束（gsgm）、产权（cq）、员工激励（ygjl）作为控制变量。同时，φ_i 表示地区固定效应，δ_t 表示时间固定效应。具体变量定义如表 9 - 2 所示。

表 9 - 2 变量定义

变量	变量名称	变量符号	变量定义
因变量	企业研发投入	yftr	企业当年研发费用的对数
核心解释变量	政策交互项	T × P	享受该政策为 1，未享受该政策为 0
控制变量	所得税税负	sdssf	当年所得税费用/税前利润总额
	学历比例	xlbl	学历比例 = 本科生以上学历人数/总职工人数
	研发技术人员比例	yfrybl	研发技术人员比例 = 研发技术人员/总职工人数
	盈利能力	ylnl	盈利能力 = 净利润/年末净资产
	资本密度	zbmd	资本密度 = 固定资产/年末净资产
	财务杠杆	cwgg	财务杠杆 = 负债总额/总资产
	流动性约束	ldxys	流动性约束 = 经营性现金流量/总资产
	公司规模	gsgm	公司规模 = LN（总资产）
	产权	cq	公司产权为国企时为 1，其他情况为 0
	员工激励	ygjl	有员工股权激励为 1，其他情况为 0
	企业年龄	qynl	企业年龄 = LN（统计年度 - 首次注册年度 + 1）

资料来源：作者设计整理。

9.3 实证检验结果及解析

9.3.1 描述性统计分析与相关性分析

表 9 - 3 中的全部样本企业相关变量的均值。研发投入作为主要解释变量，实验组与对照组的均值分别为 17.8452 与 17.8062，其差异性在统计学意义上非常小。

表9-3　　　　　　　　　变量的描述性统计分析

变量	均值			样本量	
	实验组	对照组	均值检验	实验组	对照组
研发投入	17.845 2	17.806 2	0.636 (0.472)	589	663
所得税税负	0.214 3	0.426 3	0.159 (-1.406)	589	663
财务杠杆	0.347 4	0.354	0.533 (-0.622)	589	663
资本密度	0.266 7	0.334 7	0.000 (-4.823) ***	589	663
盈利能力	0.089 9	0.085 7	0.380 (0.876)	589	663
公司规模	21.550 9	21.435 9	0.036 (2.090) *	589	663
企业年龄	2.388 8	2.412 3	0.353 (-0.928)	589	663
学历比例	0.476 3	0.287 4	0.000 (15.324) ***	589	663
研发技术人员比例	0.347	0.225 1	0.000 (11.172) ***	589	663

资料来源：作者计算整理，表中 *、**、*** 和 **** 分别表示在5%、1%和0.1%的置信度上显著，括号内为 t 值。

从控制变量的差异性来看，在资本密度、公司规模、研发技术人员比例和学历比例这几个变量反映出两组存在显著差异，可以发现实验组在人力资源方面要远优于对照组，而对照组的资本密度则高于实验组，这可能是由于中关村作为全国科技创新中心造成的。

其他变量在统计意义上没有显著差异，也说明两组样本的性质基本一致，两组样本具有极大的相似性，符合双重差分的要求。表明样本选择既反映了现实情况，又具有合理性，为准确评估税收激励政策效应奠定了良好的数据基础。

如表9-4所示，在未实施中关村先行先试政策期间，对照组的研发投入对数均值为17.508 2，高于实验组研发投入对数均值；而中关村先行先试税收优惠政策实施后，在2010~2014年，对照组的研发投入对数均值为17.810 9，实验组的研发投入对数均值为17.962 1，比对照组高0.151 2，表明中关村注册企业在享受政策后，研发投入的提升幅度大于对照组。与此同时，从均值检验的结果可以看出，在1%的显著水平下，对照组研发投入的变化不显著；中关村注册企业的研发投入有显著的变化，即在政策实施后，研发投入显著提高。

表9-4　　　　政策实施前后实验组和对照组描述性统计分析

	2006~2009 年	2010~2014 年	均值检验
实验组	17.227 0	17.962 1	0.000 (3.743) ***
对照组	17.508 2	17.810 9	0.022 (2.301) *

注：表中 *、** 和 *** 分别表示在5%、1%和0.1%的置信度上显著，括号内为 t 值。
资料来源：作者计算整理。

表9-5表示变量的相关性分析，发现企业研发投入与交互项相关性系数较小，只有0.068 8。而研发技术人员比例与研发投入强度的 Spearman 相关系数在

表 9 - 5

变量的相关系数

	研发投入	交互项	公司规模	企业年龄	所得税税负	盈利能力	资本密度	财务杠杆	流动性约束	研发技术人员比例	学历比例
研发投入	1	—	—	—	—	—	—	—	—	—	—
交互项	0.068 8	1	—	—	—	—	—	—	—	—	—
公司规模	0.579 4	0.057 8	1	—	—	—	—	—	—	—	—
企业年龄	0.187 6	0.062 4	0.276 9	1	—	—	—	—	—	—	—
所得税税负	-0.071	0.034 9	-0.021 5	-0.018 1	1	—	—	—	—	—	—
盈利能力	0.096 4	0.007 6	0.062 2	-0.073 3	0.119 6	1	—	—	—	—	—
资本密度	0.127 7	-0.197 5	0.356 5	0.202 4	-0.018 4	-0.156 9	1	—	—	—	—
财务杠杆	0.229 2	-0.116 9	0.513 4	0.248	0.007 3	-0.024 2	0.484 6	1	—	—	—
流动性约束	0.064 5	-0.071 7	0.085	0.020 3	0.043 6	0.292 6	0.137 1	-0.084 1	1	—	—
研发技术人员比例	0.086 9	0.277 5	-0.144	-0.087 4	-0.085 3	0.022 9	-0.271 7	-0.193 1	0.007 1	1	—
学历比例	0.094 7	0.361 7	-0.079	-0.073	-0.054 5	0.030 1	-0.344 4	-0.136 9	-0.023 6	0.702 3	1

资料来源：作者计算整理。

1% 统计水平显著正相关（p = 0.001 7），企业规模和盈利能力与研发投入强度在 0.1% 统计水平上显著为正（p = 0.00）。结果说明，这项政策的实施与企业研发投入的相关性系数过小，系数远远小于 0.5，模型中内生性可能性降低。研发人力资本有优势的企业，规模较大的企业以及盈利能力越强的企业，研发投入越高。我们还发现，控制变量之间相关性较小，只有少量信息重复，减小了模型多重线性的可能性。

9.3.2 中关村鼓励创新税收政策有效性测度

税收政策是否有效主要取决于 DID 交互项，它准确捕捉了政策实施的实际效应，所以它是本章最关心的关键变量。表 9 - 6 为 5 个模型的基本情况，模型 1 作为基准模型，单独估计政策对研发的影响，接下来的 4 个模型中累进加入其他控制变量，通过对比有如下发现，在 5 组回归中，DID 交互项对企业 R&D 投入的回归系数在 1% 水平上均显著为正，且在模型 3、模型 4、模型 5 中，系数基本一致，由此我们可以得到如下结果：①中关村先行先试税收优惠政策对企业研发投入具有显著的推进作用，该政策能够有效地刺激企业加大研发投入。同时可以看出，我们所关心的交互项系数十分稳健，说明模型构建及控制变量选取的合理性，存在遗漏变量冲击的可能性较小。②模型 3 中，加入了企业性质因素后，DID 系数由 1.036 变为 0.376，表明 63.7%（［1.036 - 0.376］/1.036）的 DID 政策效应来源于企业性质的差异，且决定系数的显著变化，也证明该变量的引入可以显著地提高对 Y 的解释程度。同时，在模型 4 中控制时间和地区固定效应后，发现 DID 系数下降9.57%，证明其同样是影响政策效应的因素。③按政策内容，为检验股权激励税收优惠政策的有效性而在模型 5 中引入员工股权激励。然而，DID 系数基本无变化，证明该政策几乎不解释政策带来的研发投入的差异。同时，决定系数几乎无变化，证明引入该变量无意义，侧面说明股权激励的税收优惠政策对研发投入几乎无影响。

表 9 - 6　　　　　　　　　　中关村鼓励创新税收政策有效性测度

模型	交互项系数	T 值	决定系数 R^2
模型 1：DID 交互项	1.102 ***	15.71	0.199 2
模型 2：DID 交互项 + 内部因素	1.036 ***	15.48	0.297 1
模型 3：DID 交互项 + 内部因素 + 企业性质	0.376 ***	6.32	0.569 6
模型 4：DID 交互项 + 内部因素 + 企业性质 + 外部因素（时间固定效应、地点固定效应）	0.340 ***	4.84	0.615 3
模型 5：DID 交互项 + 内部因素 + 企业性质 + 外部因素 + 员工股权激励	0.340 ***	4.84	0.615 5

资料来源：作者计算整理，表中 * 、** 、*** 和 ****分别表示在 5% 、1% 和 0.1% 的置信度上显著，括号内为 t 值。

9.3.3　中关村鼓励创新税收政策与企业研发投入：回归分析

表 9 - 7 为各个模型的具体回归结果，其中，重点分析模型 5 中的回归系数，得出结论如下：

表 9 - 7　　中关村鼓励创新税收政策与企业研发投入的回归结果分析

解释变量	1	2	3	4	5
	企业研发投入				
交互项	1.102*** (15.71)	1.036*** (15.48)	0.376*** (6.32)	0.340*** (4.84)	0.340*** (4.84)
所得税税负	—	-0.11 (-0.76)	0.054 2 (0.48)	0.016 7 (0.15)	0.015 0 (0.14)
资本密度	—	-0.043 9 (-0.30)	0.000 187 (0.00)	-0.091 3 (-0.82)	-0.089 0 (-0.80)
盈利能力	—	-1.690*** (-4.41)	1.495*** (4.58)	1.498*** (4.72)	1.498*** (4.72)
财务杠杆	—	2.185*** (10.02)	0.237 (1.25)	0.228 (1.24)	0.228 (1.24)
流动性约束	—	0.272 (0.84)	-0.213 (-0.84)	-0.552* (-2.21)	-0.555* (-2.22)
公司规模	—	—	0.680*** (15.19)	0.467*** (9.71)	0.466*** (9.70)
产权	—	—	0.660** (3.00)	0.769*** (3.67)	0.770*** (3.67)
企业年龄	—	—	0.629*** (7.59)	-0.013 9 (-0.13)	-0.014 9 (-0.14)
研发技术人员比例	—	0.365 (1.59)	0.534** (2.97)	0.408* (2.37)	0.412* (2.39)
学历比例	—	0.274 (1.22)	0.125 (0.71)	0.106 (0.63)	0.107 (0.64)
员工激励	—	—	—	—	-0.267 (-0.62)
时间固定效应	NO	NO	NO	YES	YES
地区固定效应	NO	NO	NO	YES	YES

续表

解释变量	1	2	3	4	5
	企业研发投入				
常数项	17.44*** (551.83)	16.72*** (135.26)	1.019 (1.18)	6.239*** (6.23)	6.413*** (6.17)
样本数	1 252	1 252	1 252	1 252	1 252
R^2	0.199 2	0.297 1	0.569 6	0.615 3	0.615 5

资料来源：作者计算整理，表中*、**、***和****分别表示在5%、1%和0.1%的置信度上显著，括号内为t值。

（1）当企业享受中关村先行先试税收优惠政策时（即交互项为1时），回归系数在0.1%水平显著且为正，企业的研发投入平均增加了34%。中关村先行先试政策能够非常显著地促进企业对研发的投入，有非常好的正向激励效应。其具体的政策效应，当企业享受中关村税收优惠政策时，能使得研发投入平均增加34%。

（2）公司规模、盈利能力、产权与企业研发投入的回归系数在0.1%显著且正。说明结果符合之前文献的结论。作为国有企业或者规模越大的企业，更愿意增加研发投入，因为它们在规模经济、风险分担和融资渠道等方面拥有相对优势。企业盈利能力越强，其在市场上更处于优势地位，越愿意增加研发投入。

（3）研发技术人员比例与企业研发投入的回归系数在5%显著且正，而拥有充足的研发人力资本的企业，往往具有更多的研发行为，也越愿意增加研发投入。流动性约束与企业研发投入的回归系数在5%显著且负，则说明资金方面受约束的企业，不愿意加大对研发的投入，这也说明政府需要通过政策来缓解企业流动性约束的必要性。

9.3.4 稳健性检验

重新构建4组模型：回归1为原模型4；回归2、回归3、回归4解释变量与回归1一样，被解释变量分别为研发投入/营业收入、研发投入/净资产、研发投入/总资产。

回归结果如表9-8所示。利用非均衡面板的回归结果可以看出，DID交互项与企业研发投入的回归系数仍然显著为正，说明中关村先行先试税收政策对企业研发投入产生激励效应。这4组非均衡面板的回归结果，进一步证明非均衡面板的回归结果是稳健的。

表 9 - 8　　　　　　　　　　　　　稳健性检验

解释变量	LN（研发投入） （1）	研发投入/营业收入 （2）	研发投入/净资产 （3）	研发投入/总资产 （4）
交互项	0. 340 *** （4. 84）	0. 020 1 * （2. 15）	0. 020 2 ** （2. 82）	0. 012 1 ** （2. 91）
控制变量	YES	YES	YES	YES
时间固定效应	YES	YES	YES	YES
地区固定效应	YES	YES	YES	YES
样本数	1 309	1 252	1 252	1 252
R²	0. 548 2	0. 048 5	0. 170 7	0. 125 4

资料来源：作者计算整理，表中 * 、 ** 、 *** 和 **** 分别表示在 5% 、1% 和 0.1% 的置信度上显著，括号内为 t 值。

为进一步检验其实验是否满足平行趋势假设，在真实政策变动前后各设置 1 个虚拟政策变动时点，如果虚拟政策时点政策效应也显著，那说明真实政策的实际效益不可信；相反，则说明真实政策时点处存在的政策效应是可信的。

通过反事实的方法对实验组和对照组之间的平行趋势进行检验，在实际政策发生前后各选一个虚拟时点 2008 年和 2012 年，然后，考察虚拟时点前后两期的交互项系数。从表 9 - 9 的反事实评估结果可知，无论是 2008 年还是 2012 年的虚拟时点评估，研发投入的交互项系数均不显著。这就从侧面证明了基于双重差分法评估税收政策激励企业创新的结论是可信的，同时，肯定了该项税收优惠政策促进研发投入。

表 9 - 9　　　　　　　　　　　　共同趋势假说检验

虚拟观测点	LN（研发投入）	
	2008 年	2012 年
	窗宽 2006 ~ 2009 年	窗宽 2010 ~ 2014 年
交互项	- 0. 000 21 （- 0. 02）	- 0. 049 6 （- 1. 07）
控制变量	YES	YES
时间固定效应	YES	YES
地区固定效应	YES	YES
R²	0. 506 5	0. 486 5
样本量	198	1 103

资料来源：作者计算整理。

9.4 研究结论

本章以 2006～2014 年实验对象的年度财务报表数据为基础，以中关村税收优惠政策作为外生的自然实验，利用双重差分法实证检验了中关村税收优惠政策对高新企业研发投入的影响。该实验通过将时间段划分为 2006～2009 年、2010～2014年两个窗口期，观察自然事件发生前后的高新企业研发积极性的变化，以此将企业自身因素所带来的影响考虑在内；与此同时，考虑政策变化期间其他宏观因素的影响，严格按照平行趋势假设设立对照组进行对照考察，以保证估计政策实施效果的正确性。在未实施政策期间，即 2006～2009 年，天津、深圳和广州的高新企业的研发投入对数均值为 17.508 2，高于在中关村注册的高新企业研发投入对数均值 17.227 0；而实施中关村税收优惠政策后，在 2010～2014 年，中关村注册的高新企业的研发投入对数均值为 17.962 1，超过天津、深圳和广州高新企业的研发投入对数均值 17.810 9。在享受政策后，中关村注册的高新企业研发投入的提升幅度大于对照组，税收优惠政策促进了中关村企业的研发积极性。同时实证结果表明，中关村先行先试政策能够非常显著地促进企业对研发的投入，税收激励政策效果显著，起到了非常好的正向激励效应，享受税收优惠的企业研发投入水平在相当于政策实施前的平均水平上提高了约 34%。但股权奖励的税收优惠政策效果并不明显，当考虑股权奖励政策时，交互项系数基本无变化，证明该政策几乎不解释政策带来的研发投入的差异；可决系数只变化了0.000 2，侧面说明股权奖励的税收优惠政策对企业研发投入几乎没有影响。公司规模、盈利能力、研发技术人员比例与企业研发投入均呈现同方向变化的关系，即盈利能力越强、公司规模越大或者研发人力资源越充足的企业，企业研发投入越多，研发的积极性越高。流动性约束与企业研发投入呈现反方向变化的关系，即受资金约束影响较大的高新企业，通过税收优惠政策变相降低了研发成本，使得内部资金需求减少，研发积极性提高。

分析结果表明，政策能够非常显著地促进企业对研发的投入，税收激励效果显著，起到了非常好的正向激励效应，但股权激励的税收效果并不明显。当企业享受中关村先行先试税收优惠政策时，则企业的研发投入在原基础上平均增加了34%。公司规模、盈利能力、研发技术人员比例与企业研发投入均呈现同方向变化的关系，流动性约束与企业研发投入呈现反方向变化的关系。

第 10 章

激励研发的企业所得税政策国际经验借鉴与启示[①]
——基于"一带一路"沿线国家与OECD 国家比较的视角

本章以 OECD 国家作为发达国家的典型代表，相应的以"一带一路"沿线国家作为发展中国家的分析范围。在介绍发达国家和发展中国家相关税收政策的形式与具体内容的基础上，对这两类国家的政策特点进行简要概括和比较。

10.1 引言

从近年颁布的多项税收政策文件可以看出，中国逐步扩宽了加计扣除和加速折旧的范围，这体现了中国逐渐加大研发方面的税收优惠力度这一趋势。而从国际上看，发达国家和发展中国家也在逐步加大对研发活动的税收优惠力度——就OECD 国家而言，1999 年仅 18 个国家对研发活动给予了税收优惠，2008 年年底则有 21 个国家采用相关税收优惠政策，至 2015 年，这一数字增至 28 个国家。

从统计数据来看，发达国家对研发投入的税收优惠力度大多高于中国——OECD 对各国"税收补贴率"（tax subsidy rate）是指，能够弥补每 1 美元的研发支出，即企业每增加 1 个货币单位的研发支出获得的以研发税收优惠形式的补贴资金的统计排名中，[②] 法国、葡萄牙、西班牙、冰岛等国家均高于中国。长期而言，发达国家政策制定经验将对中国研发税收政策制定方向产生一定的借鉴意义。而考虑到发展中国家与中国经济发展水平等方面相类似，从政策形式上看，也多采用加速折旧和加计扣除形式的税收优惠。而针对"税收补贴率"和研发

---

① 本章的部分内容已发表在《会计之友》2017 年第 18 期，题目为"激励研发的企业所得税政策国际经验的借鉴与启示——基于'一带一路'沿线国家与 OECD 国家比较的视角"，作者为陈远燕。

② 资料来源：OECD, Tax Incentive Indicators, *www. oecd. org/sti/rd – tax – stats. htm and Main Science and Technology Indicators Database*, *www. oecd. org/sti/msti. htm*, June 2015.

活动来看，发展中国家如巴西、南非，同样存在优于中国的现象，故对发展中国家的研发税收政策进行分析，同样存在能够借鉴以改进中国相应政策之处。需要说明的是，在研究对象方面，本章采用 OECD 国家作为发达国家的分析范围，相应的，采用"一带一路"沿路国家作为发展中国家的分析范围。

10.2　OECD 国家的研发政策介绍

OECD 国家中，选择采用税收政策激励研发活动的国家呈上升趋势，在 2015 年共有 28 个国家采用了税收优惠政策激励研发活动。其中，有 27 个国家采用了与企业所得税相关的税收优惠政策（28 个国家中，瑞典采用的是社会保险缴款的税基减免，故不计入）。

根据 OECD 公布的数据，针对政府采用直接财政补贴和间接税收优惠政策的倾向来看，自 2000 年来，法国、日本、挪威以及英国越发倾向于采用税收激励政策激励研发活动①（而在经济危机期间，许多国家则更倾向于以直接的财政补贴激励研发活动，原因在于，税收优惠的作用依赖于企业能否取得利润及利润的多少，并且税收优惠具有"以需求为导向"的本质）。

从形式上看，欧盟将研发税收政策分为以下两类：与投入相关（Input – related）的税收激励政策有税收抵免、加计扣除和加速折旧形式，他们是以研发费用为基础的优惠政策；而与产出相关（output – related）的税收激励政策，如专利盒、免税、低税率等政策，它们则是以研发产品所带来的所得为基础的优惠。针对实证研究来看，投入相关的税收激励较产出相关的税收激励更为有效。从理论研究来看，由于专利保护的研发产品所产生的外部性更少，即便不是所有产品都能够受到专利产权保护，也能够促进产生较少的溢出，所以投入相关的税收激励也更受青睐。

从具体内容上看，各国优惠力度和重点优惠对象不尽相同，例如，在一些国家，税收抵免的计算基数是以本期研发投入费用为基础；而在另一些国家，则是以本期研发投入费用相较于前期的增量作为计算基数。

由于研发税收激励政策具体内容的多样化，且 OECD 国家大多采取多种形式的税收政策进行激励，故下文以政策形式对研发税收优惠进行分类，在每一类政策下对 OECD 各国的具体内容的主要不同之处进行简要介绍。

---

① 资料来源：http：//www. oecd. org/sti/rd – tax – incentive – indicators. htm.

10.2.1　税收抵免

税收抵免是指，从应交所得税中扣除相应抵免额，抵免额根据基数（一般为合格的研发费用）与抵免率确定。目前，从可获取的资料来看，OECD 国家中有意大利、美国、墨西哥、比利时、葡萄牙、澳大利亚、加拿大、智利、冰岛、日本、法国、英国、挪威采取了税收抵免优惠。各国具体优惠内容，见表 10 - 1。

表 10 - 1　　　　　　　OECD 中 15 个国家研发税收抵免政策的具体内容

国家	政策具体内容
意大利	自 2014 年 12 月 31 日～2019 年 12 月 31 日的连续纳税年度（如 2015 自然年的纳税人），根据 2015 年 5 月 27 日颁布的部级条例，每年用于符合条件的研发支出在 30 000 欧元以上的公司具有申请抵税额的资格，其因减免税收而获得的收益等于超过该公司前 3 个纳税年度平均年研发支出部分的 25%，且每个纳税年度最高抵免额为 500 万欧元 对于高技术员工从事符合条件的研发活动，以及外包给大学、研究机构或初创公司的相关研究支出，税收减免增至 50%。 在以前，年营业额没有超过 5 亿欧元的公司研发活动的年投资额在 50 000 欧元以上，就能够从每年增加的研发支出中获得 50% 的税收抵免（每个纳税年度最高抵免限额为 250 万欧元） 在 2014 纳税年中，在特定情况下，为研发工作与新进的高技术人员签订永久合同的公司，在新雇员的相关支出方面可获得 35% 的税收减免，这种优惠在每个纳税年度高达 200 000 欧元
爱尔兰	适用于符合条件的研究与发展支出可享受 25% 的公司税抵免，直到 2014 年 12 月 31 日，针对超过基线的研发支出进行抵免，基线以在 2003 年发生的与研发相关开支作为参考。从 2015 年 1 月 1 日开始的，基线开支的限制被废止 符合条件的支出包括用于研发目的的工厂和机械支出。在欧洲经济区内的公司符合资格的活动，只要在爱尔兰税收管辖权范围内，就能享受该优惠。未使用的税收抵免在任何 1 年可能会带到以前的会计期间内，并无限期地结转下去，另一种选择是，抵免不能并入前面的会计期间内，公司可以针对超额支付款项向爱尔兰税务委员会提出要求 一家公司允许通过放弃部分的税收抵免，将这部分抵免用来奖励关键员工。所有主要员工交的抵免金额不能超过该公司在考虑该公司的研发抵免前须缴付的税款
美国	研发支出超过前 3 个纳税年度的年均总收入和定基比率计算的基数的部分可用 20% 的税收抵免。合格的基础研究支出也可申报 20% 的研发税收抵免。2014 年 12 月 31 日后支出或发生的数额不再能使用 20% 的税收抵免，除非有后继法规的出现

国家	政策具体内容
西班牙	每一纳税年中可以抵免研发费用的25%。如果费用在（无论是在西班牙还是另一个欧盟成员国）超过了前2年的平均费用，那么，未超过平均水平数量的研发费用抵免比率是25%；超出部分的比率是42%。抵免额要减去所收到的补贴，未使用额度还可以结转18年
墨西哥	自2010年该项抵免被废除，但存在地方税税收抵免，且在2010年之前受益于税收抵免的纳税人被允许继续按照2009年的条款规定来申请税收抵免
比利时	公司投资于研究和发展，可能会选择申请可以抵免投资总额33.99%的税收抵免（相当于通过财政紧缩附加费增加了一般企业所得税税率）。中小企业的税收抵免是，应纳税所得额在0~25 000欧元的，抵免率为24.98%；在25 000~90 000欧元的，抵免率为31.93%；在90 000~322 500欧元的，抵免率为35.54%。该抵免基于新购买或建造的有形资产、无形资产的购买或投资价值进行计算，这些资产是在比利时用于商业活动的
葡萄牙	研发方面的投资的税收抵免（SIFIDE II），适用从2013年1月1日~2020年12月31日（原为2015年12月31日），适用于符合条件的研发费用。扣除额包括下列项目的总额： ——基础抵免，等同于符合条件相关费用的32.5%； ——额外抵免，等同于有关年度限定费用超出2年之前发生的平均研发支出额的50%，上限为150万欧元。与雇用博士毕业生进行研究、开发活动的费用进一步增加了20%的抵免，最高可达180万欧元。 任何未使用抵免可结转8年（2014年以前为6年）。 此外，企业研发税收激励制度还提供了适用于中型、小型公司的一些具体规范
澳大利亚	基于合格的研发支出，通过可退还和不可退还的税收抵免给予优惠
加拿大	涉及合格费用可以申报特别税收抵免。例如，合格的科学研究活动可能申报一个15%的投资税收抵免。各省也有省级税收抵免方案，以鼓励特定的活动（包括电影和视频制作）
智利	在研发合同的纳税年度可享受相当于支付额35%的税收抵免。每年抵免小于纳税人总收入的15%或5000UTMs。超过最高年抵免额的支付为可扣除费用。任何超出抵免额的部分可以结转
冰岛	被冰岛研发中心证实有自己研发项目的研发公司，可以在应缴所得税中扣减其项目费用的15%。在一个纳税年度中，计算出的扣减的所有费用不能超过1亿克朗（在特殊情况下是1.5亿克朗）。这项扣除可以持续到2019年12月31日

国家	政策具体内容
日本	申请了申报的公司可以进行研发税收抵免。税收抵免的金额取决于公司的规模和研发比例，即总研发支出占前 3 年和本会计年度的平均销售收入的比例等 大规模的公司（一般来说，实收资本超过 1 亿日元的）： （1）如果研发比率大于等于 10%，税收抵免额 = 研发总支出 × 10% （2）如果研发比率小于 10%，税收抵免额 = 研发总支出 ×（8% + 研发比率 × 0.2） 中小企业（实收资本不超过 1 亿日元且不是实收资本超过 1 亿日元的公司的子公司），税收抵免额是研发支出总额的 12% 如果今年研发支出大于：（i）前 3 个财政年度的年均研发支出；（ii）前 2 个财政年度最高的研发费用，公司有资格获得额外 5% 增量研发支出的税收抵免（该年研发支出小于前 3 个财政年度的年均研发支出） 如果今年研发支出超过平均销售收入的 10%，公司有资格获得额外的超额研发支出的税收抵免。扣除额是由下列公式计算：（研发支出 – 平均销售收入 × 10%）×（研发比例 – 10%）× 0.2 最大可抵免额是公司本会计年度应缴公司所得税的 30%
法国	研发费用的税收抵免要考虑到每年的支出额，研究和开发业务的费用占总支出金额的 30% 的情况下，最多可抵 1 亿欧元，并且超过部分允许有 5% 的加计扣除。更高的抵免率适用于那些从未从税收抵免中受益的公司和那些 5 年内没有从税收抵免中受益的公司 税收抵免适用于下列条件下的居民公司直接进行的研发费用，相关费用在确定该公司的税基时被考虑；与欧洲经济区内开展研发活动（EEA）相关，但这种情况不适用于专利费用；以及不归属于欧洲经济区以外的法国公司的常设机构 2013 年 1 月 1 日开始，一项新的研发中小企业的创新支出（比如，产品原型设计）的税收抵免生效。这项抵免数额达到支出的 20%，最高可享受抵扣的支出 400 000 欧元（即最大的抵免额为 80 000 欧元） 当合格费用发生时，这项研发税收抵免通常能抵扣企业所得税。任何超额的抵免额都能往后结转 3 年，而且如果抵免额没使用，可以在 3 年后返还 然而，中小型企业、新型创新公司，在重建区新创立的公司和处于困难期的公司被允许直接返还与已发生并负担的费用相关的抵扣额
英国	大公司的经常项目也有"线上"税收抵免（也称为"研发支出抵免"）。最初，此项抵免是可选择的，即纳税人可以选择抵免或扣除。但 2016 年 4 月改为强制抵免，这项抵免相当于符合规定的研发支出的 11%（2015 年 4 月 1 日之前为 10%）
挪威	税收抵免的研究与开发是针对小中型企业的。对相关支出不超过 1 500 万挪威克朗的企业抵免率是 18% ~ 20%。然而，如果是从大学或其他研究机构购买服务，其支出限额是 3 300 万挪威克朗。企业要获得资格，必须通过挪威研究理事会批准

续表

国家	政策具体内容
挪威	集团公司可能涉及在多个项目上取得资质，他们组织不同的公司，每个都需要符合有关标准 如果公司符合以下所有条件会享受到增加至20%的税收抵免： ——在纳税年度营业额不超过4 000万欧元 ——资产负债表总额小于2 700万欧元 ——业务雇员少于250人 超额税收抵免的超出部分会偿还给符合资格的公司 除常规扣除（直接扣除或通过折旧）外，基础研发支出也可享受抵免

资料来源：荷兰财政文献局数据库. IBFD，http：//online. ibfd. org，经过作者整理。

10.2.2 加速折旧政策

加速折旧（accelerated depreciation）政策是指，企业能够通过对其购买的资产以更高的折旧率进行折旧，可在税前扣除更多折旧费用以获得更高的税收收益的方法。这一政策也有较多国家采用，其中，以色列给予了研发资产更大的年折旧率（33% ~100%），即可在1~3年内折旧完毕；比利时、西班牙以及希腊对与研发相关资产同样给予了相对一般资产更高的折旧率。西班牙、荷兰则给予合格的研发资产以根据需要进行折旧的优惠。

10.2.3 加计扣除政策

加计扣除（enhanced allowances）政策是指，通过增加研发费用扣除基数的方法，减少应税所得额的税收激励政策。这一政策在斯洛伐克（加计扣除比率为25%）、希腊（加计扣除比率为30%）、荷兰（加计扣除比率为60%）、芬兰（可以要求对研究和发展项目工作的雇员支付的薪金加计扣除100%）、捷克（加计扣除比率为100%，当超过以前年度的研发费用时则为110%）、英国（对中小型企业加计扣除比率为130%，对大型企业则加计扣除比率为30%）、匈牙利（如果纳税人与指定院校合作从事基础研究、应用研究或是实验开发，可扣除成本金额的3倍，但每年不超过5亿福林）得以实施。由于加计扣除还受到企业所得税税率的影响，当税率下降时，加计扣除的优惠力度也将随之下降，而由于抵免是在应纳所得税额之上扣减，故不受到税率的高低影响。

10.2.4　专利盒以及创新 "一揽子" 计划

专利盒（patent box）以及创新 "一揽子" 计划（innovation box）都是针对研发成果产生的税收优惠，故将两种政策放在一起介绍。创新一揽子计划与专利盒的差别在于优惠力度上。由于此类政策是对在知识产权保护下的创新所得采用的优惠，然而知识产权本身已经能够减少创新的外部性，让公司获取大部分利益。所以此类政策的意图尚不明晰。并且由于税收竞争和税收筹划的存在，对此类政策的实证分析难以得到准确的结果（EU，2014）。

以土耳其为例，其专利盒政策规定，在土耳其研发、创新和软件活动产生的发明成果产生收入的 50% 是免征企业所得税的。符合条件的收入包括，通过在土耳其大规模生产，从租赁、转让、出售或营销获得的所得和收入；通过产品（在土耳其生产）的销售在某种程度上是由于发明专利证书或实用新型专利证书产生的收入。

荷兰则采用创新 "一揽子" 计划，相较于专利盒，创新 "一揽子" 计划是采用低税率方法，对源于自主研发的并且在 2009 年 12 月 31 日后开始使用的专利，如果专利权带来的收益占使用无形资产所带来收益的 30% 以上，其使用费用负担的实际税率为 5%。

10.2.5　保险金

目前，OECD 国家仅奥地利采用该政策，即用于一项研究和开发需要花费的研发保险费约 10%。保险费适用于在公司内进行的某些研究和发展活动，以及已签订的此类活动。对于后者，支出的数额是有限的，每年 100 万欧元（在 2012 年之前为 100 000 欧元）。

10.2.6　免税

除 "专利盒" 形式，对研发成果产生所得部分的免税外，部分国家对创新企业以及企业的部分所得（非研发专利成果所得）采用免税政策。

以法国为例，该国对新型创新企业免税，对新型创新公司的一项特殊制度适用于 50% 资金掌握在个人手中的中小型企业。为了符合这种制度的要求，一个公司必须是存续期少于 8 年，而且必须执行的研发活动支出价值至少是总可扣除支出的 15%，这项制度允许第一个盈利的 12 个月期间的企业所得税全额免税，在接下来盈利的 12 个月期间免除 50% 的企业所得税。而以色列对研发费用的认定中，可将收到的净资助从纳税所得额中扣除（即对净资助免税）。

10.3 "一带一路"沿线国家的研发政策介绍

"一带一路"沿线国家中，采用的研发税收优惠主要有费用扣除、加速折旧、税收抵免、免税和储备金这 5 项优惠，在这几类税收优惠政策形式中，"一带一路"沿线国家对研发一般倾向于采用"投入相关"的税收优惠，尤其青睐于费用扣除政策，而对"产出相关"的税收优惠则仅有免税政策。其中，由于部分"一带一路"沿线国家属于 OECD 国家，所以政策有部分重合。

10.3.1 加计扣除

加计扣除政策被 10 个国家所采用——马来西亚、泰国、拉脱维亚、捷克、希腊、立陶宛、克罗地亚、罗马尼亚、斯洛伐克和匈牙利，这些国家对研发相关费用支出给予了 25% ~200% 的加计扣除幅度。

需要说明的是，捷克采用基数加增量的加计扣除方式，对超过基数部分给予了更大的扣减幅度。克罗地亚则对基础研究、应用研究和实验开发给予了不同的优惠程度，对三者的加计扣除的程度分别是 150%、125% 和 100%。

10.3.2 加速折旧

加速折旧在不丹、新加坡、希腊、立陶宛、波兰、罗马尼亚和以色列等国家采用，用于研发投入的资产或研发形成的资产其折旧（摊销）年限相比于一般固定资产更短，可在资产购入的 12 个月 ~5 年内折旧完毕。

需要说明的是，新加坡还对订立在 2006 年 1 月 17 日当天或之后研究开发成本分成协议可享 100% 的折旧津贴。

10.3.3 免税

免税政策在白俄罗斯、孟加拉国、斯里兰卡、印度尼西亚和以色列实施，其中，白俄罗斯是对研发产权带来的利润给予免税待遇——从 2014 年 1 月 1 日起，由研发活动中的产权出售行为所带来的利润可以予以免除，如果这些产权被列入国家的研发注册权；越南则规定科学或技术的研究与发展的合同，只要仍处于测试阶段的，或是利用在越南被第一次使用的新技术研发的产品所带来的所得均属于免税所得。

除对研发带来的成果所得免税外，其他国家则对特定研发组织取得收入免税——例如，孟加拉国对从事科学或技术研究和工业发展的国家级机构通过划线支票得到的捐献收入免税。此外，白俄罗斯成立了斯科尔科沃发明中心，其存在是为了激励大量专业技术领域的科研活动，参与这个发明中心的公司可以在十年中获得对公司利润的免税优惠。

10.3.4 储备金政策

储备金（reserves and provisions）政策被白俄罗斯和越南采用，白俄罗斯税法允许为一些未来不确定的支出项目设立储备金，例如，未来研发费用。纳税人也可以建立研发费用储备金，它能够对特定研究和开发项目建立最长达到 2 年期的研发储备金。报告期或征税期的最大储备金量，是公司销售收入由纳税人建立基金以支撑科学研发创新活动的实施费用的 3% 以内的数额（这些费用不超过贸易和商业费用的 1.5%）。越南允许为一些未来不确定的支出项目设立储备金，但大部分不可税前扣除，除非该储备金确定花费后方可扣除。但是，对研发支出的储备金，企业被允许最多保留年度应纳税所得额的 10% 去建立研发储备。但是，如果储备金没有被恰当使用，或从储备金的建立起 5 年内被使用低于 70% 时，税收将被重新征收并且加征利息。

10.3.5 税收抵免政策

税收抵免政策仅有新加坡等少数国家实施。新加坡是世界上最先采用研发税收抵免体系的国家之一，在多番改进之后，目前采用的是"定量"方法的税收抵免制度，并且给当地小企业采用更优惠的抵免率。

10.4 政策特点

从上述政策内容可以看出，各国政策存在异同之处，也体现了不同国家的发展倾向和意图，从政策内容和政策类型上可以总结出如下特点：

10.4.1 OECD 与 "一带一路" 沿线国家的政策类型选择

从政策介绍中可知，OECD 国家多采用抵免作为税收优惠政策的主要手段，此外是加速折旧和加计扣除。同时，专利盒政策（针对创新、研发所得的税收优惠）也得到了一定的应用。而在 "一带一路" 沿线国家则更倾向于采用加速折旧和加计扣除以及免税方法，与 OECD 国家相反的是，税收抵免政策仅在新加坡实施。从这两大类国家的政策倾向可以看出，经济发展较好的经济体将更可能倾向于选择税收抵免形式的政策——由于税收抵免是对应纳税额进行扣减，其优惠力度相较于加计扣除和加速折旧将会更大，这也需要一定的财政能力作为优惠的支持。而加速折旧和加计扣除方法则都为 OECD 国家和 "一带一路" 沿线国家青睐，是最为普遍采用的研发优惠政策。需要注意的是，部分政策为 OECD 国家和 "一带一路" 沿线国家所特有的是，OECD 国家采用 "专利盒" 制度、投资扣除和 "一带一路" 沿线国家采用的准备金制度。

10.4.2 针对总额和增量制定不同的抵免政策，这体现在抵免基数的计算方式上

一种是 "定量" 方法（volume - based approach），该方法是将规定额度内的合格的研发支出作为抵免额计算的基数（若一国仅采用 "定量" 方法，那么，规定额度一般为企业当年所花费的合格研发支出）；而另一种 "增量" 方法（incremental approach）则是仅将研发费用较 "基础额（base）" 增加部分计算抵免额，这一基础额则多是以企业在某一个特定期间（如，爱尔兰）或以前一定年度内的平均费用（如，西班牙）而定。

相较于以规定数量为基数，增量方法更能激励企业增大研发相关投入，但是由于研发费用不可能无限制的增加，尤其是当 "基础额" 本身已经足够大时，研发费用在此基础上难以快速增加，故当一个国家若选择采用增量方法，通常是作为总量方法的一个辅助（欧洲国家中，意大利是唯一例外，它仅采用 "增量" 方法）。而同时采用这两种方法的国家，如前所述，将不超过 "基础额" 部分作为 "总量" 方法下的技术，将超过 "基础额" 部分作为 "增量" 方法下的基数，为达到激励企业增加研发投入的效果，"增量" 通常较 "总量" 方法所适用的抵免率更高。以西班牙为例，其税收抵免政策规定，其 "基础额" 为该企业前 2 年的平均费用，在计算抵免额时，未超过该基础额的研发费用适用 25% 的抵免率，而超出部分使用的抵免率为 42%。

10.4.3　针对企业规模的不同，给予不同的优惠力度

中小企业，尤其是初创企业，由于存在更大的经营风险，所以其为筹集研发活动投资所需资金所面临的困难将会更大。部分国家为减轻资本市场缺陷，更倾向于对中小企业给予更高的优惠力度，以扶持其成长。多个国家采取了这一特惠措施，如葡萄牙、日本、法国、挪威和英国。需要说明的是，比利时虽然依据不同的应税所得额给予不同的抵免力度，但它是以应税所得额越大给予的抵免率也越大。

这一倾向也可以从表 10 - 2 中看出，表 10 - 2 分盈利状况下和亏损状况下的大型企业、中小型企业这 4 个维度，展示了各国的"税收补贴率"这一标准，可以看出，针对中小企业设置更高优惠力度的国家，其中，小型企业的研发支出税收补贴率相较于大型企业的相应数值将更大。

表 10 - 2　　　　　　　　　部分国家研发支出的税收补贴率

	盈利的大型企业	盈利的中小型企业	亏损的大型企业	亏损的中小型企业
法国	0.26	0.43	0.22	0.43
葡萄牙	0.36	0.37	0.28	0.29
西班牙	0.37	0.37	0.29	0.29
加拿大	0.13	0.30	0.10	0.29
英国	0.10	0.29	0.10	0.29
爱尔兰	0.29	0.29	0.23	0.23
智利	0.13	0.29	0.10	0.23
韩国	0.04	0.26	0.03	0.21
土耳其	0.23	0.23	0.18	0.18
捷克	0.23	0.23	0.17	0.17
冰岛	0.22	0.22	0.22	0.22
荷兰	0.16	0.22	0.14	0.20
澳大利亚	0.08	0.20	0.06	0.20
挪威	0.04	0.19	0.04	0.20
斯洛文尼亚	0.19	0.19	0.15	0.15
匈牙利	0.28	0.19	0.09	0.11
南非	0.16	0.16	0.13	0.13
巴西	0.26	0.16	- 0.01	- 0.01
中国	0.15	0.15	0.12	0.12
日本	0.13	0.15	- 0.02	- 0.01
奥地利	0.12	0.12	0.12	0.12
比利时	0.11	0.11	0.10	0.10
斯洛伐克	0.11	0.11	0.09	0.09

	盈利的大型企业	盈利的中小型企业	亏损的大型企业	亏损的中小型企业
希腊	0.09	0.09	0.07	0.07
俄罗斯	0.08	0.08	0.03	0.03
瑞典	0.05	0.05	0.05	0.05
美国	0.04	0.04	0.03	0.03
意大利	0.04	0.04	− 0.02	− 0.02

资料来源：经合组织数据库研发税收激励指标（OECD），Tax Incentive Indicators，www. oecd. org/sti/rd – tax – stats. htm.

以法国和挪威为例，法国给予中小企业额外 5% 的加计抵免，结转 3 年之后未抵免部分则准予退还，其中，小型企业（无论盈利与否）都高于大型企业 0.2 左右；而挪威则对中小企业给予 20% 的研发费用抵免率，虽仅较一般抵免率 18% 高出 2%，但其未抵免部分则将返还给合格企业，这对于中小型企业较常出现亏损的现象有较大的补偿作用，从税收补贴率来看，虽然挪威的大型企业补贴率仅为 0.04，但中小型企业的相应数额为高出大型企业 4 倍左右。

当然，对中小企业给予更大优惠力度这一倾向，同样在于部分国家给予税收优惠制定上限以及当年未使用优惠能否结转并退还这一较为"隐蔽"的政策内容设置上——一方面，设置优惠上限方法控制了研发支出较大，能够申请大额优惠的大型企业所可以获得的税收利益；另一方面，考虑到中小企业（尤其是初创企业）在经营中存在较大的亏损可能性，所以对当年未享受的优惠结转乃至以现金方式退还给企业，对中小企业、初创企业的发展具有很大的激励。

10.4.4. 对基础研究给予一定的重视，并引导"产学研"联合研发

OECD（2015）在报告中提出，OECD 国家对基础研究（basic research）的资助远快于应用研究（basic research）和实验开发（experimental development）——1985～2013 年，基础研发上升了 2 倍，而应用研究和实验开发仅上升 1 倍。

但是，基础研究的开展仍主要由大学以及政府承担。OECD 国家对基础研发的重视也可以从税收优惠政策中看出，部分国家对基础研究给予了相较于应用研究更大的激励力度。以美国为例，该国规定一般研发支出需超过一定基数方可享受 20% 的税收抵免，但合格的基础研究支出则不受到基数限制即可享受。

如前所述，高等学府承担了大部分基础研究任务，一般而言，OECD 国家中高等学府承担了其总体基础研究的 75%，在爱沙尼亚、冰岛和丹麦，高等学府承担了约 80% 的基础研究，韩国和俄罗斯相应比例仅达 20%（韩国基础研究多

由企业承担）。大企业与高校或研发机构进行合作是知识转移的重要来源之一，据统计，大多数国家的大型企业与高校合作活动是中小型企业的 2 ~ 3 倍。故部分国家对大学承担的研发活动同样给予激励。例如，意大利对外包给大学承担的相关研究支出给予更大的减免力度，挪威则对企业从大学或其他研究机构购买的服务给予了更高的抵免限额。

10.4.5 优惠政策针对特定的行业

例如，尼泊尔对于满足条件的信息技术产业可以采用 90% 的税率征收所得税。韩国对从事符合《新增长引擎产业》或者《原创技术计划》要求的研发活动，其研发费用除享受一般税收抵免外，还可再享受 30% 的税收抵免。体现国家对特定行业和产业的优惠倾向。

10.4.6 保证在特定地域内发生

立陶宛规定，当研发资本来自另一个公司或个人，只有欧洲经济区（EEA）国家或者一个与立陶宛有税收协定的国家，其研发成功的资产所产生的费用，才能进行 3 倍加计扣除。

此外，部分国家的政策还体现在对环境友好相关研发投入的倾向，如比利时；加拿大则由省级政府制定相关政策，墨西哥则存在地方税税收抵免体系，以鼓励特定活动，体现了"因地制宜"的政策意图。也有部分国家针对企业对研发相关雇员的工资和培训费用给予了优惠，如芬兰。

第 11 章

法国支持研发与创新的财税政策

11.1 法国科研体系及研发投入概述

近年来，在世界各国都给予了科技研发投入一定程度的重视，法国是一个国有化程度较高的国家，政府对于高新技术产业采取直接管理的方式，通过财政拨款、税收优惠等方式激励着本国科研活动的发展。近年来，法国政府的科技经费投入在欧洲都保持着较为领先的水平。自 2005 年以来，法国研发经费投入占GDP 的比重在十余年间一直处于稳定且逐渐上升的态势。

当前，法国的科研与创新体系有 4 个特点。第一，国家主导。这主要是由于国家大量的直接资金援助与研发税收抵免政策（CIR）的实施。法国从 1983年开始采用税收激励的方式对研发活动进行扶持，特别是在 2008 年的重大改革后，得益于更加完善的研发税收抵免政策，法国逐渐成为欧洲提供最优惠研发税收优惠政策的国家。第二，科研资助经费与公司规模联系紧密。在很多国家，国家级机构和大型企业都是科技与研发的主要生力军，而法国政府则比较注重大力资助一些中小型初创企业。使中小型企业在创立之初能够获得研发资金，有效地鼓励了高新技术产业的健康发展。第三，大学在公共研究领域发挥作用。法国很多综合大学以及高等专业学校的教学都是在与各重点科研实验室的配合下开展的，有利于研究资源的有效利用。第四，针对不同行业施行特殊激励政策。法国对其优势高新技术行业加大政策激励力度，实行个性化的优惠政策。

11.2 法国激励研发的财税政策

法国对研发活动有一个非常多样化的公共援助体系，法国支持企业创新政策，如表 11-1 所示。2010 年，法国政府转移 72 亿欧元用于支持高新技术企业的研发活动，细分为直接援助和间接援助，其中，主要通过 CIR 和 JEI 进行援助（45 亿欧元）。2011 年，在可供统计的国家中，法国的直接援助额占国内生产总值的 0.12%，间接援助位列第一，占 GDP 的 0.26%。[①]

表 11 - 1   **法国支持企业创新的政策**

目标	政策名称
增加 R&D 投入	研发税收抵免（CIR）；OSEO 对中小型企业的扶持项目
鼓励公司间合作研发	FUI；ANR；PIA
鼓励公司间合作和公共研究	FUI；ANR；PIA；CIR
鼓励创新创业	JEI；CIR；ANR；PIA
促进某些产业和部门发展（环保、关键工业产业等）	DGAC；国防信贷；MRP

资料来源：经合组织数据库，经过作者整理。

法国的科技政策在过去 15 年中发生了根本性的变化。最开始，为了应对社会需求和扶持国家主导的特殊产业，法国早期的科技政策关注重点是军事领域和电信行业等，现在法国逐渐将目光转向一些更有国际竞争力的行业。新的产业政策有以下几点特征，更加注重间接援助，如研究税收抵免（CIR），有针对性地对某些科研活动进行集中援助；在继续扶持大型公司科研活动的同时，出台针对中小型企业和企业家的措施和方案，将创业本身作为政策具体关注的对象等。

法国政府对企业的财政支持，主要是对企业的研发支出进行税收减免。政府的目标是降低企业的研发成本，以激励受益的公司做更多的研发活动。此外，为了弥补税收优惠政策对大型公司的偏向性，法国在不断地对政策进行改革和修订时逐渐将目光转向中小型企业或新兴企业，对其研发活动进行归类，对中小型科技企业的不同发展阶段制定针对性的政策。

11.2.1 研发税收抵免（CIR）

研发税收抵免（research tax credit，CIR）是在研发经费支出的基础上，给予企业的减税政策。

CIR 是法国财政支持企业研发的主要形式，于 1983 年出台。当时，该政策在具体实施过程中对具体减免税额的计算是十分复杂的，因而在后期改革中首当其冲解决的问题便是对其实施程序进行简化，从而优化创新型企业的纳税申报过程。然而在实施过程中，政府发现当 CIR 政策面对研发支出十分稳定的企业时，

[①] 根据经合组织数据库计算而得。

在减免税上效果甚微。因而在 2008 年，法国政府对 CIR 进行了重大改革，并使之成为当今法国的一项主要的研发税收激励政策。

（1）CIR 政策内容。根据该制度，科研企业符合条件的研发费用（最高可达 1 亿欧元）的 30% 可以进行税收抵免，超过研发支出上限的部分的抵扣率为 5%。此外，高新技术企业在某一年未纳税（该企业没有盈利），符合国家规定的，可在未来 3 年内对税收进行抵免；CIR 政策的特殊高抵扣率是针对新成立的研发企业的，即在过去的 5 年中因利润问题没有获得研发支出的税收优惠的公司，可以在第一年享受 50% 的抵税率，第二年享受 40% 的抵税率。双重税收抵免，即公司按其研发支出（最高为 1 亿欧元）的 60% 进行税收抵免，超出的部分最高按 10% 计算，适用于大量招募专家或博士研究生的科研机构。此外，企业集团也受益于"税收一体化"方案。例如，这类公司的子公司之一有可扣除的研发支出，该支出可以与其他需要纳税的子公司合并，最后从总公司企业所得税中给予扣除。这样使他们在研发支出的总额上能够保持 1 亿欧元以下的数额，因此，可以符合 30% 的 CIR 利率。自 2013 年以来，CIR 又额外加入了"创新税收抵免"，其中，包括创新之处以外的研发（试验安装、专利等）的抵免，但仅适用于中小企业。

（2）CIR 政策的实施效果及评价。CIR 政策对法国的研发活动的发展起了重大作用，特别是在 2008 年大幅度改革后，其政策效果及影响越发明显。在经济危机期间，许多国家科技企业的研发投入出现了停滞或下降，然而，法国的科技型公司的研发活动却没有因财政投入的减少而受到影响。CIR 的存在增强了法国研发公司在国际上的竞争力，从而吸引或留住跨国公司研究实验室。CIR 对降低研究成本有显著的效果。2008 年后，在法国陆续建立的许多外国实验室，在很大程度上归因于 CIR 政策的施行。CIR 被设计为一个比直接援助更平等的措施，CIR 在实现这一目标的同时也兼顾了部分中小型企业。CIR 不像直接援助仅关注特定规模的公司，其激励效果相较于直接援助更加显著。

11.2.2 针对中小型企业（SME）的激励政策

法国历来对中小型科研企业都给予了极大关注，如图 11 - 1 所示。

从具体数字上来看，法国公司的数量在 2008 ~ 2010 年间增长了 80%，2010 年新增的公司数目约 18 000 家。而这些新成立的公司中，70% 是中小型独立的公司。中小型企业的显著增加也成为 CIR 在 2008 年改革的目标之一，使小公司更容易通过税收优惠条件的审核增强其吸引力，另外，分析国家的援助资金流向，法国私营公司吸引了资金总额的 56%，其中，SME 占 36.4%，ISE 占 7.1%。由此也可以看出，在直接援助上法国政府也对 SME 给予了极高的关注。如表 11 - 2 所示。

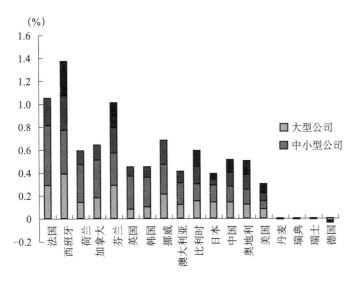

图 11-1　部分国家高新技术企业研发税收激励强度（%）

资料来源：OECD. Technology and Industry Scoreboard 2013：Innovation for Growth. OECD Publishing. http：//dx. doi. org/10. 1787/sti_ scoreboard -2013 - en.

表 11-2　　　　　　　　　　　竞争性集群资金的接受者　　　　　　　单位：%

收益集群	FUI	ANR	ISI	OSEO	总体
公共和社区	43	76.80	12	—	44
私营部门	57	23.1	88	100	56
—中小型公司	39.10	11.60	85	100	43.7
—大型公司	15.20	9	3	—	10.30

资料来源：经合组织数据库 . http：//competitivite. gouv. fr/documents/commun/Politique_ des_ poles/2eme_ phase_ 2009 -2011/evaluation/rapport - evaluation -2012 - %20complet. pdf.

　　①直接援助（OSEO）。法国创新署（OSEO）是公共融资机构，隶属于法国经济工业及就业部，以及高等教育与科研部。其前身为法国中小企业投资担保公司（SOFARIS）和法国技术创新署（ANVAR），在其基础上于 2005 年合并组建。此后，2008 年 1 月，法国工业创新署（AII）也并入该机构。

　　OSEO 的目标在于，为中小型创新企业提供信用担保及企业融资服务。2008年下拨 OSEO 73 300 万欧元用于援助创新，2011 年则下拨了 54 700 万欧元。这个降幅可能是由于 2008 年后 CIR 政策力度的增强，也反映了法国想要减少直接援助而增加间接援助的倾向。OSEO 是中小型创新公司直接援助的主要参与者，如表 11 -3 所示。

表 11-3　　　　　法国直接援助 2010 年和 2011 年活动内容　　　　单位：百万欧元

内容	2010 年	2011 年
国家财政拨款——联合研究所	308	315
合作资金	121	89
国家财政拨款——战略性产业创新计划	140	107
单跨部门基金	81	112
未来项目投资	0	36
总资助	650	659

资料来源：法国直接援助（OSEO）活动 2011 年报告。

②间接援助（JEI）。2004 年 1 月 1 日起，法国开始实施针对创新型企业（jeunes entreprises innovantes，JEI）的特殊政策。该措施仅适用于中小型企业。

该机制仅支持符合以下几点特定条件的企业：公司成立不足 8 年；每年研发支出额至少占其税前扣除额的 15%；公司必须是独立的，自然人必须持有至少 50% 的资本或间接地由一个自然人控股 50% 的中小企业。此外，对公司规模也有特定的限制，即营业额少于 5 000 万欧元、员工数大于 50 人少于 250 人、总资产不超过 4 300 万欧元的企业等。

JEI 在享有 CIR 政策的同时，也可以享受其他免税待遇，表现在以下几个方面：直接参与研究的所有员工，在一定年度内免除社会保险缴款；2012 年修改后，规定公司在第一年免征企业所得税，第二年起征 50%（不再是按照最开始盈利的 5 个年度，前三年免征企业所得税，后两年征 50%）；免征房产税 8 年；企业通过向税务部门提交相关研究项目的详细资料，通过研发税收抵免条件审核后，可获得相关税收优惠。如果税务机关在 4 个月内不予回应，研究项目则自动视为已获批符合研发税收抵免条件。

目前符合该优惠政策的中小型公司中，86% 的业务涉及商业服务业（信息技术、科学和技术活动），10% 为工业范畴（电气、电子、医药等行业）。2004～2011 年，5 200 家公司受益于这个优惠机制。在政策推出后最开始的几年，平均每年有 600 家公司被纳入该机制的优惠范畴，其中，60%～80% 的公司是成立少于两年的新公司。近年来，由于该机制对公司成立年度上限的规定，据统计 2011 年有 800 家公司由于成立超过 8 年而失去该优惠资格，从侧面可以看出法国政府对削弱大型企业竞争优势，扶持中小企业发展的决心。①

11.2.3　科研中心与大学实验室合作

在大多数国家，大学是高等教育和学术研究体系的支柱。法国的政府科研机

———————
① 经济合作与发展组织数据库。

构与大学的研究重点及工作任务是相辅相成的，为了充分利用人力物力资源，法国十分注重国家科研机构与大学实验室的合作，因而，也进一步培养了科研的尖端人才。在长期合作中，政府机构与大学探索出了有效的合作模式。

大学和科研机构主要向大学下属的研究单位提供人力及物力资源。科研单位所选择与之合作的大学也是通过筛选的，一般来说，硬件设备完备、学术水平高、有一定研发能力，且与科研中心研究方向一致的大学才有机会与科研中心共同合作研发。这种合作方式，不但有效地利用了现有资源，也加强了科研单位之间的合作伙伴关系，促使更多的教师加入研究工作，共同承担科研风险、集思广益，共同推动科研活动的发展。

此外，法国政府将有竞争力的大学集结成更大的整体，或者通过合并整合到联邦机构下。这样的做法，首先，是为了提高大学的国际知名度。在过去的十年中，大学之间在全球范围内的竞争逐渐激烈。因此，排名的先后也反映了在大学开展研究的质量，对他们的声誉有着深远的影响，有较高知名度的学校也更易获得较好的人力资源。其次，是为了加强大学对法国研究的影响，使各高校能够更好地和专业机构或研究管理单位进行交流。将高校整合在一起的目的，也是为了促进与大型研究单位的合作创新，从而促进学科研究质量。最后，法国在使高校与政府科研机构紧密联系的同时，也注重求同存异，尊重他们之间的差异，合作的同时兼顾个性化发展。

对于许多高校，科研经费不足是很多研究活动中普遍面临的问题。法国政府每年对大学的科研投入虽然呈逐年上升的态势，但实际上投入资金并不能满足发放大学实验室职员工资、更新改善实验室设备等需要。因而，高校与政府科研机构合作，并签订相关项目合同，与科研中心共享资源可以缓解或部分解决大学实验室面临的诸多问题。此外，合作还有效地激励了大学研究人员的积极性，吸纳新进科研人员，有效地解决了大学研究缺乏动力及研究人员老龄化等问题。

11.2.4　不同高技术产业的特殊政策

法国科学技术发展总体较为均衡，构成其比较优势的高新技术产业和传统产业竞争力的领域主要包括：航空航天、核电、高速铁路、高端制造业、汽车、医药以及环保领域等，而竞争力核心在于其关键环节技术。

软件行业。法国政府十分重视软件行业的发展，许多软件研发课题都列入了国家关键技术项目，极大地鼓励了法国软件研发活动的发展。法国政府对软件领域研究和创新的支持政策有两大部分：一是积极参与欧盟框架研究计划下的信息科技计划（IST）和尤里卡框架下的 ITEA 计划，二是 1997 年出台的 PAGS，法国政府先在软件研发上投入巨额公共财政，直接支持软件技术研究、开发和推广，极大地促进了软件产业的技术升级和产业换代。法国政府还通过税收和融资鼓励等，积极鼓励私人资本和风险基金投入软件产业，修改了许多法律鼓励创新、提高效率、保护电子交易、加强培训等，为软件产业的发展创造了良好的外部环境。

汽车制造业。法国的汽车制造业也十分发达，汽车生产商标志雪铁龙、雷诺都是世界知名汽车制造商。法国对于汽车制造业的研发发展商注重产品的发动机、安全性能，特别是汽车节能环保方面加大了研究力度。2012 年，法国政府为鼓励汽车制造业的发展，提高了环保汽车的补贴力度，其中，包括电动汽车及混合动力车等多种环保汽车类型，同时，还扩大了环保津贴的优惠对象范围，为新兴的汽车业中小型企业提供贷款，鼓励厂商投资新技术。

11.3 法国天使投资税收激励机制概况

11.3.1 法国天使投资税收激励机制相关内容

法国的天使投资人能够享有占投资总额 18% 的税收减免（2010 年这一数字为 22%），其限度是 50 000 欧元（若为夫妇，则限度为 100 000 欧元）。投资必须持续至少 5 年，且被投资企业必须是中小型企业（SME）[①]。除此之外，需要缴纳财富团结税（ISF）[②] 的个人可以进行高达 45 000 欧元的投资，这样做可以减少 50% 的税金。该减税政策在投资于中小企业时同样适用于 27 个欧盟成员国，这在欧盟是一个特例。

政策制定者能够鼓励天使投资的方式之一，是通过税收激励政策对那些投资于指定类型的投资和企业私人投资（Mason，2009），其中，包括对投资、资本利得和损失（包括勾销的呆账和展期）的税收优惠。这些税收激励的目标，是增加天使投资人的数量以及资金投入量。法国很早就意识到这一点，无论一个国家有没有明确具体的税收优惠政策，都需要更清晰的税收规则。法国政府为投资制定的减税政策，25% 的减税（每年要保证 20 000 ~ 40 000 欧元的资金）和财产税 75% 的减税（每年要保证 50 000 欧元的资金）。

[①] small and medium enterprises，SME（中小型企业）的简称。法国经济统计研究所规定的划分标准为，职工人数小于 10 人为零散企业；10 ~ 50 人为小型企业；51 ~ 500 人为中型企业。

[②] impot sur ia fortune，ISF（财富团结税，法语）的简称。通常被称作"富人税"。法国是世界上仅有的仍在征收财富团结税的国家之一。2012 年，法国提出对年薪超过 100 万欧元的个人征收 75% 的财富团结税。

在面对被认为是潜在资本短缺的风险和以在青年创新型企业（JEI）① 中所占份额或以风险投资资本为代表的不易流动的投资资本时，法国当局已经制定了一系列具体的税收措施，它们能确保这些投资在税后比其他投资更具吸引力。在财政方面，优惠的税收待遇已经使投资于中小型创新企业的天使投资人获得利益，尤其是在 1999 年后。这个机制可以采取多种形式，最常见的一种是加入创新安置共同基金（FCPI）或者临近中小企业基金（FIP）②。在此方案下，1997～2008年，通过 33 个管理制企业共筹集到 50 亿欧元，其中，超过一半的金额被用在投资于近 900 家创新型企业。

创新安置共同基金（FCPI）是创立于 1997 年的互惠基金，它使投资者在符合以下条件时有获得所得税减免的权利，即至少有基金资产的 60% 投资于那些欧盟成员国中职工人数少于 2 000 人的创新型企业，且这些投资企业必须满足下述两个条件之一：它们必须明确地投资于研究与开发项目（R&D）（企业可进行价值 10%～15% 的税收扣除费用）或者经法国创新署认定的创新型企业。针对个人投资者的税收优惠包括对创新安置共同基金进行总量为 18%（低于 2012 年的 25%）的税收减免（若为夫妇，则优惠上限为 24 000 欧元），如果能够对创新安置共同基金投资 5 年以上即可获得资本利得税的全额免除。

在创新安置共同基金资产中其余的 40% 通常分配给那些传统投资公司，它们会选择投资于更稳定的集体投资计划。创新安置共同基金的绩效一般取决于如何将这 40% 与税收减免结合到一起进行投资的，而不是创新型企业的业绩表现，其中只有少数会取得成功。另外，资金融入后的 5 年内收益颇微，大多数创新安置共同基金要持续 8～10 年；这需要花费 5 年的时间使免税的资本利得实现获利，虽然这种收益仍受制于 15.5% 的社会保险费。这一点可以在一定意义上证明税收政策的有效性，研发出一种产品所需的费用，既是一种对青年创新型企业的投资，也是一种税收减免的媒介。

从 2006 年开始，法国政府已经制定了一个针对私人天使投资人用于中小型企业相关直接投资行为的一套税收优惠制度（高达 250 职工和/或 5 000 万欧元的收入）。自从财政部出台相关政策以后，这套所得税减免制度便被称为 Madelin。一般来讲，税率是 25%，所需资金为 2 万欧元，以及持股 5 年的保证。这一

① jeune entreprise innovante，JEI（青年创新型企业，法语）的简称，是指成立时间在 8 年以内的创新型中小企业。法国政府对于拥有青年创新型企业身份的企业提供财税方面的系列优惠政策。该制度从 2004 年 1 月开始实施，但从 2011 年起优惠力度渐减。

② 创新安置共同基金（fonds communs de placement dans l'innovation，FCPI。认购该基金可获得 18% 的税收减免）和临近中小企业基金（fonds d'investissement de proximité，FIP）的投资对象均为未上市公司。创新安置共同基金涉及的是那些创新型企业，其中，60% 的资金被投入用于欧盟地区员工人数少于 2000 人的企业改革；临近中小企业基金针对的是周围邻近四个大区的中小型企业。

减税政策已经扩展到商业天使投资（SIBA），同时，可以享受来自公共银行的保证。然而，近年来，这项税收优惠已经被逐渐削减，到现在为止，这一数字为18%和1万欧元（那些与其他种类的税收优惠相结合的资金，如家庭护理）。它被用来证明诱导私人在原始资本的水平风险创投公司投资上是低效的。这项税收优惠在近几年已经扩展至投资领域，通过专业资金投资 FCPI 认证，由职业基金经理负责管理，目前，将提供超过70%的资金投资于企业初期。至于直接投资，出于同样的原因考虑，风险资本筹集的基金在过去2年下降了40%。另外，这项税收优惠不会对任何现有的商业天使投资提供帮助，自2010年开始，限制了股东数量最多为50个，这就使这种结构不再稳定。

在2007年通过的 TEPA 法案①出台了一个新的税收减免政策，称为 ISF－PME，在财富团结税中被称为 ISF，优惠比率是50%（2年是75%），所需资金为45 000欧元（通常为50 000欧元）。自从这个系统每年带动9万欧元的投资以后，它被证明比上一个被称为 Madelin 的制度更为有效。但这只适用于那些支付财富团结税的个人。这同样需要持股至少5年，同样适用于对创新安置共同基金和临近中小企业基金的投资。从收集税收数据研究 TEPA 法案的过程中我们可以知道，该法案提出的税收优惠在2007~2008年间已经被约70 000位私人天使投资人共节税60万~70万欧元，其中大部分税款涉及对中小型企业的投资。

从2008年1月1日起，TEPA 法案为推进工作、就业和购买力，给受制于财富团结税的纳税人设计了一项税收减让政策。根据法律规定，当天使投资人投资于一个职工人数少于250人的中小型企业时，可以减免其财富团结税中75%的直接投资或50%的间接投资。这个补充的税收减让条款适用于创新安置共同基金和临近中小企业基金，只要他们同意遵守该法律条款的公司的最低比率（包括成立不满5年的大部分公司）。直接投资于中小型企业的资金，或者通过财富团结税控股承销中小型企业资金的间接投资，可以使财富团结税减少75%，其最高限额为50 000欧元。资助一个低于财富团结税50%的创新安置共同基金和临近中小企业基金，其上限是每个纳税户每年20 000欧元。

在2008年，73 200位纳税人在 TEPA 法案的这项税收优惠下直接或间接地向中小型企业投资了11亿欧元。在2009年，这个数字增加到15亿欧元。在2010年10月，财富团结税的减少使得直接持股或间接持股的减少从75%降低到50%，其中减少的上限是45 000欧元。

只要纳税人采取了单独资助并另行支付的方式，就可以将收益（FCPI 和/或FIP）和 TEPA/ISF 结合起来。有两种方式可供天使投资人选择：

———————————

① TEPA 法案：法国政府在2007年通过的一项公司法。颁布的目的旨在推进工作、就业和购买力。

投资于互惠基金（临近中小企业基金、创新安置共同基金和财政风险投资基金（FCPR）①）。在法国还未对此进行相关审查，因为相对来讲它们是不太重要的，然而其对天使投资人来说很重要，使天使投资人获得 25% 的所得税减免，并且财富团结税也减少了 50%。

以自有资金投资并对中小企业进行控股，它们和直接投资一样，给予投资人以同样的税收减免，因此，受到了天使投资人的青睐。

一份来自财政部总督察（（IGF）2009）的检查报告书中批评了对这些产品采取高额管理费和佣金的那些管理者和经纪人，使政府蒙受了巨大的税收损失。这两种手段使人们在 2008 年有可能筹集到超过 12 亿欧元的资金，主要是通过大量的资金（财政的风险投资基金，临近中小企业基金和创新安置共同基金成功地从 145 000 位天使投资人手中筹集到 11 亿欧元，相比之下，以减持的方法从 6 300 位天使投资人手中筹集 12 600 万欧元）以 5 亿欧元的税收支出作为回报（24 200 万欧元的所得税减免和 25 800 万欧元避免财富团结税）。

有些财政专家针对这一模式给予了各种建议：（1）没有财政影响的传统投资基金将之视为扭曲的不公平竞争。（2）创新安置共同基金经理索要的费用过于高昂。（3）法律的施压迫使投资的步伐太快，不允许其他适当的产品涉入。（4）这项方案导致国家的税收蒙受巨大的损失（根据（IGF）2009 所述，在 2009 年，每筹集 11 亿欧元，就会有 5 亿欧元的税款流失）。结合上述分析，法国天使投资税收激励机制的相关政策介绍，如表 11 - 4 所示。

表 11 - 4　　　　　　　法国天使投资税收激励机制的相关政策介绍

法国		
相关政策名称/项目名称	Madelin	TEPA 法案
税收优惠额度/比例	所得税减免比例为 25%，减免上限为 20 000 欧元（目前，减免比例被减少至 18%，减免上限降至 10 000 欧元）	对财富团结税给予 50% 的减免，上限为 50 000 欧元（目前，百分比已经提高至 75%，上限下降至 45 000 欧元）
具体相关政策/项目	由财政部于 2006 年推出，近几年，只要超过基金的 70% 资本投向早期阶段，即可享受税收优惠政策	给予更大的投资上限，该政策被证明比 Madelin 更有效，但只适用于缴纳财富团结税的个人（其中，天使投资人约占 60%）

资料来源：作者整理。

---

① FCPR，又称风险共同投资基金。属于金融信托，具有规模经营效应，投资的方式也有很多。风险共同投资基金在基金层面免税，因此，只有一层投资人税负，投资人投资于风险共同投资基金还可享受多种税收优惠。

11.3.2 对法国天使投资税收激励机制的评析

法国天使投资协会（France Angel）成立于 2001 年，代表 84 个商业天使投资组织，4 500 位天使投资人，在平均每年 350 场交易中投资大约 1 亿欧元。法国一直是欧洲最活跃的天使投资市场之一。这样的成绩归功于法国天使投资人帮助发展天使投资市场，同时也依靠了政府推行的鼓励天使投资的税收优惠。在法国有许多类型的天使网络在运行，包括许多高等院校的校友团体。法国有自己的一套税收激励机制。在法国，对财富团结税有着高额的减免，只要成为天使投资人便可享受此优惠。然而，近几年，优惠税率从 75% 下降到 50%，限额为 45 000 欧元。近年来，这些组织的全部绩效并不尽如人意。2013 年 7 月 4 日，一项由 AFIC 与安永（Ernst & Young）发起的联合调查特别关注了法国私募股权公司的净值表现。结果表明，天使投资网络在风险投资上近 10 年的投资绩效仅为 0.05%。尽管风险投资的内部收益率（IRR）在法国近 10 年的表现差强人意，但有一些基金的绩效却很好，有些创新安置共同基金虽然有着消极的内部收益率，却在税后有着较为喜人的回报。

税收激励在增加天使投资人数量和投资数额时，仍然会存在一些潜在的负面影响。比如，税收激励方案有可能变得复杂，并导致一些意想不到的后果。比如，政府提供高额的激励可能会增加以资金形式资助的金融投资人（financial investors），而不是那些提供专业知识、人脉以及资金的天使投资人。此外，还有可能造成中介机构通过扭曲税收激励方案来减少风险投资的危险（Mason et al.，1988）。因此，审核程序要被定期评估，并及时做出为适应激励方案而设定的必要的修改，这些都是极为重要的。

可以说，税收激励并非一种见效快的工具，也可以说，是一种很难直接作用于正确对象上的工具。因此，严谨的设计、监督、评估以及调整，对于确保最终目标的顺利实现都是极为重要的。如果对天使投资市场缺乏强有力的数据的话，那么，就会阻碍天使投资的发展，因为这样的数据使得政府难以建立以基本信息为基础的政策。

越来越多的税收激励机制被用来解决利润和亏损之间的不对称问题（Poterba，1989；Gendron，2001；Cullen，Gordon，2007），它可以帮助消除障碍，鼓励更多人将资金投资于初创企业。对于天使投资人来说，采取投资组合的方法是特别重要的，因为有些投资将失败，而有一些则会成功。税收激励能够鼓励更多人成为天使投资人，并能鼓励现有的天使投资人进行更多投资。在法国，股权差距非常大，而商业天使是唯一一种投资于那些原始资本（seed capital）少于 100 万欧元的初创型企业的投资人，因此，从鼓励天使投资人的方面来讲，税收激励政策是十分必要的。法国财政学家居伊·罗林（Guy Roulin）的研究表明，财富团结税在未来可能被取消，因此，必须为中小型企业找到另一种金融资产，以保证税收优惠的支持。所得税优惠政策是按比例与承担风险增加的，因此居伊·罗林建议，对于那些向中小型企业投资的、总投资额在 200 000 欧元（个人）或 400 000 欧元（夫妇）的天使投资人，采取 41%（较高的所得税率）的税收减免。无论其法人组织和合作伙伴的数目是多少（目前限制在 50 个合作伙伴），这种激励必须通过对持股公司的投资来获得。

第 12 章

英国天使投资税收激励政策[①]

天使投资作为整个风险投资的开端，对企业融资和带动就业具有重大意义。近来，随着中国资本市场的不断发展，通过税收激励政策促进天使投资引起了社会的广泛关注。英国作为天使投资发展相对成熟的代表国家，其税收激励体系值得借鉴。

12.1 引言

天使投资是自由投资者或非正式风险投资机构对于原创项目或小型"种子期"企业进行的一次性前期投资，属于风险投资的一种。通过投资可促进新兴产业的形成、提升行业活力，同时创造更多就业机会。根据风险投资在不同阶段的特征，形成"天使投资—风险投资—股票融资"体系非常重要，而天使投资作为整个投资体系的开端意义更加重大。但是，由于中国资本市场发展不成熟、天使投资起步较晚，市场上活跃的自由投资者有限。为此，对天使投资人实行税收优惠政策将有效地促进中国天使投资的发展。

英国天使投资税收激励政策体系比较完善，对建立健全中国创业投资税收激励体系有重大的借鉴意义。对于英国天使投资税收激励体系，英国税务及海关总署公布了政策并提供了详尽的解读指南。莱纳（Lerner，1998）介绍了天使投资的金融政策和公共政策。阿诺第（Aernoudt，2006）辩证性地分析了公共支持对欧洲天使投资市场的影响。对于中国创业投资税收激励政策，王卉彤（2004）在分析 OECD 国家的税收政策上对中国建立创业投资税收激励体系的考虑方面提出了建议。闫坤和杨元杰（2004）界定了创业投资税收激励政策框架，并提出了完善中国创业投资税收激励的原则。薛薇（2014）分析了中国科技型中小企业得到天使投资和风险投资严重不足的问题，并提出了相应的解决方案。

---

① 本章的部分内容已发表在《税务与经济》2017 年第 5 期，题目为"英国天使投资税收激励政策及对我国的启示"，作者为陈远燕，李雨乔，张凯。

　　中国学者对天使投资税收激励政策的研究有限，对于英国天使投资税收激励体系研究比较匮乏。本章的贡献在于，按计划类别系统地梳理了英国天使投资税收激励政策。

12.2　英国天使投资税收激励政策概况

12.2.1　企业投资计划（enterprise investment scheme，EIS）

　　企业投资计划旨在帮助小型高风险交易企业筹集资金。企业投资计划将通过提供一系列税收优惠政策为该类别企业吸引投资者，特别是自然人投资者和特定的受托人。

　　该计划对于被投资企业具有如下明确的规定：①常设机构要求。即对于2011 年 4 月 6 日之后发行的股票，在 B 期间（period B/three year period 指开始发行股票至股票终止日零点），被投资公司在英国设有常设机构。②对于 2011 年 4 月 6 日之后发行的股票，在股票发行日，被投资公司财务状况良好，财务状况良好是指在 B 期间，公司没有欧盟委员会定义的财务困难。即公司不能利用自己的资源或从股东、债权人处获得资金弥补亏损，并且该亏损将在短期内导致公司破产。对于有限责任公司，注册资本减少 50% 且减少资本的 25% 是在最近 12 个月内损失。无限连带责任公司，账户资本金减少 50% 且减少资本的 25% 是在最近 12 个月内损失。除上述情形外，出现一般财务困难的标志也可能被认定为公司财务困难。例如：持续亏损、营业额下降、库存增多、现金流减少等。③被投资公司交易限定。即被投资公司分为两类，进行合规交易的公司和拥有旨在进行合规交易子公司的母公司。④非上市状态要求。发行股票时，该股票、发行公司的其他股票、信用债券、证券均需处于非上市状态，即不允许在当时公认的证券交易所，或被 HMRC 指定的交易所，或以任何形式被 HMRC 指定的国外交易所上市。⑤控制和独立要求。在 B 期间，被投资公司不允许控制任何不符合要求的子公司（控股少于 50%）。同时，被投资公司必须是独立公司，即不属于任何公司的子公司；⑥资产总值要求。投资上限取决于被投资公司的资产总值。上限为股票发行前 1 500 万英镑，发行后 1 600 万英镑。⑦员工数量要求。被投资公司的员工数量（员工数量为全职员工或等价的兼职员工，不包括实习学生、学徒和休产假及陪产假的员工），不能超过 250人。⑧管理不动产子公司的特别要求。如果被投资公司的子公司主要或者大部分经营管理土地或价值来源于土地的财产（包括股权、利息、影响土地处置的期权、同意书和禁运令），子公司需为 90% 的全资子公司，即拥有子公司至少 90% 的股权和投票权，至少 90% 的可用于股东权益分配的资产，分配至少 90% 的子公司利润。

该计划对于投资额度具有如下明确的规定：①投资股份限定。发行的普通股在 3 年期间必须同时满足：现在或将来没有分红的优先权①；现在或将来在公司资产清盘时没有优先权；现在或将来没有回购的权利。股票附带的权利通常由公司章程或决议决定。②年筹资额上限。2007 年 7 月 19 日~2012 年 4 月 6 日发行的股票，年筹资上限为两百万英镑②，2012 年 4 月 6 日及其之后发行股票的公司年筹资上限为五百万英镑③。③种子企业投资计划筹资款支出额度限定。如果被投资公司曾通过发行符合种子企业投资计划税收减免政策的股票筹资，该公司在发行符合企业投资计划税收减免政策的股票前，需要花费至少 70% 的筹资款；④被投资公司筹资目的及筹资款使用限定。发行股票的筹资应为一段时间内的运用资本（指筹资额没有为了使得投资者获得税收减免而超过企业的实际需要）且用于合规商业活动。合规的商业活动即指，进行合规交易，发行股票两年内准备进行合规交易和进行研发合规商业活动。合规商业活动必须持续至少 4 个月，最早终止日期为股票发行日。⑤无事先安排规定。发行股票不允许有以下的事先安排：以任何形式处置股票的安排，终止企业交易的安排，处置企业部分资产或全部资产的安排；⑥无避税意图规定。

企业投资计划税收优惠政策，主要涉及个人所得税和资本利得税。个人所得税减免政策适用于符合相关条件的④、与被投资企业无关联⑤的个人投资者，适用 30% 的所得税扣除率。投资额上限为每年 100 万英镑，所得税扣除额上限为每

---

① 优先权包括红利金额范围的变动基于公司决策、股东或任何其他人；以及取得累计优先股的权利，累计优先股指，当年不能向优先股股东发放红利时，该股东可以在以后公司支付红利的年度得到此红利。

② 筹资方式包括创业投资信托、企业投资计划和公司风险计划。

③ 相关筹资方式包括，创业投资信托、企业投资计划、种子企业投资计划和任何欧盟委员会批准的、符合中小型企业风险投资指南的以国家补助形式的投资。

④ 符合个人所得税减免政策的投资者指，自然人并且由本人以全款、现金形式认购普通股股票。代理人和受托人除以下两种情况，均不适用个人所得税减免规则。第一，通过代理人认购或者处置股票的自然人以及被实名登记为持股者的自然人，均被视为符合税收优惠条件的投资者。第二，共同认购导致法律上被认定为被动受托人的情况下，受益所有人均视为投资者，平均享有股份。同时，HRMC 对投资者有以下约束条件。第一，投资者和股票发行企业在 A 期间（Period A/ three year straddling period 指，自公司成立或发行股票前两年至股票终止日的前一天）没有关联。第二，投资者或其相关者不能借有与企业投资计划投资无关的贷款。第三，投资者必须以真实的商业目的认购股票，而不是以避税为目的进行认购。

⑤ 关联包括以下 3 种情形：投资者或其相关（相关者包括亲属、合伙人，和申报纳税减免相关投资的受托人等）是该企业员工；或该企业的合伙人或合伙人的员工；或该企业的主管或企业合伙企业的主管或在 A 期间该公司的任何子公司的主管。主管包括经理和以任何头衔行使管理职能的人或控股不低于 20% 的人。认定为与被投资公司有关的主管指，收到来自被投资公司除默认薪水外的价款。但是，主管不包括创业天使。

年 30 万英镑。如果投资者在处置股票时出现亏损，该亏损额可用于抵减处置年度或之前任意年度的收入，使得个人所得税应纳税所得额减少。

资本利得税涉及抵免和递延纳税两项优惠。与被投资企业无关联的个人投资者如果没有取得个人所得税减免并在 3 年后处置该股权投资，若存在资本利得，投资者将豁免资本利得税。资本利得递延纳税政策适用于在 1998 年 4 月 6 日之后，纳税人在合规的时间（股票发行于申报所得 1 年前或申报后的 3 年）进行合规的投资（投资人在合规的时间内以现金、全款的形式投资于合规的公司）取得的收益。递延的金额并无限制，且该政策适用于被投资企业有关联或无关联的自然人投资者以及受托人。

12.2.2　创业投资信托（venture capital trusts，VCT）

创业投资信托旨在鼓励个人投资者通过类似于投资信托公司的金融媒介间接投资小型非上市企业。创业投资信托投资于多家企业，有助于分散投资风险。

创业投资信托和投资信托公司类似，由大型投资集团的基金经理运作。2011 年 4 月之前，创业投资信托指在伦敦证券交易所上市的公司。之后，创业投资信托的范围扩大至允许在受管制市场（覆盖了欧盟和欧洲经济区内的市场）内交易的企业。符合税收减免政策的创业投资信托[①]，需由英国税务海关总署认定。

创业投资信托税收优惠涉及企业所得税、资本利得税和个人所得税。创业投资信托从投资者获得的收益，可免交企业所得税。个人投资者在认购新股时可享有个人所得税"前端"优惠，股息红利所得减免，资本利得税减免，资本利得税递延优惠，而以其他方式获取普通股只享有资本利得税减免和股息红利所得减免。

年满 18 周岁的自然人投资者在认购新股票时，可享有"前端"个人所得税减免政策。享有税收优惠的股票应符合以下要求：①最短持有期。2000 年 4 月 6 日之前或 2006 年 4 月 5 日之后发行的股票需持有最少 5 年；在 2000 年 4 月 6 日至 2006 年 4 月 5 日发行的股票需最少持有 3 年。②现在或将来均不享有优先分红权、优先回购股票的权利和优先获得公司资产清盘收益的权利。

---

① 认定条件如下：（1）最近会计期间的收入全部或主要来源于股票或证券。（2）至少 70% 的投资属于合规的持有股份，即持有股份满足：被投资公司满足非上市状态；进行合规交易创业投资信托投资前总资产不超过 1 500 万英镑投资后不超过 1 600 万英镑；独立状态等。认购股份后一直持有。（3）至少 70% 的合规持有股份是不享有优选回购权且在公司资产清盘和分红时享有有限优先权的普通股。（4）在其他任何公司的持有股份不得超过投资的 15%。（5）普通股需在证券交易所上市。（6）不能留有超过 15% 的来自股票或证券的收益。（7）创业投资信托不允许投资于任意一家年投资额超过 500 万英镑的企业。

投资者从创业投资信托的普通股获得的红利可享有个人所得税抵减,见表12-1。2004~2005税收年度之后,可享有税收优惠的股票认购额上限为每年20万英镑。

表12-1 创业投资信托个人所得税优惠细则说明

认购时间	扣除要求	扣除率
2004年4月6日之前	可享有税收优惠的股票认购额上限为每年10万英镑	认购的股票可享有认购金额20%的税收减免。同时税收减免额不能大于该年的所得税负债
2004年4月6日~2006年4月5日	可享有税收优惠的股票认购额上限为每年20万英镑	认购的股票可享有认购金额40%的税收减免。同时,税收减免额不能大于该年的所得税负债
2006年4月6日之后	可享有税收优惠的股票认购额上限为每年20万英镑	认购的股票可享有认购金额30%的税收减免。同时税收减免额不能大于该年的所得税负债①

资料来源:作者整理。

资本利得税同样涉及抵免和递延纳税两项优惠。处置符合条件②的创业投资信托的普通股股票而获得的收益可免交资本利得税。个人投资者在2004年4月6日之前认购的符合条件③的股票可享受资本利得递延纳税。2004年4月5日之后发行的股票,不再享有资本利得递延纳税优惠。

12.2.3 种子企业投资计划 (seed enterprise investment scheme, SEIS)

种子企业投资计划作为企业投资计划和创业投资信托体系的补充,进一步通过给个人投资者提供一系列的税收优惠以支持小型、处于早期阶段的企业发展。

---

① 比如,投资者在2009~2010年度认购20万英镑的股票,则其享有的所得税减免额为6000英镑。如果在享有任何所得税减免之前的所得税负债为5000英镑,则最终获得的所得税减免额为5000英镑。

② 资本利得税减免条件为:(1)在投资者认购和处置股权时,被投资公司均被认定为创业投资信托。最早认定为创业投资信托的时间是1995年4月6日,因此,最早可享有资本利得税减免的股权为该日。(2)处置股权须为自然人,且在处置当日需年满18周岁。(3)股权认购应有实际经济意义,不是出于避税目的。(4)纳税人在一个税收年度内认购的创业投资信托普通股股票金额在2003~2004税收年度及其之前不得超过10万英镑;在2004~2005税收年度及其之后不得超过20万英镑;处置股权发生的资本损失可以从税前收入中扣除。

③ 资本利得递延纳税条件包括:在一个税收年度内认购的创业投资信托普通股股票金额不得超过10万英镑;股票发行于产生应纳税所得1年前至应纳税所得1年后。

种子企业投资计划目前适用于发行于 2012 年 4 月 6 日~2017 年 4 月 6 日之间的股票，该优惠体系在财政部的要求下有可能延期，该体系涉及个人所得税、资本利得税和再投资的税收优惠。

对于持有至少 3 年的股票，符合条件的个人投资者①认购的股票可享有认购金额 50% 的税收减免，可享有税收优惠的股票认购额上限为每年 10 万英镑。减免方式为扣减应纳税所得额，税收优惠不可递延至下个纳税年度。认购股票的 5 年内可以申报所得税减免。比如，A 先生于 2012~2013 年认购 2 万英镑种子企业投资计划股票，享有税收优惠前的应纳税所得额为 7500 英镑。则可享有的税收减免额为 1 万英镑，该年度实际应纳税所得额为 0，剩下的 2500 英镑不允许递延至下个纳税年度继续抵减。同时，个人所得税减免政策对被投资公司有交易要求②、进行合规商业活动③、B 期间在英国常设机构要求、股票发行日财务状况良好、非上市要求、控制和独立要求④、无合伙企业⑤、发行股票前总资产价值不得超过 20 万英镑、少于 25 名全职员工、不曾接受过符合企业投资计划或创业投资信托体系下的投资以及筹资上限⑥的限定。

资本利得税减免政策具体细则，如表 12 - 2 所示。再投资优惠只适用于 2012~2013 税收年度和 2013~2014 税收年度。如果在 2012~2013 年度处理资产获得的收益全部或部分再投资于种子企业投资计划且符合种子企业投资计划减免规定，再投资部分的收益免征资本利得税。对于 2012~2013 年度再投资收益可 100% 减免；2013~2014 年度再投资收益可获得 50% 减免。种子企业投资计划享有税收减免的投资上限为 10 万英镑，因此，2012~2013 年度再投资免征额上限为 10 万英镑，2013~2014 年度为 5 万英镑。

---

①　符合种子企业投资计划个人所得税减免的投资需满足以下条件：（1）非员工投资者：投资者及其相关者在 B 期间不是被投资公司或其子公司的员工，员工不包括主管。（2）A 期间与被投资公司无实质利益关系：实质利益关系指，投资者直接或间接拥有或通过以下方式有权利获得多于 30% 的股份。方式可以为：普通的或已发行的股本；投票权；清算权利；对公司的控制权。（3）无相关投资安排：投资者不能进行互惠投资，即指投资者不能与另一位投资者商定后分别投资于与对方有实质利益关系的公司。（4）无贷款投资：在 A 期间，投资者或其相关者不允许贷款认购股权。无避税目的。

②　进行新定义的合规交易的公司和拥有旨在进行合规交易子公司的母公司。新定义的合规交易指，自股票发行日起，不被企业或其他任何人参与超过两年的交易，且该企业和任何相关子公司在该企业开始新交易前并未参与其他问题交易。

③　B 期间，新定义的合规交易和任何相关的准备工作、研发活动必须由发行股票的企业或控股 90% 的子公司参与。

④　在 A 期间，被投资公司不允许控制任何不符合要求的子公司。同时，被投资公司必须是独立公司，即不属于任何公司的子公司。

⑤　在 A 期间，发行股票企业和 90% 控股子公司均不允许有合伙企业。

⑥　截至接受最近一次种子企业投资计划投资的 3 年内，企业接受的种子企业投资计划的投资和国家微量援助总和不得超过 15 万英镑。

表 12 – 2   种子企业投资计划资本利得税优惠细则

处置情形	税收优惠政策说明	扣减办法
利得	当个人所得税减免全部获得时，处置持有 3 年以上的种子企业投资计划投资股权所获得的收益免征资本利得税	资本利得额全部免征资本利得税
	当应享有的个人所得税减免没有全部获得时，资本利得只能享有部分免税	可享有的资本利得税豁免额 = 资本利得 × ［实际获得的个人所得税减免额/认购额 × 种子企业投资计划税率（50%）］
	当个人所得税豁免额减少或被撤回时，资本利得只能享有部分免征	资本利得免征额 = 应纳税资本利得 × （个人所得税豁免额减少额/减少前个人所得税豁免额）
损失	处置股权发生的资本损失可以从税前收入中扣除	

资料来源：作者整理。

英国天使投资税收激励体系中企业投资计划和种子企业投资计划均为针对个人投资者直接投资非上市公司的激励政策，创业投资信托相较于前两者更侧重于鼓励个人投资者通过专业机构创业投资信托进行天使投资。因此，英国的整个创业投资税收激励体系考虑了多投资主体投资的情形，比较完整。

第13章

美国天使投资税收激励政策

美国作为天使投资的起源国家，其相对完备的税收激励政策的设计和实施无疑对中国制定相关政策有重要的借鉴意义。本章根据清科研究院及美国新罕布什尔大学创业投资研究中心发布的天使投资统计数据，对中国、美国 2008 ~ 2014 年的天使投资情况进行了简要介绍，并梳理和比较了美国与中国天使投资的相关税收政策。

13.1 引言

已有研究认为，税收激励政策对天使投资发展的意义在于，获利是天使投资人的首要投资动机，税收激励政策的作用在于通过减少天使投资人的风险和投资成本，鼓励当地天使投资人对当地企业进行投资，以促进当地经济和就业（Joseph R. Bell，James E. Wilbanks，John R. Hendon，2013）。

美国作为天使投资的起源国家，政府给予了天使投资良好的政策环境，相关税收激励政策实施也较为成功。有学者和相关部门对政策效果进行了评估，多数学者认为美国天使投资税收激励政策是有效的：新墨西哥州发展部门在报告中，将 736468 美元的投资归因于天使投资税额抵免政策的实行（New Mexico Development Department，2012）；威斯康星州自 2004 年通过天使投资税额抵免政策，天使投资人和基金的数量增长了 3 倍，从 2006 ~ 2007 年，投资额从 10 300 万美元提升到 14 700 万美元，涨幅近 43%，投资规模平均在 224 万 ~ 400 万美元之间。路易斯安那州的政府官员指出，政策带来了 3 倍的合格的天使投资额及 2 倍的天使投资人的增长（north star economics，2008）。此外，从美国新罕布什尔大学创业投资研究中心每年发布的天使投资市场报告，如表 13 – 1 所示，从投资创造的职位数上看，自 2008 年起，几乎每个天使投资项目均能带来约 4 个的职位。此外，其税收激励政策也相对完备——政策涉及联邦政府和州政府层面；税收激励政策形式多样，涉及税额抵免、税基以及税率优惠；激励对象覆盖天使投资的个人和机构投资者。美国天使投资税收激励政策的设计和实施，无疑对中国相关政策的制定有重要的借鉴意义。

表 13 - 1　　　　　2008 ~ 2014 年中国、美国天使投资总额及增长率

项目 年	中国			美国				
	总投资额（亿美元）	总投资额增长率（%）	案例数	总投资额（亿美元）	总投资额增长率（%）	案例数	提供就业（个）	平均提供就业（个）
2008	0.203 8	—	25	192	—	55 480	—	—
2009	0.134 1	- 34.20	40	176	- 8.33	57 225	250 000	4.37
2010	0.718 8	436.02	96	201	14.20	61 900	370 000	5.98
2011	1.566 9	117.99	176	225	11.94	66 230	165 600	2.50
2012	0.564 5	- 63.97	136	229	1.78	67 030	274 800	4.10
2013	2.012 3	256.47	169	248	8.30	70 730	290 020	4.10
2014	5.260 9	161.44	766	241	- 2.82	73 400	264 200	3.60

资料来源：清科研究中心（center for venture research）。

13.2　中国、美国天使投资现状

根据清科研究院及美国新罕布什尔大学创业投资研究中心发布的天使投资统计数据，从表 13 - 1 中可以看出，近年来，中国天使投资已步入快速发展阶段。中国天使投资金额和投资案例不断上升，投资总额从 2008 年的 0.2 亿美元上升到 2014 年的 5.26 亿美元，6 年间增长了近 26 倍；投资案例则从 25 起增加至 766 起。从 2015 年上半年的数据来看，天使投资案例 809 起，投资额 7.4 亿美元，同比增长 126.6% 和 184.1%。2015 年平均投资金额达到约 92 万美元，同比增长 33.3%。[①] 可以看出，其增长明显高于以前年度。

但与美国相比，中国天使投资发展尚未成熟。从天使投资总额上看，中国与美国差距甚大。美国天使投资近年来总投资额增长率变化小，从 2010 ~ 2014 年，投资总额均维持在约 200 亿美元，并呈稳步上升趋势。就 2014 年而言，美国较同期中国天使投资总额高出约 45 倍。

从投资行业方面看。就 2014 年数据而言，中国天使投资主要集中于互联网和电信及增值业务行业，占比约达 68.7%。而对基础技术、传统行业投资较少，如对生物化学等科技研究方面的投资较为忽视，此类行业总占比不足 10%。而在美国，投资对行业选择则更倾向于对健康医疗、软件业、生物科技和能源、工

---

① 清科研究中心．中国天使投资市场 2015 上半年回顾．http：//wenku. baidu. com/view/470e2590e ff9aef8941e06ca.

业方面，虽对软件和 IT 行业的投资额也逐年上升，2014 年占到总投资额的 37%，但相较于中国天使投资所针对的行业"一边倒"的形势，其对各行业的投资更为平均。①

从投资地区看，就 2014 年而言，无论是投资案例和投资金额，中国天使投资主要集中于北上广三地以及东部沿海地区，对内陆及西北地区的投资极少。从案例数量以及投资总额角度，北上广三地总和均占到 70%，其中，北京占比分别达 41% 和 51%。可见，各地天使投资规模相差甚巨，对经济发展较落后的地区投资少，投资极不平均，具有较强的区域性。

13.3　美国天使投资税收激励政策概况

13.3.1　美国天使投资税收激励政策内容

美国存在多项税收激励政策以鼓励天使投资。以下，分联邦和州政府两个层面归纳：在联邦政府层面，出台多项法案，如《美国国内税收法典（ Internal Revenue Code ，IRC)》《美国复兴与再投资法案（American Recovery and Rein-vestment Act of 2009，ARRA)》《2010 年小企业就业法案（Small Business Jobs Act)》外，在州政府层面，多个州根据本地区发展情况出台了对进行天使投资的个人与机构的税收政策。

联邦层面的政策主要为：持有 5 年以上的符合条件小企业股票，资本利得按 50% 计征资本利得税②；且长期资本利得税的最高税率经过多次调整，从 1978 年的 49.5% 降至 2003 年 5 月的 15%，2010 年后又调增至 20%。此外，还规定了将资本损失可冲减所得额以及再投资延期纳税等规定。

而各州政府给予的天使投资税收激励政策具体内容各不相同，近十几年来，有 20 余州实施过天使投资税收激励政策。以下，对不同州的天使投资税额抵免政策进行梳理，如表 13 - 2 所示。

---

① Center for Venture Research. The Angel Investor Market. 2008 - 2014. https：//paulcollege. unh. edu/research/center-venture-research/funded-research.

② 且 ARRA 将减征比例提高至 75%；2010 年小企业就业法案进一步提高至 100%。但对股票发行时间都有所规定。

表 13 – 2   美国部分州天使投资税收政策内容

州	名称	内容
亚利桑那州	小企业资本投资税额抵免项目（2006.7.1～2016.6.30）	投资额至少为2.5万美元。对于合格的生物科技和地处农村的企业，3年准予抵扣总额为投资额的35%；对其他合格企业，3年可抵免总额为投资额的30%；且每年合格投资者可抵免金额为25万美元。州给予的税额抵免基金为2 000万元。税额抵免超过应纳税额的部分可以向后结转3年；不能转让
阿肯色州	股权投资税额抵免激励项目（2007～2019年）	股权投资税额抵免额相当于一个投资者对一个合格企业投资额的33.3%且不超过纳税人应纳所得税额的50%；州每年给予625万美元的抵免额度。未使用抵免额可以在之后9个年度结转；可转让，但仅能转让一次
科罗拉多州	科罗拉多创新投资税额抵免（仅2014～2017年）	必须采用股票形式进行投资，投资额不少于2.5万美元。税额抵免额为投资额的25%，且每个投资者抵免额最多不超过5万美元；对农村或经济不发达地区投资，抵免额则为投资额的30%。州的总抵免额度不超过200万美元。未抵免部分能向后结转5个纳税年度；不可转让
夏威夷	夏威夷高技术企业投资税额抵免（2001～2010年）	每人每年对每个合格企业投资不能超过200万美元；5年内准予抵免100%的投资额，第一年到第五年的抵免率为35%、25%、20%、10%和10%且抵免额不能超过调整后毛收入的80%。未抵免部分不能结转；可转让
肯塔基州	肯塔基州投资基金税额抵免（1998年至今）	抵免额相当于机构投资者或个人投资者投资额的40%；州的总抵免不超过4 000万美元；对个人投资基金的抵免限额为800万美元。可向后15年结转；非营利机构可转让该优惠
缅因州	缅因州种子资本投资税额抵免（1988年8月28日开始）	抵免额相当于合格投资额的40%（投资于高失业地区的企业，则可抵免投资额的60%），且不超过纳税人应交税费的50%。投资者的每个投资项目可以得到50万美元的最高抵免额。可向后结转15年；可转让
马里兰州	马里兰州生物技术投资税额抵免（自2005年实施，2006年得到资助）	所得税抵免额为合格投资额的50%；仅能对种子企业和早期生物技术企业投资，每个企业给予25万元的抵免额；投资者可以投资多个公司州抵免额每年不超过600万美元；不可结转；不可转让

续表

州	名称	内容
明尼苏达州	种子资本投资抵免（2008年6月开始）	抵免额相当于投资额的45%，但每年不得超过112 500美元；州内各城市的抵免上限不同；不可转让，可向后结转4年
新墨西哥州	天使投资税额抵免（2007.1.1~2021.12.31）	抵免额相当于对合格高技术、制造企业投资额的25%，并且一个（被投资）企业的最高抵免额为10万美元；州的抵免上限为每年75万美元可结转3年；不可转让
纽约州	合格新兴技术公司投资税额抵免（1999年起）	第一次抵免后4年内不进行处理的投资，其抵免额为合格投资额的10%（每个投资者最高抵免额为15万美元）；第一次抵免后9年内不进行处理的投资，其抵免额为合格投资额的20%（每个投资者最高抵免额为30万美元）不可结转，但超过部分可以从来年税款中扣除；不可转让
北达科他州	北达科他州种子资本投资税额抵免（1989年起）	最大总投资额不超过50万美元；抵免额为投资额的45%，并且不超过112 500美元；每年给所有合格企业的抵免总额为350万美元。可结转4年，不可转让
俄勒冈州	高校风险开发基金税额抵免（2005年起）	仅对高校的投资能够享受抵免抵免额相当于纳税人在税额抵免证明申报的60%；纳税人每年申报抵免额不得超过投资额的20%或5万美元，且不超过纳税人应纳税额。可无限期结转，不可转让
罗德岛	罗德岛创新税额抵免（2006~2016年）	抵免额为投资额的50%，并且不能超过10万美元；罗德岛经济发展公司（EDC）不准予在任何2年抵免额超过200万美元。可在不超过3年的期限内结转，不可转让
威斯康星州	威斯康星州天使投资人税额抵免（2005年起）	抵免额在两年内为投资额的25%（相当于每年抵免率为12.5%），且每位天使投资人抵免额不超过50万美元。不可转让、不返还，超额部分可以在15年内结转
内布拉斯加州	内布拉斯加州天使投资税额抵免（2011~2017年）	抵免额为合格投资者或投资基金投资额的35%；对经济贫困地区的投资则抵免额可以达到投资额的40%。本州对天使投资纳税人每年提供300万美元的可抵免额。可返还，不可转让

　　资料来源：诺沃苏. 美国不同国家天使税收抵免计划概述（Ezugo Nwosu. An Overview of Different State Angel Tax Credit Programs in the United States）.

13.3.2 政策特点

联邦和州政府层面税收激励政策的激励方法不同。联邦以税基和税率优惠（如资本利得税减征）为主，而州政府则以税额优惠（如所得税税额抵免）为主。相对而言，联邦层面的税收政策具有更高的"普惠性"；而州政府层面的税收政策则对本地区状况具有更好的针对性，并且，抵免政策相较于减征的激励力度更高。

各州对天使投资税收激励，基本上是以税额抵免方式给予优惠。从各州政策内容也可以看出，美国天使投资税额抵免的设计主要涉及对天使投资人抵免限额、州给予的抵免总额度（抵免基金）、结转①期限、能否转让②等方面——这也是各州政策主要区别之所在，部分州同样还规定了投资人投资额限制和可享受政策的企业资格条件。

各州税额抵免政策的制定，综合考虑了本地区的经济发展情况、财政承受力与激励力度。

就抵免率而言，现行的天使投资税额抵免根据抵免率的高低可以分为4类：1%～25%，26%～50%，51%～75%以及76%～100%。具体抵免率从纽约州的10%到夏威夷的100%不等，但各州的抵免率首先，基本集中在26%～50%之间，其次，集中在1%～25%范围内。

将抵免率③与各州的经济状况进行统一考虑，将施行天使投资税额抵免的州根据2015年经济排名④进行排序，并将每10名划分为1组，即共5组：1～10名、11～20名、21～30名、31～40名、41～51名。结果如图13-1所示，不同颜色的柱形代表不同的组群。从数量上可以看出，在前4组中的10个州均有6个州或8个州实施了天使投资税收抵免政策，数量分布较为平均。而在41～50名的州中有3个州实施了抵免政策，该组群实施率最低；从抵免率上可以看出，总体上并没有与经济很强的相关关系；但是，通过求出各组群平均抵免率⑤，依次为21.67%、30.42%、28.13%、46.38%和45%。可以看出，经济最发达的一组平均抵免率最低；经济发展较落后的两组最高，平均抵免率约45%；而第

---

① 结转是指，当天使投资人在当年投资的可抵免额超过其所得税应纳税额时，州政府会将超过部分结转至下一年度抵免。

② 转让是指，其他州的天使投资人与本州投资人若存在合伙关系，那么，税额抵免可以转让。这一规定能够吸引在本州只有较少纳税义务的州外投资者进行投资。通常情况下，州外投资者以10%～20%的折扣将税额抵免进行售卖。

③ 部分州政策有多个抵免率，取较小者。

④ 考虑2015年度各州经济排名，http://mt.sohu.com/20160103/n433328290.shtml。

⑤ 部分州对经济贫困地区设置了较高抵免率，此处按对一般地区实行的较低抵免率计算平均值。

二组和第三组的平均抵免率相差不大，在 30% 左右。其原因可能在于，经济发达地区相对其他地区而言，其较好的投资环境已足够吸引天使投资人进行投资，虽然部分发达地区也存在抵免，但抵免率较低；这同样可以从加利福尼亚州、马萨诸塞州这些传统的风险投资地发现，这些州虽然未实行税收激励，但仍然能吸引大部分投资，并保证其经济迅速发展（Sohl，2008）。而经济落后地区反而抵免率较高的原因可能在于，州政府希望通过相较于其他州更优惠的政策，进而吸引天使投资人进行投资。

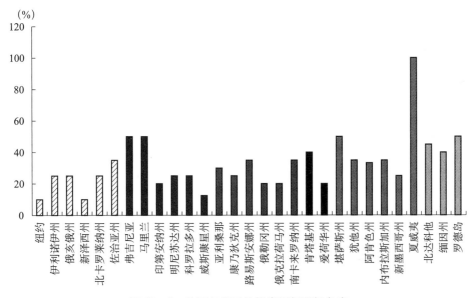

图 13-1　美国各州天使投资所得税抵免率

资料来源：作者整理。

同时，影响州政府设置抵免率的因素可能还在于，通过与邻州相似的抵免率，防止投资流失。例如，明尼苏达州，曾经仅对该州的边界城市实施抵免政策，以平衡与其相邻的北达科他州边界城市的税额抵免可能带来的不利。同时，也有部分经济较不发达州，如北达科他州和肯塔基州，其抵免率与周边各州相比相对较高，原因可能在于平衡周边经济相对发达地区对投资的吸引。

但结合州给予的抵免限额（抵免基金）来看，会发现州政府除了基于吸引投资的考量，同时还可能会考虑州政府财政承受力进行政策制定。例如，经济较为落后地区（除缅因州不限额），如新墨西哥州、北达科他、罗得岛州给予的抵免基金在 75 万～350 万美元之间。相较于经济更为发达州在 1 000 万～4 000 万美元左右的抵免限额会显得逊色不少。

发挥税收导向作用。如马里兰州只对生物技术工资的投资给予抵免待遇；俄勒冈州仅对高校的投资给予优惠；亚利桑那州、内布拉斯加州、缅因州以及科罗拉多州等对本州内高失业地区或经济不发达地区给予相较于本州经济发达地区更高的抵免率，以刺激资金投资流向。此外，各州基本上都规定了只有对那些控制中心或大部分业务在本州境内发生的企业进行投资的纳税人才给予税收优惠，以保证本州利益。可见，政策体现了一定的导向性。

13.3.3 政策有效性

美国天使税额抵免政策的有效性也受到质疑。有学者指出，即便不存在该政策，投资也可能产生，如前所述，经济发达地区未实施税收激励政策却仍能保证投资额度；而即便存在该政策也并不一定能带来投资增加——以肯塔基州为例，在 2009 年，该州仅有 3 项基金申报抵免，并且只发生了 6 项投资。立法机构提供了 4 000 万美元用于抵免以刺激全州天使投资，在 11 年内也仅有 14% 被使用（KEDFA, 2009）。此外，一些学者还认为，这些税收激励政策给予了富人用投资进行避税的可能，但他们的投资项目选择与对这些州是否存在抵免优惠的实施考虑较少。总之，数据的缺乏、政策成效难以量化，导致难以通过成本—效益分析政策有效性，这也是天使投资抵免争论焦点之所在（Hendonetal., 2012；NGA, 2008）。

各州为弥补该缺陷，也采取了多种方法完善管理和评估。例如，夏威夷通过了 206 法案，要求接受投资的合格企业在收到投资的 5 年中，每年的 6 月 30 日之前提交一份年度电子调查文件；马里兰对其生物技术基础的项目，也要求上交年度报告反映受资助的生物科技公司及其提供的工作岗位数量（MD biotechnology investment incentive tax credit report）；威斯康星州也利用各种数据收集方法以衡量项目成效：通过多个部门的信息交换，如咨询公司对天使投资的调查数据、商务部通过税额抵免申报收集数据以及律师在保证客户秘密不被泄露的情况下，披露通过其公司处理的股权投资情况。这些来源的数据通过交叉比对以确定其准确性，顾问对数据进行分析并对政策制定者报告其经济影响和政策成效（National Governors' Association：Center for Best Practices, 2008；Ezugo Nwosu, 2010）。

第 14 章

对中国政府研发资助的整体评价与政策建议

14.1 对中国政府研发资助的整体评价

14.1.1 对中国研发经费投入总体情况的评价

第一，中国研发经费投入相对不足，缺乏一套较为稳定和长期的研发经费投入机制。一方面，2014 年中国 R&D 经费内部支出占 GDP 的比重为 2.02%，而 2013 年美国的研发强度已接近 3%。2014 年，欧盟的主要 17 个成员国的 R&D 强度平均水平为 2.01%，日本的 R&D 强度目前高达 3.59%，韩国目前的 R&D 强度为 4.29%，中国台湾地区的 R&D 强度为 3%，新加坡的 R&D 强度也能保持在 2% 的水平上，因此无论是与发达国家还是与一些发展中国家相比，中国的研发强度仍然存在一定差距。另一方面，中国无论是 R&D 经费内部支出的现价增长率还是可比价增长率波动都较为剧烈，这表明中国每年的全社会 R&D 经费内部支出增长率是不稳定的，从侧面反映了中国可能缺乏一套较为稳定和长期的 R&D 经费投入机制，R&D 经费投入具有较大的随意性。

第二，中国 R&D 经费投入的结构占比不合理。其一，从 R&D 经费投入类别来看，2014 年，中国 R&D 经费支出额为 13016 亿元，其中，基础研究、应用研究、试验发展的投入占比分别为 5.1%、10.8% 和 84.1%，反观国际，捷克 2012 年全社会 R&D 投入中 30.0% 投向了基础研究，意大利 2012 年的基础研究占比达到了 25.3%，法国 2012 年的基础研究占全社会 R&D 经费支出的比重为 24.2%，美国 2013 年该比重为近 17.6%，奥地利 2011 年、韩国 2013 年和丹麦 2012 年的占比也接近 20% 了，日本 2013 年的基础研究占比为 12.6%，英国 2012 年基础研究占比为 15.5%。基础研究投入的比重过低，直接影响中国的科技原始创新能力水平的提高。此外，企业等组织对中国基础研发贡献极低，主要基础研发活动由高校和政府承担，而政府在其中相较于 OECD 国家又占有很大贡献比例，与此相对应的是，高校对中国基础研究研发的贡献相较于 OECD 国家仍处在较低水平。其二，从 R&D 经费投入的地区差异来看，从 2003~2015 年，东部地区 R&D 经费占比一直都处于首位，2011 年以前一直保持在 70% 左右，之后是中部地区，R&D 经费占比在 15% 左右，而西部地区 R&D 经费占比则为 12% 左右。东部地区是 R&D 经费投入的主要地区，中西部地区与东部地区差距较大，地区之间 R&D 经费投入不平衡的问题比较突出。

第三，企业是中国 R&D 投入当之无愧的执行主体。从全社会研发经费的执行部门来看，企业承担了全社会研发经费的 70% 以上的份额且一直保持上升趋势；从 R&D 经费内部支出的资金来源来看，2003~2015 年，企业资金所占比重由 60.11% 上升至 74.7%。中国目前全社会 R&D 经费筹集模式呈现出"企业主导型"的部分特征，这也与国家不断强化企业创新主体地位的政策导向目标相一致，也符合国际趋势。

14.1.2 对中国政府研发直接资助的评价

第一，政府对企业研发直接资助力度在加强但比重仍然偏低，并且倾向于大中型企业。一方面，政府对企业研发直接资助占政府研发投入总额的比重从 2003 年的 10.27% 增长至 2015 年的 15.38%，同时，政府对研发机构直接资助占政府 R&D 投入总额的比重从 2003 年的 69.54% 下降至 2015 年的 59.83%，降低近 10%；政府对高等学校直接资助占政府 R&D 投入总额的比重从 19.04% 增至 21.15%。即从政府资金这块蛋糕中分配给企业的部分变多了，但比重仍然较低。中国政府直接资助主要集中在国家实施的各类科技计划上，其中，与企业创新关系最为密切的是科技产业化环境建设计划，主要包括：星火计划、火炬计划、科技成果重点推广计划、国家重点新产品计划、科技型中小企业技术创新基金等。以星火计划为例，政府资金所占比重一直以来是 5% 左右，而火炬计划中政府资金只占不到 3%，并且，在面临金融危机等系统性风险时，政府并未适度增加对企业 R&D 的资助力度，进行逆向调节。另一方面，对大中型工业企业资助占政府资金总额的比重从 2003 年的 5.99% 增至 2015 年的 13.91%，大中型工业企业得到的越来越多，而小微企业得到的自然就更少，这是一个需要引起重视的问题。

第二，政府资助对象主要是内资企业，且对营私经济的资助总量偏低。一方面，内资企业获得的政府 R&D 资助占政府当年对企业 R&D 投入的比重一直在 80% 以上，但外资企业获得的政府 R&D 资助的比重在逐渐上升；另一方面，虽然国有经济获得政府资助的份额逐年在下降。政府对私营经济资助的份额在 2000 年以来一直处于上升的态势。两者的差距在逐渐缩小，但是，从资助的绝对量上来看，政府对私营经济资助的总量较少。

第三，政府资助的行业投向有待优化，对高技术产业资助力度有待加强。虽然政府对高技术产业的直接资助呈逐年增加的态势，但是，对高技术产业的资助占政府资金总投入的比重却一直低于传统产业。

14.1.3　对中国政府研发税收激励的评价

第一，税收激励政策体系化建设有待健全和完善。中国现行激励企业研发创新的税收优惠法律和政策依据，主要是暂行条例、通知、补充说明等，其法律位阶不高。而且，现行税收优惠分散在不同的税种之间，使用对象不同，并处于不断的变化中，缺乏统一归纳汇总，没有形成一个完整的体系。税收激励政策的不协调，相互之间产生抵销效应，使得政策实际执行效果并不理想。从中国 B 指数的计算可以发现，2008 年中国执行新企业所得税法以来，中国 B 指数不降反升，即税收激励的程度没有因为企业所得税税率的降低而有所提升，反而降低了，究其原因，是中国 R&D 税收激励政策采取了加计扣除的税基式优惠和低税率优惠两者叠加优惠的政策，政策实施的结果是低税率抵消了部分加计扣除的优惠。因此，中国 R&D 税收激励政策体系需要进一步完善。

第二，税收优惠受益不均，税收间接优惠略显不足。税收激励未能遍及促进创新要素流动的各个环节及创新型企业成长的各个阶段，对自主创新前期研发和处于初创期高科技企业的扶持力度不足。税收优惠形式以直接优惠为主，税收间接优惠略显不足。直接优惠政策强调事后的利益让渡，对于引导纳税人事前进行科技研发与自主创新的作用较弱，尤其是对那些尚未取得创新成果或收益的企业则无税收激励可言，而且容易出现滥用现象。

第三，部分政策细化程度不高，执行口径不统一。在中国现行的促进科技创新的税收政策体系中，尽管大部分政策内容已做到较为细致精确，但由于政策规范的体系性和完整性的欠缺，仍存在一些内容过于简单、可操作性不高的税收优惠政策，导致国家和地方各级税务部门在税收征管的过程中，缺乏统一的判断依据。导致不同地区的不同税务机关对政策的理解和执行口径不一致，降低税务行政效率，且不利于相同条件的高新技术企业和科技型中小企业享受同样的优惠待遇。例如，高新技术企业认定中部分认定指标核算与界定标准模糊，"总收入"是否包括投资性收入等非主营业务收入、销售收入如何核算等都存在争议，在实践操作中留下较大的模糊地带；技术咨询与技术服务享受增值税（原营业税）优惠缺乏操作细则，在执行中难以证明其与技术转让或开发有关，难以享受优惠。

第四，某些方面税收优惠政策缺位。研发准备金作为企业研发投入重要的资金来源和风险防范手段，其在税前列支可大大降低研发资金的获取成本，是国际上为支持企业研发惯用的方式，然而，中国企业技术准备金尚未允许在税前列支。固定资产加速折旧面向行业有限，政策中规定的十大行业未能完全将《国家重点支持的高新技术领域》中的领域覆盖，导致了同属高新技术领域的不同企业无法公平享受优惠的现象。

第五，研发费用加计扣除政策仍然存在诸多问题。一从政策本身看，允许加计扣除的研发费用范围较窄；在政策执行过程中，对企业研发活动的界定过于抽象，又缺少细化的操作办法，增加了企业操作难度与操作成本。二从地方科技、税务部门看，地方科技部门与税务部门未就研发项目认定形成有效的协调机制，税务部门对研发项目认定缺乏专业性，项目范围认定困难，为避免执法风险，普遍收紧认定标准；申请程序较为复杂，高新技术企业申请优惠政策时需进行两次归集，工作负担和申请成本非常大。三从企业层面看，小企业、民营企业对加计扣除政策关注度不够，部分企业如高新技术企业已享受免税、低税率优惠，降低了对加计扣除政策的敏感性；企业科研管理不到位、会计核算不规范，导致难以享受加计扣除政策；企业基于加计扣除的成本效益分析和税务部门审查加计扣除费用带来其他税务问题等因素的考虑，自愿放弃享受此政策。

第六，对创新的核心要素人力资本的税收激励措施有待完善。一是根据《中华人民共和国个人所得税法》，省级人民政府、国务院部委和中国人民解放军军以上单位，以及外国组织、国际组织颁发的科学、教育、技术、文化、卫生、体育、环境保护等方面的奖金，免纳个人所得税。表现为较高规格的奖金、补贴、津贴个人所得税的减免，认定条件狭窄且门槛较高，无形中将处于研发基层的普通研发人员和技术员工的创造排除在优惠范围之外。二是转增股本分期纳税政策在缓解高新技术企业转增股本持有者纳税困难方面的力度有待加强。三是处于初创期的科技型企业，多数企业为减少员工各项社会保险的支出，选择聘用大量兼职人员，向其支付劳务费的同时还负担相应税款，由于劳务报酬起征点低，导致外聘研究人员成本大。

第七，天使投资税收激励机制仍然存在一些问题。对天使投资个人在试点地区以外的投资损失额无相互抵减规定，相应亏损完全由个人投资者承担。考虑到天使投资一般针对企业种子阶段和初创阶段进行投资，蕴含高风险、信息不对称和无效率的特点，这导致了天使投资失败现象较为普遍。故现行个人所得税制度和政策缺失，明显制约个人进行天使投资活动。

14.1.4　对中国政府研发资助效果的评价

第一，中国在国内外专利申请受理数和授权数得到快速增长，但增长质量有待进一步提高。从 1995 ~ 2015 年中国在国内外专利申请受理数从 83045 件迅速增加至 2798500 件，相当于 1995 年的 20 倍。从 1995 ~ 2015 年中国在国内外专利申请授权数从 4.5 万件迅速增加至 171.8 万件，也相当于 1995 年的 38 倍。但中国在国内外专利申请受理数中发明专利、实用新型专利和外观设计专利目前大致处于 4∶4∶2 的格局，专利申请授权数中发明专利、使用新型专利和外观设计专利所占比例目前大致处于 2∶5∶3 的格局。由上述格局可以发现，中国专利权总量规模增长中的核心竞争力不足，增长质量有待提高，应增加发明在专利申请受理和授权数中的比重。

第二，从 R&D 创新投入产出的视角分析，企业 R&D 效率有进一步提升的空间。以专利申请受理数和授权数为 R&D 产出评价指标，企业 R&D 产出占比低于 R&D 投入占比，企业 R&D 效率需要进一步提高。

第三，从高技术产业来看，中国大型企业新产品 R&D 效率比中型企业更高，国有及国有控股企业的新产品 R&D 效率较低。从企业规模上看，较中型企业而言，中国大型企业新产品 R&D 效率更高，也印证了熊彼特的观点。由于国有经济的激励机制的缺位以及在某些领域垄断所形成的低效，导致新产品的 R&D 效率比较低。

第四，国家产业化计划项目的投入与产出基本保持一致，但 R&D 创新产出的质量亟待提高。一方面，无论是星火计划还是火炬计划，对比新增产值、专利申请数、专利授权数与计划实施项目数、计划当年落实项目资金数这两类产出与投入指标，他们的增长趋势是基本一致的，可以说投入与产出基本保持了一致；另一方面，从专利申请数和授权数中的发明占比看，这两项计划的发明占比一直呈下滑态势，反映出 R&D 创新产出的质量亟待提高。

第五，从重大科技成果的角度看，基础理论的重大科技成果占比极低，企业的 R&D 效率较之高校、研究机构更高。三类重大科技成果占总量的比重，基础理论所占比重仅为约 9%，应用技术所占比重达到 88%，软科学占比在约 3%。中国基础研究投入的比重过低，直接影响基础理论重大科技成果的数量和比重，中国应加大对基础研究的投入。企业完成的重大科技成果所占的比重一直稳步上升，2015 年保持在 40%；各年度研究机构占比整体呈现下降趋势，从 2000 年的 23.92% 下降至 2015 年的 16.39%，近年来下降速度变缓。高校占比在约 20%；其他机构或部门占比在约 23%。企业仅获得政府资金约 15% 占比的资助，完成的成果却在 4 大类部门中占据 40%，R&D 效率较之高校、研究机构更高。

第六，通过前面的实证分析表明，中国政府对企业研发资助产生的是互补效应，能激励企业研发投入。还得出了以下共性结论，对民营企业的资助要比对国有企业的资助更有效；企业人力资本投资与研发投入正相关；从资产负债率、资本密度、流动性约束对企业研发投入的正向回归系数可以看出，如果一个企业有较强的融资能力、较大的资本密度以及经营性现金净流量，那么，这个企业就不易受到资金约束的影响，从而会增加企业的研发投入强度；市场化程度越高的省区市，其企业研发投入强度越大。此外，本书还发现，非上市企业披露研发费用信息与企业利润率、高新技术产业、规模、企业年龄显著正相关，而与企业资产负债率显著负相关。对于企业规模、年龄、利润率对企业研发投入的影响，因样本的不同而有所差异，未能得出一致的结论。

14.2　优化中国政府研发资助体系的政策建议

14.2.1　从整体上优化中国政府研发资助体系的关键点

第一，建立稳定的政府研发资金投入增长机制，并且提高对基础研究的资助比重。其一，政府研发资金投入的稳定、持续性增长对于提升中国经济的竞争力与增长潜力具有十分重要的意义，要建立稳定的政府 R&D 资金投入增长机制，在每年财政部门进行预算分配时，确保对企业 R&D 直接资助的资金稳定递增，而且，政府直接资助的增长幅度要明显地高于财政经常性收入的增长幅度。与此同时，进一步加大政府对企业研发资助的力度。其二，基础研究领域作为经济发展的坚强后盾，又不能依靠民间或企业来运作，政府应提高对基础研究的经费投入比重，提高中国的科技原始创新能力水平。其三，适度增加对中西部地区的政府研发资助力度，缩小地区间经济增长差异。

第二，强化各种研发资助工具的协调性和稳定性。从政府 R&D 资助的方式来看，各种不同的资助方式都有一定的优势和适用范围，当然，也都存在一定的局限性。其一，逐步实现研发资助政策的长期化和制度化，建立企业创新的信用机制。设计一个长期、动态的针对企业 R&D 的资助计划，建立企业申请 R&D 资助的信用记录。在法律法规层面将对企业 R&D 的资助纳入制度化轨道，使对企业技术创新的支持和资助有法可依、有规可循。其二，本书认为，政府在采取各种优惠政策时应该建立协调机制，防止各种政策之间的冲突或者造成企业的不公平等问题。

第三，为政府 R&D 资助政策的执行到位，营造良好的外部制度环境。其一，切实加强知识产权保护力度，只有知识产权得到了有效的保护，全社会才会有R&D 的动力和积极性。其二，加大反腐力度，加快推进市场化改革进程，减少在操作和执行政府 R&D 资助政策过程中的寻租空间；其三，注重培养企业家精神。在依靠的财政资助或税收优惠之外，也不应忽视企业创新文化和企业家精神的培养与激励。一个企业能否进行原始创新以实现技术领先，这与企业家的技术战略抱负及领导素质紧密相关。因此，构建合理的企业家人才选拔和继续教育体制，培养企业经营者自主创新的长远眼光，以此提高 R&D 补贴的激励效应，从而实现中国原始创新的重大突破与正反馈可谓迫在眉睫。

14.2.2　完善政府研发直接资助的政策建议

第一，完善政府 R&D 直接资助政策。本书认为，应从以下几方面完善中国政府直接资助政策：其一，调整政府直接资助资金的流向。一方面，重点支持那些处于研发期迫切需要资金的企业，使财政投入真正能够达到"四两拨千斤"的效果；另一方面，针对中国小微企业数量众多，创新动力强劲的特点，逐步加大对小微企业，特别是小微型民营科技企业资助的力度，使财政资金能够真正做到解决企业的融资约束的作用。此外，继续加大对重点行业、重点技术领域的资助，特别是对高技术产业的 R&D 资助，对行业发展有着巨大带动作用的企业的资助。其三，逐步设立针对企业自主创新的专门性财政补贴。中国政府 R&D 补贴主要是对基础研究和产业共性技术和产业关键技术的资助，这些资助计划主要是为了实现国家科技发展长期目标而制定的，承担的单位以大学、政府研究机构为主，而企业承担的科技项目比重偏低。目前，专门针对企业自主创新的财政补贴还很少，特别是对于风险较大的研发初期和产品的试制、试销还没有专门的补贴，因此，有必要逐步设立针对企业自主创新的专门性财政补贴，对于创新周期长、风险大、不确定性高的项目进行必要的财政扶持。

第二，加强对政府 R&D 资助资金的监督。在提高政府对企业资助力度的同时，还需要加强资金的审计和监督。在现有的政府 R&D 资助模式下，政府的科技经费如同"唐僧肉"，政府官员、各类企业都存在侵占政府资金的动机，在缺乏严格制度约束的情况下，"寻租"行为、擅自改变资金用途、效率低下等问题非常普遍。首先，中国应尽快建立政府资助资金计划的评估等级制度。对于政府资助的各个研究计划和行业技术进行绩效评估。对于评估结果是有效的计划，政府将增加资金投入。对于收效甚微或无效的计划，政府敦促其改进，如果仍然无效，政府将减少甚至停止资助。

14.2.3 完善政府研发税收激励的政策建议

第一，提升立法和政策制定的规范性是基础，坚持立法和政策制定的系统化是保障。一是为强化自主创新的国家战略导向，应当提升面向自主创新税收法律法规的立法层次，可将现行的暂行条例、单行法规、相关部委规章完善以后，待条件成熟时由国务院制定一项专门的税收方面的优惠法规，将分散在各个科技方面的税收优惠政策有机地整合起来。二是按照税收支持环节的整体性和有效性要求，系统地设计税收支持政策。应着重考虑两点：其一在自主创新的不同阶段，税收支持的侧重点应有所不同。从具体环节和阶段来看，除了把研究开发投资作为支持重点外，还大力支持技术成果转化、先进设备投资、创业风险投资等相关领域。其二由于不同阶段所涉及的税种不同，税收支持的具体方式也应有别。三是税收支持政策应以自主研发为重点激励方向。研发是自主创新的关键环节，税收支持的取向应是在企业从事创新活动时降低研发成本，而不是在企业获得技术创新后增加企业的额外利润。税收支持政策的制定，要紧紧围绕如何激励自主创新，针对整个创新链条的主要环节和关键节点来统筹设计制定和完善支持创新创业的税收政策体系。

第二，增强税收政策的科学性是关键，提高税收间接优惠方式的使用率是重点。税收激励政策应覆盖企业自主研发、创业、技术转移、人才激励等各个环节和领域，使创新税收政策逐步覆盖创新链条主要环节，形成相对完善和完整的支持创新的税收政策体系。针对高新技术企业初创阶段和研发环节税收优惠力度薄弱的现实，应当在税收优惠政策体系的健全过程中高度重视间接税收优惠的使用。特别是在企业所得税领域推进税基式的税收激励政策，重视对加速折旧、加计扣除、税收抵免等优惠方式的应用，调动企业从事科技创新的积极性，充分体现政府扶持科技创新的政策意向。

第三，建立技术研发准备金制度。技术研发不仅需要投入大量的经费，而且也会承担研究失败的风险。无论是新产品还是新技术的研究与开发，从研发周期、研发成本和研发结果等都很难预测和控制。储备金政策（reserves and provisions）被白俄罗斯和越南采用，白俄罗斯税法允许为一些未来不确定的支出项目设立储备金，例如，未来研发费用。纳税人也可以建立研发费用储备金，它能够对特定研究和开发项目建立最长达到 2 年期的研发储备金。报告期或征税期的最大储备金量，是公司销售收入由纳税人应建立基金以支撑科学研发创新活动实施所带来费用的 3% 以内的数额（这些费用不超过贸易和商业费用的 1.5%）。越南允许为一些未来不确定的支出项目设立储备金，但大部分不可税前扣除，除非该储备金确定花费后方可扣除。但是，对研发支出的储备金，企业被允许最多保留年度应纳税所得额的 10% 去建立研发储备。但是，如果储备金没有被恰当使用，或从储备金的建立起 5 年内被使用低于 70% 时，税收将被重新征收并且加征利息。中国可以借鉴白俄罗斯和越南的经验，建议对于经营一定期限以上的创新创业型企业，允许其从销售收入中提取 3%～5% 的技术研发准备金，准予准备金在所得税前据实扣除，以弥补研究开发失败可能造成的损失。同时，规定准备金必须在规定时间内用于研究开发、技术更新和技术培训等方面，对逾期不用或挪作他用的，应补缴税款并加罚滞纳金，以提高技术研发准备金的使用效率。

第四，逐步将固定资产加速折旧的行业范围扩宽。将针对行业局限在一定范围内的原因，可能在于对某些行业的研发创新可能会产生更大的外部性以及财政能力的考量。大部分 OECD 国家在这一方面通常不存在行业倾向，即便是传统产业发生的研发行为同样可以享受相应税收优惠。2014 年，欧盟报告中提出，针对特定行业的优惠，潜在缺点在于可能会抑制受优惠行业和未受优惠行业的研发创新合作。而就中国而言，目前虽然符合一定条件下的研发费用均能够采用加计扣除政策，而就固定资产加速折旧政策而言，还是存在一定的倾斜——但是，近年来的优惠政策变动也已经体现了所针对行业在不断的扩宽的趋势。建议将固定资产加速折旧政策向《国家重点支持的高新技术领域》全领域覆盖。

第五，完善研发费用加计扣除政策。一是建议进一步扩大企业合理研发费用的加计扣除范围，如将可加计扣除的研发费用口径与高新技术企业认定中的研发费用核算口径统一，并明确共用研发费用的分配标准等；进一步细化实施细则，对各项可加计扣除的研发费用给出更加清晰的解释说明，并制定研发活动的判定细则。二是建议建立相应执行层次的税务部门与科技部门联合工作机制，实现信息共享，统一数据统计口径，减少重复工作；简化有关程序、完善管理办法、缩短审批时间；及时对企业进行培训，增强其对政策的了解，使企业及时掌握纳税申报及其他操作的具体办法。三是考虑到小企业出现亏损的可能性较大，即便给予税收优惠实际也难以享受，且对研发的投入可能不会在短期内显现成果。所以，对政策应当制定恰当的限额。此外，准予对未享受的优惠进行结转。发生了研发费用一般要经过一定时期的研发过程方能产生研发成果带来的利润。未利用的基于研发费用的税收优惠可以结转至以后几个年度，使企业能够充分利用税收利益，并且，给企业的投资决策带来更大的弹性。具体而言，以加计扣除为例，对超过当年收入的加计扣除部分，则结转至以后年度继续扣除，结转年限可参照中国企业所得税亏损结转 5 年的规定制定。

第六，加大对研发和技术人才的税收激励力度。高水平的技术人才和管理人才是高新技术企业的核心竞争力，更是国家自主创新能力建设的核心力量。鉴于中国目前对高级技术人才个人所得税优惠的空白，建议尽快制定针对技术人才的专项优惠政策，包括：一是对高科技人员与创新项目挂钩的收入给予一定的个人所得税优惠。二是对高科技人才取得的技术转让和技术服务收入的个人所得税减免。为激发高科技人才参与科技研发的动力，鼓励其科研成果转化，建议对高科技人才的技术转让和技术服务所取得的收入，给予一定的个人所得税减免，减免方式可参照对个人稿酬收入的减免办法，即可以按照应纳税额减征30%。三是对职工所持本企业股权获得的股息红利收益所得的个人所得税减免。为了鼓励企业职工持股，建议对科技创新创业型企业职工所持本企业的股权获得的股息红利收益所得，减按50%计缴个人所得税。四是对科研人员从事研究开发取得特殊成绩获得的各类奖励津贴免征个人所得税，例如，对技术创新人才获得地市级及以上科研奖励的奖金，以及对本企业自主创新做出突出贡献的技术创新人才的奖金，都可享受免征个人所得税的政策。

第七，改转增股本分期缴纳优惠为递延纳税优惠，适当提高劳务报酬起征点。建议将目前转增股本分期纳税的政策向股权奖励延期纳税的方向靠拢，规定转增股本后税款延迟至个人取得分红或转让时纳税。建议中国在下一步税制改革中，可以适当提高劳务报酬所得的个人所得税费用扣除额，或者针对科技创新企业外聘高新技术人才的劳务报酬提高个人所得税费用扣除额。

第八，对基础研究以及产学研结合进行税收激励。在税收优惠政策制定方面建议加强对基础研发的激励，尤其是鼓励企业承担一定的基础研发，并且，促进"产学研"联合，引导企业和高校、研究机构合作，在增加企业、高校以及研究机构对基础研发投入的同时，也能带动高校增加对应用研发、实验开发的贡献。欧盟报告中提出，企业与高校和研究机构的合作研发，能够更容易产生基于科学研究的研发创新，而此类创新是由企业单独研发很难产生结果的。同样，与高校进行合作也有利于企业研发创新活动的开展。但是，由于高校和研究机构可能对外公布一定的科学研究信息，这可能对企业合作研发活动有一些不利影响，故需要一定的税收优惠进行激励。对鼓励基础研究以及企业与高校或研究机构进行合作，可以参照OECD国家和"一带一路"沿线国家的相关政策。对鼓励企业增加对基础研发的投入，可以采用相对于应用研究、实验开发更高的优惠力度，例如，企业能够以更大的比率计算能够扣除或抵免的数额；并且，对高校和研究机构范围应当予以适当的规定，税务部门也应检查其研发项目的真实性。

14.2.4　完善天使投资激励机制的政策建议

第一，借鉴法国基金发挥的引领作用，完善中国相关基金。通过设立与法国的创新安置共同基金、风险共同投资基金作用相同的互惠基金，进一步促进天使投资人在对小微企业投资时享受的税收优惠力度。这一方式在法国已经卓有成效，优惠的税收政策已经使投资于中小型创新企业的法国天使投资人获利。这个机制可以采取的形式有很多，其中，最常见的是投资于互惠基金。

第二，区别天使投资人和金融投资人。寻找一个平衡点来确保获得激励的群体是天使投资人（即，对帮助初创企业有兴趣的那些有丰富经验的企业或商业人士），而不仅仅是那些金融投资人。税收激励政策可以帮助建立一个新的投资人和天使集团的纽带。重要的是，要保证一个流动的新天使投资人的数量进入市场，因为现有的天使基金更会专注那些现有的企业，而不是初创型企业。

第三，实行优惠税率、亏损弥补、鼓励再投资政策。其一，对于创业投资取得的资本利得和股息红利所得应实行税收减免政策，可以借鉴英国经验，设立可享受税收优惠的年投资额上限，以避免投机者利用政策避税，降低财政赤字风险。其二，由于天使投资是投资未上市的种子期中小型企业，投资具有很大的风险。因此，为鼓励天使投资，英国实行了亏损税前抵扣的优惠政策。中国资本市场发展尚未成熟，投资"种子期"企业风险更大，因此，可以借鉴英国相关政策实行处置股权亏损额进行税前抵扣并设立可抵扣上限。其三，为促进资本循环，可借鉴英国种子企业投资计划的再投资税收优惠政策。对处理资产获得的收益全部或部分用于再投资的情况，再投资部分的收益可以享有免征资本利得税或低税率的优惠。

第四，对政策实施结果追踪评估和观察，以保证政策有效性。从美国一些州对政策的管理评估可以看出，对政策成效衡量的方法：（1）每年能够享受抵免的投资者投资的公司所提供的工作岗位数；（2）税额抵免给州带来的成本费用与从被投资公司筹集的税收收入及其提供的工作岗位之间的对比；（3）基于与税额抵免与每个公司因此筹集的总收入和每年累积的外部投资。其重点在于，被投资企业、税务机关、商务部等相关部门进行有效的信息交换和共享，使税务机关能够较为全面的掌握相关数据，对政策效果进行正确评估。这也是中国税收管理较为薄弱和急需完善之处。

第五，建立健全相关政策体系。天使投资的发展与各方面环境的优化密切相关，例如，资本市场环境的发展优化对中国天使投资起到了重要的促进作用。近两年，天使投资的快速增长与 2015 年 IPO 审批加快、"新三板"市场兴起等为天使投资的退出提供了更多途径不无关系。而仅依靠天使投资税收激励这一项政策并不足以激励和吸引投资。有研究认为，除税额抵免外，州政府可以通过其他 5 种关键因素影响创业领域——资本来源的多样性、文化、地方网络、基础设施以及"创业友好型"的政府（National Governors' Association：Center for Best Practices，2008）。同时，詹弗瑞·威廉姆森（Jeffrey Williams，2008）提出，科技委员会和研究学校、机构的加入会提高税收政策的有效性，并且，政策宣传、天使投资人与创业者的联系交流对政策的成功实施都至关重要。故若对天使投资税收政策制定之后，还需政府继续完善投资环境。例如，建立健全相应法律法规，完善地方基础设施，培育创业投资文化。对税务部门而言，应加强政策宣传力度以及牵线创业者与投资者的见面与交流。并且，考虑到中国纳税人纳税意识较弱，除聘用中介机构进行申报优惠外，税务机关可考虑协助纳税人申报纳税。

参考文献

［1］安同良，周绍东，皮建才. R&D 补贴对中国企业自主创新的激励效应. 经济研究，2009，44（10）：87 - 98 + 120.

［2］白俊红. 中国的政府 R&D 资助有效吗？来自大中型工业企业的经验证据. 经济学（季刊），2011，10（4）：1375 - 1400.

［3］包健. 中小高科技企业税收优惠政策分析. 科学管理研究，2013，31（5）：96 - 99.

［4］卜祥来. 财税激励政策影响企业 R&D 支出的实证研究. 税务研究，2014，347（3）：82 - 84.

［5］陈聪，李纪珍. 科技型中小企业创新基金效果评估——以中关村地区为例. 技术经济，2013（10）：8 - 16.

［6］陈劲，王飞绒. 创新政策：多国比较和发展框架. 浙江大学出版社，2005.

［7］陈涛. 中关村自主创新税收优惠政策效应分析. 税务研究，2016（6）：102 - 106.

［8］陈羽，李小平，白澎. 市场结构如何影响 R&D 投入？——基于中国制造业行业面板数据的实证分析. 南开经济研究，2007（1）：135 ~ 145.

［9］陈远燕，高子达. 中国企业 R&D 投入与创新产出的效果评价. 经济研究参考，2016（64）：58 - 65.

［10］陈远燕，李雨乔，张剀. 英国天使投资税收激励政策及对我国的启示. 税务与经济，2017（5）：100 - 105.

［11］陈远燕，罗怡霏. 我国政府直接资助的规模与结构探究. 会计之友，2016（11）：81 - 85.

［12］陈远燕. 财政补贴、税收优惠与企业研发投入——基于非上市公司 20 万户企业的实证分析. 税务研究，2016（10）：34 - 39.

［13］陈远燕. 激励研发的企业所得税政策国际经验借鉴与启示——基于"一带一路"沿线国家与 OECD 国家比较的视角. 会计之友，2017（18）：64 - 69.

［14］陈远燕．加计扣除政策对企业研发投入的影响——基于某市企业面板数据的实证分析．税务研究，2015（11）：88 - 93.

［15］陈远燕．支持高新技术企业自主创新的税收政策研究．金融经济，2010（22）：3 - 4.

［16］陈远燕，何明俊，冯文芸．中关村鼓励创新税收优惠政策效果评估——基于双重差分模型的实证分析．税务研究，2017（10）.

［17］储德银，纪凡，杨珊．财政补贴、税收优惠与战略性新兴产业专利产出．税务研究，2017（4）：99 - 104.

［18］戴晨，刘怡．税收优惠与财政补贴对企业 R&D 影响的比较分析．经济科学，2008，3：58 - 71.

［19］邓超．政府促进天使投资发展的国际比较及启示．经济问题探索，2010（1），129 - 133.

［20］邓晓兰，唐海燕．税收优惠政策对企业研发的激励效应分析．科技管理研究，2008（7）：490 - 492.

［21］邓子基，杨志宏．财税政策激励企业技术创新的理论与实证分析．财贸经济，2011（5）：5 - 10.

［22］樊纲，王小鲁，朱恒鹏．中国市场化进程——各地区市场化相对进程2009年报告．经济科学出版社，2010.

［23］樊纲，王小鲁．中国市场化指数——各地区市场化相对进程2007年度报告．经济科学出版社2007.

［24］范红忠．有效需求规模假说、研发投入与国家自主创新能力．经济研究，2007（3）：33 - 44.

［25］傅道忠．发达国家科技财税优惠政策及其启示．财经问题研究，2003（6）：57 - 59.

［26］高良谋，李宇．企业规模与技术创新倒 U 关系的形成机制与动态拓展．管理世界，2009（8）：113 - 123.

［27］郭克莎．1979—1988 年经济增长的因素及效应分析．经济研究，1990（10）：11 - 19.

［28］郭庆旺，贾俊雪．中国全要素生产率的估算：1979—2004．经济研究，2005（6）：51 - 60.

［29］郭戎，薛薇、张俊芳等．国家自主创新示范区科技创新政策评价研究．中国科技论坛，2013（11）：11 - 54.

［30］韩霞，白雪．企业研发活动税收激励政策的国际比较．涉外税务，2009（6）：25 - 28.

［31］郝硕博，陈远燕．经典统计方法下的企业所得税流失率测算——对

2010 年某市行业数据的实证分析．税务研究，2013（11）：71 –75.

［32］洪峰．高新技术企业股权激励实施现状分析——基于对中关村园区企业的调查．中国注册会计师，2016（12）：39 –44.

［33］胡凯，蔡红英，吴清．中国的政府采购促进了技术创新吗？．财经研究，2013，39（9）：134 –144.

［34］胡卫，熊鸿军．R&D 税收刺激——原理、评估方法与政策含义．管理科学，2005（1）：84 –91.

［35］江来喜，贾利华，陈志福，关希欣，黄欣．高新技术产业税收优惠政策效应分析——以重庆为例．税务研究，2017（4）：104 –107.

［36］江希和，王水娟．税收政策对高新技术企业研发投入的激励效应研究——基于对 95 家高新技术企业的问卷调查．江海学刊，2010（4）：229 –233..

［37］解维敏，唐清泉，陆姗姗．政府 R&D 资助，企业 R&D 支出与自主创新——来自中国上市公司的经验证据．金融研究，2009（6）：86 –99.

［38］解维敏．企业研发投入的制度动因与经济后果研究．经济管理出版社，2013.

［39］金戈．公共支出分析．浙江：浙江大学出版社，2011.

［40］经济合作与发展组织．弗拉斯卡蒂丛书——研究与发展调查手册．新华出版社，2000.

［41］孔婕．我国创新政策绩效评估：基于上市公司实证分析．上海交通大学硕士学位论文，2010.

［42］匡小平，肖建华．我国自主创新能力培育的税收优惠政策整合——高新技术企业税收优惠分析．当代财经，2008（1）：23 –27.

［43］赖明勇，张新，彭水军，包群．经济增长的源泉：人力资本、研究开发与技术外溢．中国社会科学，2005（2）：32 –46 +204 –205.

［44］李林木，郭存芝．巨额减免税是否有效促进中国高新技术产业发展．财贸经济，2014（5）：14 –26.

［45］梁莱歆，王宇峰．我国上市公司 R&D 费用信息披露动因实证研究．财经理论与实践，2007（5）：78 –82.

［46］梁彤缨，冯莉，陈修德．税式支出、财政补贴对研发投入的影响研究．软科学，2012，26（5）：32 –50.

［47］林大鲲．中美天使投资政策 PK：美国的减税 VS 中国的引导基金．杭州科技，2015（10），45 –48.

［48］林洲钰，林汉川，邓兴华．所得税改革与中国企业技术创新．中国工业经济，2013，300（3）：111 –123.

［49］刘初旺．我国 R&D 税收激励程度的国际比较研究——基于 B—Index

模型. 财经论丛, 2012 (1): 40 – 47.

[50] 刘虹, 肖美凤, 唐清泉. R&D 补贴对企业 R&D 支出的激励与挤出效应: 基于中国上市公司数据的实证分析. 经济管理, 2012, 34 (4): 19 – 28.

[51] 刘圻, 何钰, 杨德伟. 研发支出加计扣除的实施效果——基于深市中小板上市公司的实证研究. 宏观经济研究, 2012 (9): 87 – 92.

[52] 娄贺统, 徐浩萍. 政府推动下的企业技术创新: 税收激励效的实证研究. 中国会计评论, 2009, 7 (2): 191 – 206.

[53] 马伟红. 税收激励与政府资助对企业 R&D 投入影响的实证研究——基于上市高新技术企业的面板数据. 科技进步与对策, 2011 (17): 111 – 114.

[54] 马玉琪, 扈瑞鹏, 赵彦云. 财税激励政策对高新技术企业研发投入影响效应分析——基于广义倾向得分法的实证研究. 中国科技论坛, 2017 (2): 143 – 149.

[55] 毛德凤, 彭飞, 刘华. 税收激励对企业投资增长与投资结构偏向的影响. 经济学动态, 2016 (7): 75 – 87.

[56] 孟庆启. 美国高新技术产业税收优惠政策及对我国的启示. 税务研究, 2003 (7): 72 – 75.

[57] 聂辉华, 江艇, 杨汝岱. 中国工业企业数据库的使用现状和潜在问题. 世界经济, 2012 (5): 142 – 158.

[58] 聂辉华, 谭松涛, 王宇峰. 创新, 企业规模和市场竞争. 世界经济, 2008, 7: 57 – 66.

[59] 潘玉香. 美国创业风险投资税收政策演变及其启示. 中国科技论坛, 2012 (7): 142 – 147.

[60] 师萍, 张蔚红. 中国 R&D 投入的绩效分析与制度支持研究. 科学出版社, 2008.

[61] 石绍宾, 周根根, 秦丽华. 税收优惠对我国企业研发投入和产出的激励效应. 税务研究, 2017 (3): 43 – 47.

[62] 谈毅, 杨晔, 孙革. 中国天使投资市场规模、特征与发展. 中国科技论坛, 2015 (9): 115 – 120.

[63] 谭荣华. 税收数据分析方法与应用. 中国税务出版社, 2012.

[64] 童光荣、高杰. 中国政府 R&D 支出对企业 R&D 支出诱导效应及其时滞分析. 中国科技论坛 2004 (4): 97 – 99.

[65] 王苍峰. 税收减免与研发投资: 基于我国制造业企业数据的实证分析. 税务研究, 2009 (11): 25 – 28.

[66] 王卉彤. 创业投资税收激励政策的国际比较及季节. 税务研究, 2004 (7): 22 – 24.

[67] 王佳妮. 中国天使投资发展趋势与对策研究. 科研管理, 2015 (10): 161 - 168.

[68] 王俊. R&D 补贴对企业 R&D 投入及创新产出影响的实证研究. 科学学研究, 2010 (9): 1368 - 1374.

[69] 王俊. 我国政府 R&D 税收优惠强度的测算及影响效应检验. 科研管理, 2011 (9): 157 - 164.

[70] 王俊. 政府 R&D 资助作用机制及激励效应研究. 经济科学出版社, 2012.

[71] 王玺, 姜朋. 鼓励自主创新的税收优惠政策探析. 税务研究, 2010 (8): 12 - 15.

[72] 王小荣. 法国科研税收补偿政策及其启示. 涉外税务, 2012 (8): 51 - 54.

[73] 魏志梅. 企业研究开发费用加计扣除税收政策研究. 国际税收, 2014 (11): 8 - 14.

[74] 吴秀波. 税收激励对 R&D 投资的影响: 实证分析与政策工具选拔. 研究与发展管理, 2003 (1): 36 - 41.

[75] 吴延兵. 市场结构、产权结构与 R&D 中国制造业的实证分析. 统计研究. 统计研究, 2007 (5): 67 - 75.

[76] 夏力. 税收优惠能否促进技术创新: 基于创业板上市公司的研究. 中国科技论坛, 2012 (12): 56 - 61.

[77] 肖海莲, 唐清泉, 周美华. 负债对企业创新投资模式的影响——基于 R&D 异质性的实证研究. 科研管理, 2014, 35 (10): 77 - 85.

[78] 肖鹏, 吴永红. 企业研发投入的税收优惠政策差异: 国际经验与启示. 改革, 2009 (4): 91 - 97.

[79] 肖鹏, 政府鼓励研究发的财税政策研究. 中国财经出版社, 2006.

[80] 熊彼特. 经济发展理论. 商务印书馆, 1990.

[81] 熊彼特. 资本主义、社会主义与民主主义. 绛枫译, 商务印书馆, 1979.

[82] 熊莉, 朱宝林. 高技术企业 R&D 投入税收激励政策的国内外比较及思考. 金陵科技学院学报 (社会科学版), 2014, 28 (2): 29 - 33.

[83] 徐伟民. 科技政策与高新技术企业的 R&D 投入决策: 来自上海的微观实证分析. 上海经济研究, 2009 (5): 55 - 64.

[84] 薛薇, 李艳艳. 我国研发费用加计扣除政策的改进方向. 中国科技论坛, 2010 (8): 10 - 14.

[85] 薛薇, 魏世杰, 李峰. 企业技术转让所得税优惠政策的中欧比较. 中国科技论坛, 2015 (5), 148 - 154.

[86] 薛薇，魏世杰，李峰．完善我国创新税收政策的路径．税务研究，2015，359（1）：21－27．

[87] 薛薇，魏世杰，李峰．由国际经验看我国研发费用加计扣除政策的完善．国际税收，2014（11）：14－18．

[88] 薛薇．以税收刺激对科技型中小企业的长期投资．科技创新与生产力，2011（4）：8－12．

[89] 闫坤，杨元杰．对我国创业投资税收激励政策的探讨．税务研究，2004（7）：17－21．

[90] 杨得前，刘仁济．税式支出、财政补贴的转型升级激励效应——来自大中型工业企业的经验证据．税务研究，2017（7）：87－93．

[91] 杨德伟，汤湘希．政府研发资助强度对民营企业技术创新的影响——基于内生性视角的实证研究．当代财经，2011（12）：64－73．

[92] 杨洪涛，刘分佩，左舒文．研发费用加计扣除政策实施效果及影响因素分析——以上海民营科技企业为例．科技进步与对策，2015，32（6）：132－135．．

[93] 杨杨，曹玲燕、杜剑．企业所得税优惠政策对技术创新研发支出的影响：基于我国创业板上市公司数据的实证分析．税务研究，2013（3）：24－28．

[94] 杨志强．中关村示范区高新技术企业税收政策分析．税务研究，2015（10）：55－61．

[95] 袁建国，范文林，程晨．税收优惠与企业技术创新——基于中国上市公司的实证研究．税务研究，2016（10）：28－33．

[96] 张济建，章祥．企业研发投资税收优惠政策效应研究．科研管理，2015，36（6）：46－51．

[97] 张杰，周晓艳，李勇．要素市场扭曲抑制了中国企业 R&D？．经济研究，2011（8）：78－91．

[98] 张菊．法国高校与政府研究机构的合作及对中国的启示．科技进步与对策，2003，20（4）：130－132．

[99] 张明喜，王周飞．中关村示范区税收试点政策跟踪与推广路径．税务研究，2013，334（3）：14－19．

[100] 张涛，马亚红．中外 R&D 所得税税收激励政策比较与思考．经济管理，2008（Z1）：157－160．

[101] 张新，任强．我国企业创新财税政策效应研究：基于 3SLS 方法．中央财经大学学报，2013（8）：1－11．

[102] 张信东，贺亚楠，马小美．R&D 税收优惠政策对企业创新成果产出的激励效果分析——基于国家级企业技术中心的研究．当代财经，2014（11）：35－45．

［103］张信东，武俊俊．政府 R&D 资助强度、企业 R&D 能力与创新绩效——基于创业板上市公司的经验证据．科技进步与对策，2014，31（22）：7 - 13.

［104］赵国钦，高菲．引导产业发展的财税政策选择——基于上市公司面板数据的分析．税务研究，2016（10）：22 - 27.

［105］赵书博．各国促进研发的税收政策比较及对我国的启示．会计之友，2013（12）：4 - 12.

［106］赵彤，范金，周应恒．长三角地区企业研发费用加计扣除政策实施效果评价与对策建议．中国科技论坛，2011（6）：68 - 73.

［107］郑榕．对所得税中两种 R&D 税收激励方式的评估．财贸经济，2006（9）：3 - 8 + 96.

［108］周克清，景姣．税收优惠政策对 R&D 的激励效果检验——以创业板上市公司为例．税务研究，2012（6）：88 - 93.

［109］周黎安，陈烨．中国农村税费改革的政策效果：基于双重差分模型的估计．经济研究，2005，8：44 - 53.

［110］周黎安，罗凯．企业规模与创新：来自中国省级水平的经验证据．经济学（季刊），2005（2）：623 - 638.

［111］朱平芳，徐伟民．政府的科技激励政策对大中型工业企业 R&D 投入及其专利产出的影响：上海市的实证研究．经济研究，2003（6）：45 - 53.

［112］朱云欢，张明喜．我国财政补贴对企业研发影响的经验分析．经济经纬，2010（5）：77 - 81.

［113］邹彩芬，刘双，代亚利．政府 R&D 补贴、企业技术创新及其创值能力研究．中国科技论坛，2014（5）：20 - 26.

［114］Anderson, Theodore W. Estimation of dynamic models with error. components. Journal of the American Statistical Association, 1981, 76（375），598 - 606.

［115］Aschhoff. B. , Sofka W. , Innovation on demand - Can public procurement drive market success of innovations, Research Policy, 2009, 38（8）：1235 - 1247.

［116］Ballot G. , Fakh F. , Taymaz E. Firms´human capital, R&D and performance：a study on French and Swedishfirms. Labour economics, 2001, 8（4）：443 - 462.

［117］Bernstein, Jeffrey I. and Nadiri, M. Ishaq "Interindustry R&D Spillovers, Rates of Return, and Production in High - Tech Industries," American Economic Review, 1988, Volume 78, Number 2, pp. 429 - 434.

［118］Berube, Mohnen. Are firms that receive R&D subsidies more innovative, Canadian Journal of Economics, 2009（42）：207 - 223.

［119］Bloom N. , Griffith R. , Van Reenen J. Do R&D tax credits work? Evidence from a panel of countries 1979 - 1997. Journal of Public Economics, 2002, 85

(1): 1 - 31.

[120] Busom I. , Corchuelo B. Martínez – Ros E. Dynamics of firm participation in R&D tax credit and subsidy programs, Available at SSRN 2630945, 2015.

[121] Busom I. An Empirical Evaluation of R&D Subsidies. Economics of Innovation and New Technology, 2000, vol. 9 (2): 111 - 148.

[122] Cappelen. A. Raknerud. A. & Rybalka . M. , The effects of R&D tax credits on patenting and innovations. Research Policy, 2012, 41 (2): 334 - 345.

[123] Capron. H. Economic quantitative methods for the evaluation of the impact of R&D programmes, EUR 14864 EN, European Commission, Brussels, 1992.

[124] Clausen T. H. , Do subsidies have positive impacts on R&D and innovation activities at the firm level. Structural Change and Economic Dynamics, 2009, 20 (4): 239 - 253.

[125] Cohen, Levinthal. "Innovation and learning: The two faces of R&D", The Economic Journal, 1989, Volume 99, September pg. 569 - 596.

[126] Colombo M. G. , Grilli L. , Murtinu S. , R&D subsidies and the performance of high – tech start – ups, Economics Letters, 2011, 112 (1): 97 - 99.

[127] Czarnitzki D. , Hanel P. & Rosa J. M. Evaluating the impact of R&D tax credits on innovation: A microeconometric study on Canadian firms. Research Policy, 2011, 40 (2): 217 - 229.

[128] David P. , Hall B. Toole A. Is Public R&D a Complement or Substitute for Private R&D, A Review of the Econometric Evidence, Research Policy, 2000, vol. 29: 497 - 529.

[129] David Roodman. "How to do taxbond: An introduction to difference and system GMM in Stata", Stata Journal, 2009, pages 86 - 136.

[130] David, P. A. B. H. Hall and A. A. Toole, Is public R&D a complement or substitute for private R&D? A review of the econometric evidence, Research Policy, 2000 (29): 497 - 529.

[131] Duguet E. Are R&D Subsidies a Substitute or a Complement to Privately Funded R&D, Evidence from France Using Propensity Score Methods For Non Experimental Data. Revued' Economie Politique, 2004, vol. 114 (2): 263 - 292.

[132] Eisner R. , Albert S. , Sullivan M. The New Incremental Tax Credit for R&D: Incentive or Disincentive? . National Tax Journal, 1984, vol. 37 (2): 171 - 185.

[133] Griffith, R. , Sandler, D. & Van Reenen, J. Tax incentives for R&D. Fiscal Studies , 1995, 16 (2), 21 - 44.

[134] Griffth R. , Redding S. & Reenen J. Measuring the Cost - Effectiveness of

an R&D Tax Credit for the UK. Fiscal Studies, 2001, 22 (3): 375 – 399.

［135］ Guellec D. , Van Pottelsberghe de la Potterie B, Does government support stimulate private R&D?. OECD economic studies, 1997: 95 – 122.

［136］ Hall B. , Van Reenen J. , How effective are fiscal incentives for R&D? A review of the evidence. Research Policy, 2000, 29 (4): 449 – 469.

［137］ Hall B. H. , R&D tax policy during the 1980s: success or failure?, Tax Policy and the Economy, 1993, Volume 7. MIT Press,: 1 – 36.

［138］ Hall, Bronwyn H. R&D tax policy during the 1980s: Success of Failure?. Tax policy and Economy, 1993 (7): 1 – 35.

［139］ Harris R. , Li Q. C. , Trainor M. Is a higher rate of R&D tax credit a panacea for low levels of R&D in disadvantaged regions?. Research Policy, 2009, 38 (1): 192 – 205.

［140］ Heckman J. J. , Statistical models for discrete panel data. Department of Economics and Graduate School of Business, 1979.

［141］ Hines. J. , No place like home: tax incentives and the location of R&D by American multinationals, Tax Policy and the Economy 1994 (8): 65 – 104.

［142］ Holemans, B. , L. Sleuwaegen, Innovation expenditures and the role of government in Belgium, Research Policy 1988, 17 (6): 375 – 379.

［143］ Hussinger K. R&D and subsidies at the firm level: An application of parametric and semiparametric two - step selection models. Journal of applied econometrics, 2008, 23 (6): 729 – 747.

［144］ Isabel Busom, An Empirical Evaluation of the Effects of R&D Subsidies, May 1999, Burch Working Paper No. B99 – 05.

［145］ J. Schmookler. , Economic sources of inventive activity. Journal of Economic History, 1962 (22): 1 – 20.

［146］ Jacek Warda, "Measuring the Attractiveness of R&D Incentives: Canada and Major Industrial Countries", A report prepared for: Foreign Affairs and International Trade Canada, Ontario Investment Service and Statistics Canada, Science, Innovation and Electronic Information Division Statistics Canada. 1999.

［147］ Jaffe, Adam B. , "Technological Opportunity and Spillovers of R&D: Evidence from Firms' Patents, Profits, and Market Value," American Economic Review, December 1986, Volume 76, Number 5 pp. 984 – 1001.

［148］ Jorgenson, D. W. , Capital theory and investment behavior, American Economic Review, 1964, 53 (2): 247 – 259.

［149］ Klette T. J. , Mφen J. R&D investment responses to R&D subsidies: A theoretical analysis and a microeconometric study. World Review of Science, Technology and Sustainable Development, 2012, 9 (2 – 4): 169 – 203.

[150] Klette, J., Moen, J. and Griliches, Z., Do subsidies to commercial R&D reduce market failures?, Microeconomic evaluation studies, Research Policy, 2000 (29): 471 – 495.

[151] Lichtenberg F., The Effect of Government Funding on Private Industrial Research and Development: A Re – Assessment. Journal of Industrial Economics, 1987 (36): 97 – 105.

[152] Lokshin B., Mohnen P., How effective are level – based R&D tax credits? Evidence from the Netherlands, Applied Economics, 2012, 44 (12): 1527 – 1538..

[153] Mairesse Jacques, Bronwyn H. Hall, Firm – level investment in France and the United States: An exploration of what we have learned in twenty years. Annales d'economie et de Statistique, 1999 (55/56): 27 – 67.

[154] Mairesse Jacques, Jaumandreu Jordi, Panel – data estimates of the production function and the revenue function: What difference does it make? . The Scandinavian Journal of Economices, 2005, 107 (4): 651 – 672.

[155] Mamuneas, T., Nadiri, M. Public R&D policies and cost behaviour of the US manufacturing industries. Journal of Public Economics 1996 (63): 57 – 81.

[156] Martin, Stephen & Scott, John T. The nature of innovation market failure and the design of public support for private innovation. Research Policy, 2000, vol. 29 (4 – 5): 437 – 447.

[157] Nadiri, M. I., T. P. Mamuneas, The Effects of Public infrastructure and R&D capital on the cost structure and performance of US manufacturing industries, Review of Economics and Statistics, 1994, Vol. LX X VI (1): 22 – 37.

[158] Nelson. R, National Systems of Innovation: A Comparative Study, Oxford University Press: Oxford, 1993.

[159] OECD Economic Surveys (2013) . "Boosting growth through innovation and entrepreneurship" . http: //dx. doi. org/10. 1787/eco_ surveys – chl – 2013 – en.

[160] OECD Science. "Technology and Industry Outlook (2008) . France" http: //dx. doi. org/10. 1787/sti_ outlook – 2008 – en.

[161] OECD Science. "Technology and Industry Outlook (2008) . France" http: //dx. doi. org/10. 1787/9789264193307 – en.

[162] OECD Science. Technology and Industry Scoreboard 2009. "Tax treatment of R&D" . http: //dx. doi. org/10. 1787/sti_ scoreboard – 2009 – en.

[163] OECD (2014) . "Research and innovation support policies in France" .

Page 181 – 223. in OECD Reviews of Innovation Policy: France 2014. OECD Publishing. Paris. http: //dx. doi. org/10. 1787/9789264214026 – 9 – en.

［164］ OECD（2014）. "Tax incentives for R&D and innovation". Page 164 – 172. OECD Science. Technology and Industry Outlook 2014. OECD Publishing. Paris. http: //dx. doi. org/10. 1787/sti_ outlook – 2014 – 18 – en.

［165］ OECD（2015）. "Measurement of government tax relief for R&D". Frascati Manual 2015: Guidelines for Collecting and Reporting Data on Research and Experimental Development. OECD Publishing. Paris. http: //dx. doi. org/10. 1787/ 9789264239012 – 15 – en.

［166］ OECD（2015）. "Measurement of government tax relief for R&D". in Frascati Manual 2015: Guidelines for Collecting and Reporting Data on Research and Experimental Development. OECD Publishing. Paris. http: //dx. doi. org/10. 1787/ 9789264239012 – 15 – en.

［167］ OECD（2015）. "Effective innovation policies". in The innovation Imperative: Contributing to Productivity. Growth and Well – Being. OECD Publishing. Paris. http: //dx. doi. org/10. 1787/97892642398 – 8 – en.

［168］ OECD. OECD Science, Technology and Industry Scoreboard 2015: Innovation for growth and society.

［169］ Philippe Aghion, Peter Howitt, A Model of Growth Through Creative Destruction, Econometrica, 1992, 60（2）: 323 – 351.

［170］ Russo B. A cost – benefit analysis of R&D tax incentives. Canadian Journal of Economics, 2004: 313 – 335.

［171］ Sevestre Patrick, Trognon Alain, A note on autoregressive error components models. Journal of Econometrics, 1985, 28（2）: 231 – 245.

［172］ Wallsten S. The Effects of Government – Industry R&D programs on Private R&D: the Case of the Small Business Innovation Research Program. Rand Journal of Economics, 2000, vol. 31（1）: 82 – 100.

［173］ Warda J. Measuring the value of R&D tax provisions. Fiscal Measures to promote R&D and Innovation, 1996: 9 – 22.